史记精读

余建平／编著

上海教育出版社

图书在版编目（CIP）数据

史记精读 / 余建平编著. — 上海：上海教育出版社，2025.3. —（中华文史经典精读丛书 / 查清华主编）. — ISBN 978-7-5720-2377-4

Ⅰ. K204.2

中国国家版本馆CIP数据核字第2025S8F482号

责任编辑　秦　原
封面设计　东合社

SHIJI JINGDU
史记精读
余建平　编著

出版发行　上海教育出版社有限公司
官　　网　www.seph.com.cn
地　　址　上海市闵行区号景路159弄C座
邮　　编　201101
印　　刷　上海商务联西印刷有限公司
开　　本　700×1000　1/16　印张 21
字　　数　261 千字
版　　次　2025年5月第1版
印　　次　2025年5月第1次印刷
书　　号　ISBN 978-7-5720-2377-4/K·0024
定　　价　59.80 元

如发现质量问题，读者可向本社调换　电话：021-64373213

编 委 会

主　编　查清华

编　委（按姓氏笔画排序）

朱易安　李定广　李　贵　吴夏平

陈　飞　赵维国　查清华　钟书林

曹　旭　詹　丹

教育部新文科研究与改革实践项目

中文学科拔尖创新人才培养与实践

上海高校本科重点教改项目

中文专业师范生优秀传统文化教育实践与创新

上海市高水平学科学术创新团队

中华典籍与国家文明

国家级专家服务基地

上海师范大学教育援疆喀什专家服务基地

总序

中华文史经典精读

中华优秀传统文化是中华民族的精神命脉。2017年,中共中央办公厅、国务院办公厅《关于实施中华优秀传统文化传承发展工程的意见》(下文简称《意见》)提出:“实施中华优秀传统文化传承发展工程,是建设社会主义文化强国的重大战略任务,对于传承中华文脉、全面提升人民群众文化素养、维护国家文化安全、增强国家文化软实力、推进国家治理体系和治理能力现代化,具有重要意义。”《意见》围绕立德树人根本任务,遵循学生认知规律和教育教学规律,按照一体化、分学段、有序推进的原则,对中华优秀传统文化“进课本、进课堂、进校园”提出明确要求。

经典是文化的重要载体。当下中华传统经典读物较多,各有优长。但我们经过调研后发现,针对大、中学生而言,在传统文化教育方面尚存在以下几大问题:一是对传统文化优秀与糟粕因子的认识比较模糊，未能通过阅读经典充分汲取富有生命力的文化养分；二是对传统文学经典的历史语境缺乏应有的了解，相关历史知识与方法的匮乏常导致对文学作品的解读出现偏差；三是对传统经典与现代文化的联系和区别关注不够，传统文化和现代意义的文化发展逻辑没有得到充分厘清；四是往往止步于对传统经典知识本身的接收与理解，对优秀原典熏染学生道德和审美的终极作用落实不力，对学生发现与探究问题的意识培养力度偏弱。

针对以上问题，我们尝试从人才培养模式、课程设置、教材建设和教学方法等方面加以改革，同时通过加强大中小一体化建设，牵头和上海数十家中学共建“中华优秀文化推广联盟”，和上海援疆教育集团签署“中华优秀经典进校园”项目，组织相关优秀教师参与。编撰出版“中华文史经典精读”丛书，是我们改革项目的重要成果之一。

该丛书在导读方向、内容选择、注释范围、评析重点等方面，均致力于尝试解决上述问题。以上海市高水平学科“中华典籍与国家文明”创新团队为主体的多位专家，在总的原则下，广泛借鉴吸收前人成果，依据各自的学术特长和教研心得，充分展现学术个性，既为反思传统文化的复杂内涵提供历史唯物主义的立场和方法，也努力寻求传统文化在当代实践中的内驱力，以及理想人格的感召力，让经典润泽心灵，砥砺人生。

每本书由导言、正文、注释和评析组成。“导言”总体介绍某部经典的成书、性质、基本内容、艺术价值及社会影响，或某作家的生平、思想、艺术及文学史地位等；“正文”均依据权威版本选录名家名作，兼顾传统性典范和现代性意义；“注释”重在注解不易读懂的字词、名物及典故，力求简明准确；“评析”则在细读文本的基础上，提点作品的情思蕴含及艺术表现，注重引导读者参与情思体验，追求文字洗练，行文晓畅。

本丛书属于中华优秀传统文化经典普及性读本，可作为大学“原典精读”通识课教材及中学语文拓展读本，也适合热爱传统文化的普通读者。

限于水平，书中或有不尽如人意处，祈请读者批评指正，以便再版时改进。

查清华

于上海师范大学文苑楼

史记精读

目录

导言　司马迁与《史记》 \ 001

第一编　三代兴衰 \ 001
《夏本纪》（节选） \ 002
《殷本纪》（节选） \ 008
《周本纪》（节选） \ 019

第二编　春秋争霸 \ 043
《齐太公世家》（节选） \ 044
《晋世家》（节选） \ 055
《越王勾践世家》（节选） \ 070

第三编　战国纵横 \ 081
《苏秦列传》（节选） \ 082
《魏公子列传》 \ 103
《廉颇蔺相如列传》 \ 112

第四编　诸子百家 \ 125
《孔子世家》 \ 126
《老子韩非列传》（节选） \ 166
《孟子荀卿列传》 \ 175
《孙子吴起列传》 \ 185

第五编　秦汉帝国 \ 199
《秦始皇本纪》（节选） \ 200
《陈涉世家》 \ 215
《项羽本纪》（节选） \ 227
《高祖本纪》（节选） \ 241

第六编　英雄悲歌 \ 255
《伍子胥列传》 \ 256
《刺客列传》 \ 269
《屈原贾生列传》（节选） \ 292
《李将军列传》 \ 300

导言 司马迁与《史记》

《史记》由西汉著名史学家司马迁所著，是中国第一部纪传体通史，被列为二十四史之首，具有极高的史学价值和文学价值。鲁迅先生对它有着极高的评价，称其为“史家之绝唱，无韵之《离骚》”。那么，这部伟大的著作是如何诞生的呢？

一、司马迁其人

司马迁，字子长，出生于史官世家。其父司马谈是汉武帝朝的太史令，曾从唐都学习天文历法，向杨何请教过《周易》，从黄生学习过黄老之术，有良好的教育背景，曾撰《论六家要旨》，评论阴阳、儒、墨、名、法、道六家学派，推崇道家“无为而无不为”的思想。

司马迁出生于这样的学术世家，从小便受到良好的教育。《太史公自序》称其“年十岁则诵古文”。所谓“古文”，是指有别于汉代通行文字隶书的战国籀文。其后，司马迁转益多师，受学于董仲舒，向其请教过公羊派《春秋》之学，并从孔安国学习《古文尚书》。二十岁时，司马迁开始在各地漫游。《太史公自序》曰："二十而南游江、淮，上会稽，探禹穴，窥九疑，浮于沅、湘；北涉汶、泗，讲业齐、鲁之都，观孔子之遗风，乡射邹、峄；厄困鄱、薛、彭城，过梁、楚以归。"漫游回来后，司马迁进入当时的郎官系统，成为郎中，担任汉武帝的侍从官。在此期间，他奉命出使巴、蜀、邛、笮、昆明等地，也就是现今的四川、云南一带。

元封元年(前110)，汉武帝在泰山举行封禅大礼。司马谈身为太史令，却不被允许参与，因此大病一场。时逢司马迁出使西南而归，司马谈执其手而泣，嘱咐司马迁完成其未竟的事业。司马谈去世三年后，司马迁继承父业，担任太史令。太初元年(前104)，由司马迁、公孙卿、壶遂等人制定的《太初历》颁行。天汉三年(前98)，司马迁因替战败投降匈奴的李陵辩护，触怒了汉武帝，被投入大狱。当时虽然可以用钱赎罪，然而司马迁"家贫，货赂不足以自赎，交游莫救视，左右亲近，不为一言"(《报任安书》)，最后被处以宫刑。受刑之后，司马迁担任中书令，甚受尊宠。征和二年(前91)，司马迁的好友任安因巫蛊之祸而被论罪腰斩。司马迁在其临死前回复了一封信，名为《报任安书》，向任安陈述他遭受宫刑之后的心路历程，以及撰写《史记》的情况。司马迁的卒年仍不可考，大致在汉武帝末年。

二、《史记》的成书

《史记》是一项由司马谈和司马迁父子二人共同完成的事业。从《史记》的一些篇章来看，司马谈应已完成其中的部分篇章，顾颉刚先生在《史林杂识初编》中曾论及这一问题。如《刺客列传》曰："又言荆轲伤秦王，皆非也。始公孙季功、董生与夏无且游，具知其事，为余道之如是。”荆轲入秦在秦王嬴政二十年(前227)，司马迁生年距荆轲之死尚有九十二年，公孙季功和董生既然与夏无且游，必定是秦末汉初人，不可能为司马迁讲说荆轲刺秦王之事，因此这里的“余”，其实是司马谈。《郦生陆贾列传》同样如此，此篇记平原君、朱建事，赞曰：“平原君子与予善，是以得具论之。”朱建曾担任黥布相，其子应该出生在秦、楚之际或汉初，也不可能与司马迁交善，因此这篇也是司马谈写的。但毫无疑问的是，《史记》的绝大部分篇章都成于司马迁之手。

司马迁撰作《史记》的最直接动因是受他父亲的嘱托。据《太史公自序》，司马谈在临终前嘱咐道：“余死，汝必为太史；为太史，无忘吾所欲论著矣……且夫孝始于事亲，中于事君，终于立身。扬名于后世，以显父母，此孝之大者……余为太史而弗论载，废天下之史文，余甚惧焉，汝其念哉！”再三嘱咐司马迁继承他的遗业，完成这部伟大的史著，甚至以“孝道”督促司马迁。

元封三年(前108)，司马迁接任太史令，“紬史记石室金匮之书”。这里的“史记”泛指历代史书，“石室”和“金匮”为汉代藏书之所。司马迁充分利用太史令的职务之便，广泛收集史料，为撰写《史记》做准备。

太初元年前后，司马迁开始在其父的基础上撰写《史记》。他不仅利用当时的图籍档案，还将在各地漫游过程中了解到的风俗人情、传闻异说以及旅行过程中的真切体验和感受写进《史记》中。如他撰《孔子世家》，赞曰：“适鲁，观仲尼庙堂车服礼器，诸生以时习礼其家，余祗回留之不能去云。”写《屈原贾生列传》，赞曰：“适长沙，观屈原所自沉渊，未尝不垂涕，想见其为人。”写《淮阴侯列传》，赞曰：“吾如淮阴，淮阴人为余言，韩信虽为布衣时，其志与众异。其母死，贫无以葬，然乃行营高敞地，令其旁可置万家。余视其母冢，良然。”此外，他在朝廷任职期间，有机会接触各阶层人物。这些交游进一步丰富了《史记》的材料来源，加深了他对历史人物的理解。如《冯唐列传》曰："唐时年九十余，不能复为官，乃以唐子冯遂为郎。遂字王孙，亦奇士，与余善。"想必冯遂给他讲述过不少关于冯唐的事迹。《李将军列传》曰："余睹李将军悛悛如鄙人，口不能道辞。"可见司马迁亲身见过李广。

天汉三年，司马迁因李陵之事遭受宫刑后，《史记》的书写有了一次较大的调整。如果说在此之前他撰《史记》是继承孔子之志，为《春秋》之后的三百多年历史以及其间的"明主贤君忠臣死义之士"作传，那么在李陵之祸后，司马迁更多地转为发愤著书，通过《史记》抒发郁积于胸的愤懑，通过《史记》立言立名。他在《报任安书》中曰："假令仆伏法受诛，若九牛亡一毛，与蝼蚁何以异？……人固有一死，死有重于泰山，或轻于鸿毛，用之所趋异也"，"所以隐忍苟活、幽于粪土之中而不辞者，恨私心有所不尽，鄙陋没世而文采不表于后世也"，"古者富贵而名磨灭，不可胜记，惟倜傥非常之人称焉。盖文王拘而演《周易》；仲尼厄而作《春秋》；屈原放逐，乃赋《离骚》；左丘失明，厥有《国语》；孙子膑脚，兵法修列；不韦迁蜀，世传《吕览》；韩非囚秦，《说难》《孤愤》；《诗》三百篇，大抵贤圣发愤之所为作也。此人皆意有所郁结，不得通其道，故述往事，思来者。乃如左丘明无目、孙子断足，终不可用，退而论书策，以舒其愤，思垂空文以自见"。他从孔子等人身上汲取源源不断的精神力量，在遭受宫刑这一巨大耻辱之后，发愤继续完成《史记》的撰作。

征和二年，在《报任安书》中，司马迁概述了《史记》的篇数："仆窃不逊，近自托于无能之辞，网罗天下放失旧闻，考之行事，综其终始，稽其成败兴坏之纪……凡百三十篇。"可见在此之前《史记》已经完成。

《史记》原称"太史公书"或"太史公记"。如《汉书·宣元六王传》载，东平王刘宇曾"上疏求诸子及《太史公书》"。《汉书·杨恽传》载："恽母，司马迁女也。恽始读外祖《太史公记》，颇为《春秋》，以材能称。”《汉书·艺文志》曰：“《太史公》百三十篇。”“史记”一词，原泛指史书，大约在东汉桓帝时，“史记”之名已经通行。

三、《史记》的体例

《史记》全书一百三十篇，共五十二万六千五百余字，共分为五个部分：其一为“本纪”，共十二篇，以编年的形式记叙历代帝王及王朝之事；其二为“世家”，共三十篇，主要记载王侯贵戚及其家族兴衰；其三为“列传”，共七十篇，叙述社会不同类型、不同阶层的人物，以及部分少数民族的历史；其四为“表”，共十篇，以表格的形式简要记载各个历史时期王侯将相及相关事件；其五为“书”，共八篇，是关于天文、历法、水利、经济、文化等各类专门事项的记载。五者相互配合，综合叙述了从五帝到秦汉近三千年极为纷繁复杂的历史。

司马迁所创立的纪传体通史体例，囊括了记言、记事、编年、国别等多种形式，对后世的史书撰写产生了深远的影响。清代赵翼《廿二史札记》曰：“司马迁参酌古今，发凡起例，创为全史，本纪以序帝王，世家以记侯国，十表以系时事，八书以详制度，列传以志人物，然后一代君臣政事贤否得失，总汇于一编之中。自此例一定，历代作史者，遂不能出其范围，信史家之极则也。”

四、《史记》的创作宗旨

司马迁在《报任安书》述其撰作《史记》的宗旨：“亦欲以究天人之际，通古今之变，成一家之言。”这句话该如何解释，古今有许多争论，我们需要结合《史记》的情况，来解释其具体含义。

所谓“究天人之际”，“际”是两种事物的分际、壁合之处，所以“究天人之际”就是探究天与人之间的关系。在司马迁之前，“天人感应”思想已有所发展，董仲舒在《天人三策》中进一步提炼了这一思想。简单地说，上天会根据人的行事降下灾异或福瑞。帝王如果行善政，上天就会降下祥瑞，以示嘉奖；如果屡行恶政，上天就会降下旱灾、洪水、饥荒等灾害，以示惩戒。具体到普通人，一个人如果积善行德，会得到上天的护佑，反之，则会遭受相应的惩罚，这是当时被普遍接受的观念。但司马迁在记述历史时，发现天与人的关系并没有这么简单，他在《伯夷列传》中大发议论，对“天道无亲，常与善人”这种观念提出了质疑。伯夷、叔齐本为商末孤竹国的两位王子，在殷商灭亡之后，因不满周武王“以臣弑君”的行为，不食周粟而亡。司马迁认为，像伯夷、叔齐这样的人，“积仁诘行，如此而饿死”；孔子的学生颜回甘贫乐道，却早早地夭亡。“天之报施善人，其何如哉?”而春秋时期著名的盗跖，“日杀不辜，肝人之肉，暴戾恣睢，聚党数千人横行天下，竟以寿终”。司马迁不禁对天人之间的关系产生了深深的疑惑:“余甚惑焉，傥所谓天道，是邪非邪?”因此他要在撰述历史的过程中，探究天与人纷繁复杂的关系，这便是“究天人之际”的具体含义。

所谓“通古今之变”，是指“原始察终，见盛观衰”，即从历史事件的起因、经过和结果出发，探究其背后的规律。司马迁尤其注重对王朝兴盛和衰亡的记载，而中间经过则多简笔勾勒，其目的是突出历史发展过程中的“盛”和“衰”，为当今社会提供鉴戒。诸如《夏本纪》《殷本纪》《周本纪》《秦本纪》《秦始皇本纪》等，均包含这一思想，这便是“通古今之变”的含义。

所谓“成一家之言”，是指司马迁在《史记》中，寄寓了其对历史规律的独特认识以及对历史人物的是非褒贬，在对历史的叙事和批判中追求自我价值的实现，通过立言的方式，以成就不朽之名。《左传·襄公二十四年》载叔孙豹的名言："太上有立德，其次有立功，其次有立言，虽久不废，此之谓不朽。"司马迁在《报任安书》中强调"鄙陋没世而文采不表于后世也"，"古者富贵而名磨灭，不可胜记，惟倜傥非常之人称焉"，便是想通过《史记》来立不朽之名。并且，他想立的不只是他一人之名。在先秦至秦汉时期，"家"一般指学派，如道家、儒家、法家、阴阳家等，所谓"成一家之言"，是指为史官这一群体立不朽之名。

五、《史记》的流传、亡佚与续补

司马迁在《太史公自序》中提到，他在完成《史记》后，将其"藏之名山，副在京师"，即将正本藏在名山之中，副本放在当时的京城长安。司马迁去世后，其书稍出，"宣帝时，迁外孙平通侯杨恽祖述其书，遂宣布焉"（《汉书·杨恽传》）。

《史记》在成书后流传不广，一方面是因为《史记》记载了大量的权谋计策、地形要塞、天象灾异和宫廷秘事等，中央政权有意控制，避免这些知识四处流传。如《汉书·宣元六王传》载，东平王刘宇"上疏求诸子及《太史公书》"，大将军王凤对曰："《太史公书》有战国从横权谲之谋，汉兴之初谋臣奇策，天官灾异，地形阨塞，皆不宜在诸侯王。"另一方面，《史记》在成书后，常被视为离经叛道的异端代表。据裴骃《史记集解》引卫宏《汉书旧仪注》："司马迁作《景帝本纪》，极言其短及武帝过，武帝怒而削去之。"西汉末年扬雄指责道："及太史公记六国，历楚汉，讫麟止，不与圣人同，是非颇谬于经。"（《汉书·扬雄传》）东汉时期这种言论更是屡见不鲜，光武帝建武四年(28)，范升上书："《太史公》违戾《五经》，谬孔子言。"（《后汉书·

范升列传》）班彪也认为司马迁不能“依《五经》之法言，同圣人之是非”（《后汉书·班彪列传》）。班固甚至指责道：“司马迁著书，成一家之言，扬名后世。至以身陷刑之故，反微文刺讥，贬损当世，非谊士也。”（《文选·典引序》）

或许正是由于以上两种缘由，《史记》在司马迁去世后不久就已有所亡佚。《汉书·艺文志》曰：“《太史公》百三十篇，十篇有录无书。”班固的《汉志》承自刘向的《别录》和刘歆的《七略》，可见至少刘向在宫廷秘书中看到的《史记》已有亡佚。《后汉书·班彪列传》引班彪《略论》：司马迁“作本纪、世家、列传、书、表凡百三十篇，而十篇缺焉”。《汉书·司马迁传》：“迁之自叙云尔，而十篇缺，有录无书。”

那么，究竟有哪些篇章亡佚了呢？《汉书·司马迁传》颜师古注引曹魏张晏的说法：“迁没之后，亡《景纪》《武纪》《礼书》《乐书》《兵书》《汉兴以来将相年表》《日者列传》《三王世家》《龟策列传》《傅靳列传》。”后人对此多有争议，或认为十篇为草创未成（刘知幾《史通》），或认为部分亡佚（吕祖谦《大事记解题》）。据余嘉锡《太史公书亡篇考》（收入《余嘉锡论学杂著》）考证，《孝景本纪》《孝武本纪》《汉兴以来将相名臣年表》《礼书》《乐书》《律书》《三王世家》《傅靳蒯成列传》《日者列传》《龟策列传》在汉代均已亡佚，今者所见为后人所补。除此之外，《史记》还有一些篇章也为后人所补，如《三代世表》《外戚世家》《梁孝王世家》等。

在众多的续补者之中，褚少孙最为著名。褚少孙是西汉有名的博士，“治《春秋》，以高第为郎”（《史记·龟策列传》）。《史记》中有“褚先生曰”的内容为褚少孙所补，如《三代世表》《建元以来侯者年表》《外戚世家》《梁孝王世家》《田叔列传》《滑稽列传》。至于《孝景本纪》《礼书》《乐书》《律书》《汉兴以来将相名臣年表》《傅靳蒯成列传》六篇为何人所补，至今难以考定。

六、《史记》的注本

《史记》在汉代流传不广，褚少孙常感慨求《史记》部分篇章而不得。如《史记·三王世家》曰："列传中称《三王世家》文辞可观，求其世家，终不能得。"魏晋时期，《史记》流传稍广，东晋徐广作《史记音义》；南朝宋裴骃采先贤之说，作《史记集解》；至唐代，司马贞作《史记索隐》，张守节撰《史记正义》。后三者被称为"三家注"，在宋代与《史记》本文合刻，成为后人阅读《史记》必须参考的注本。

此后，注释、考证和研究《史记》者，代不乏人，较有代表性的有清梁玉绳的《史记志疑》、崔适的《史记探源》、赵翼的《廿二史札记》、王鸣盛的《十七史商榷》，以及日本学者泷川资言的《史记会注考证》，今人韩兆琦的《史记笺证》《史记全本全注全译》，等等。

七、本书的体例

本书以赵生群先生领衔点校修订的《史记》（中华书局，2013年）为底本。该版本在顾颉刚先生等人的点校本基础上，修订了原书的部分错误，并参考了日本和敦煌所藏的古钞本，是目前较为精良的版本。本书的注释力求简洁明了，主要参考《史记》"三家注"、泷川资言的《史记会注考证》和韩兆琦先生的《史记全本全注全译》，可信从者直接依据，如有异意，径下己见，行文中不再一一注明。

本书所选篇章，按照时代顺序大体分为六个板块：其一是"三代兴衰"，节选《夏本纪》《殷本纪》《周本纪》的部分内容，以展现从夏禹到西周末年的历史。其二为"春秋争霸"，选取了《齐太公世家》《晋世家》《越王勾践世家》的部分内容，以展现春秋时期的霸主，如齐桓公、晋文公、越王勾践等人相继争霸的历史。其三为“战国纵横”，选取了《苏秦列传》《魏公子列传》《廉颇蔺相如列传》，具体表现战国这个得士者重、失士者轻的时代，以及纵横家、战国四公子等人的活动过程。其四为“诸子百家”，选取了《孔子世家》《老子韩非列传》《孟子荀卿列传》《孙子吴起列传》。春秋晚期至战国是中国思想文化的大爆发时期，诸子百家在这时期纷纷涌现，对中国的思想文化产生了深远的影响。本板块选取了部分传记。其五为“秦汉帝国”，选取了《秦始皇本纪》《陈涉世家》《项羽本纪》《高祖本纪》的部分内容。在春秋战国数百年的大分裂之后，秦始皇横扫六国，一统天下，建立起中国历史上第一个中央集权帝国。但这个帝国在十几年后便轰然倒塌，经秦末起义与楚汉战争，刘邦建立起了汉帝国。本板块展现的是这一段历史。其六为“英雄悲歌”，选取了《伍子胥列传》《刺客列传》《屈原贾生列传》《李将军列传》。司马迁身遭宫刑，将心中之郁愤尽数倾诉于《史记》之中，他对那些心怀忠贞之质却屡遭坎坷的英雄充满着同情，本板块即选取了那些被司马迁欣赏、赞佩的人物故事。

书中或有疏误之处，敬请读者批评指正！

第一编
三 代 兴 衰

《夏本纪》(节选)

夏禹,名曰文命。禹之父曰鲧,鲧之父曰帝颛顼,颛顼之父曰昌意,昌意之父曰黄帝。[①]禹者,黄帝之玄孙而帝颛顼之孙也。禹之曾大父[②]昌意及父鲧皆不得在帝位,为人臣。

当帝尧之时,鸿水滔天,浩浩怀山襄陵[③],下民其忧。尧求能治水者,群臣四岳[④]皆曰鲧可。尧曰:“鲧为人负命毁族[⑤],不可。”四岳曰:“等之未有贤于鲧者,愿帝试之。”于是尧听四岳,用鲧治水。九年而水不息,功用[⑥]不成。于是帝尧乃求人,更得舜。舜登[⑦]用,摄[⑧]行天子之政,巡狩。行视鲧之治水无状[⑨],乃殛[⑩]鲧于羽山[⑪]以死。天下皆以舜之诛为是。于是舜举鲧子禹,而使续鲧之业。

尧崩,帝舜问四岳曰:“有能成美尧之事者使居官[⑫]?”皆曰:“伯禹为司空[⑬],可成美尧之功。”舜曰:“嗟,然!”命禹:“女[⑭]平水土,维是勉之。”禹拜稽首[⑮],让于契、后稷、皋陶[⑯]。舜曰:“女其往视[⑰]尔事矣。”

注释

①《五帝本纪》对从黄帝到禹的世系有详细记载。

② 曾大父:曾祖父。

③ 怀:包。襄:冲上。怀山襄陵,意为:洪水包围着山,冲上丘陵。

④ 四岳:四方部落首领,也有认为四岳为一人。

⑤ 负:违背。毁:伤害。

⑥ 用:因此。

⑦ 登:升,提拔。

⑧ 摄:代理。

⑨ 无状：没有功绩。

⑩ 殛(jí)：诛杀。

⑪ 羽山：山名，在今山东郯城县东北，也有认为在今江苏东海县西北。

⑫ 居官：担任官职。

⑬ 伯：诸侯之长曰“伯”。司空：官名，掌管工程营建。

⑭ 女：通“汝”，你。

⑮ 稽首：叩头至地，古代最恭敬的跪拜礼。

⑯ 契：商的始祖。后稷：周的始祖。皋陶：人名，尧舜时期掌管刑法。

⑰ 视：治理。

禹为人敏给克勤[①]；其德不违[②]，其仁可亲，其言可信；声为律，身为度，称以出[③]；亹亹穆穆[④]，为纲为纪[⑤]。

禹乃遂与益[⑥]、后稷奉帝命，命诸侯百姓兴人徒以傅土[⑦]，行山表木[⑧]，定高山大川[⑨]。禹伤先人父鲧功之不成受诛，乃劳身焦思，居外十三年，过家门不敢入。薄衣食，致孝于鬼神[⑩]。卑宫室，致费于沟淢[⑪]。陆行乘车，水行乘船，泥行乘橇[⑫]，山行乘檋[⑬]。左准绳，右规矩，载四时[⑭]，以开九州，通九道，陂九泽，度九山。令益予众庶稻，可种卑湿。命后稷予众庶难得之食。食少，调有余相给，以均[⑮]诸侯。禹乃行相地宜所有以贡，及山川之便利[⑯]。……

注释

① 敏给：敏捷。克：能。

② 违：邪。不违，即品德端正。

③ 声为律：声音合乎音律。身为度：行为举止合乎法度。称以出：以他为标

准制定权衡。

④ 亹亹(wěi wěi)：勤勉不倦貌。穆穆：恭敬端庄貌。

⑤ 纲：纲维，法度。纪：法度，准绳。

⑥ 益：伯益，禹的大臣，辅助禹治理洪水。

⑦ 兴：发动。人徒：服徭役的人。傅土：治理大地。

⑧ 表木：砍伐树木作为标志。

⑨ 定高山大川：确定高山大川的治理规划。

⑩ 致孝于鬼神：对鬼神的祭祀很丰富。

⑪ 卑宫室：自己居住的宫室很简陋。致费：花费大量钱财。沟淢(xù)：沟洫。

⑫ 橇(qiāo)：在泥路上滑行的交通工具。

⑬ 檋(jú)：一说为上山乘坐的滑竿一类交通工具。

⑭ 左准绳，右规矩，载四时：身边常带着准绳和规矩，不违背四时节气。

⑮ 均：均衡。

⑯ 相：视察。地宜：各地的特产。山川之便利：山川的交通便利情况。

帝舜荐禹于天，为嗣[①]。十七年而帝舜崩。三年丧[②]毕，禹辞辟[③]舜之子商均于阳城[④]。天下诸侯皆去[⑤]商均而朝禹。禹于是遂即天子位，南面朝天下，国号曰夏后，姓姒氏。

帝禹立而举皋陶荐之[⑥]，且授政焉，而皋陶卒。封皋陶之后于英、六[⑦]，或在许[⑧]。而后举益，任之政。

十年，帝禹东巡狩，至于会稽[⑨]而崩。以天下授益。三年之丧毕，益让帝禹之子启，而辟居箕山之阳[⑩]。禹子启贤，天下属意[⑪]焉。及禹崩，虽授益，益之佐禹日浅，天下未洽。故诸侯皆去益而朝启，曰“吾君帝禹之子也”。于是启遂即天子之位，是为夏后帝启。……

注释

① 嗣：继承人。

② 三年丧：古代亲人去世要服丧三年。

③ 辟：通“避”。

④ 阳城：地名，在今河南登封告成镇。

⑤ 去：离开。

⑥ 荐之：荐皋陶于天，将其立为继承人。

⑦ 英：古国名，在今安徽金寨县东南。六：古国名，在今安徽六安。

⑧ 或在许：皋陶的有些后代被封在许，许在今河南许昌东。

⑨ 会稽：地名，在今浙江绍兴。

⑩ 箕山之阳：应作“嵩山之阳”，嵩山在今河南登封，阳指山的南面。

⑪ 属意：指希望启当天子。

帝发崩，子帝履癸立，是为桀。帝桀之时，自孔甲[①]以来而诸侯多畔[②]夏，桀不务德而武伤[③]百姓，百姓弗堪[④]。乃召汤[⑤]而囚之夏台[⑥]，已而释之。汤修德，诸侯皆归汤，汤遂率兵以伐夏桀。桀走鸣条[⑦]，遂放[⑧]而死。桀谓人曰：“吾悔不遂杀汤于夏台，使至此。”汤乃践天子位，代夏朝天下。汤封夏之后，至周封于杞[⑨]也。

太史公曰：禹为姒姓，其后分封，用国为姓[⑩]，故有夏后氏、有扈氏、有男氏、斟寻氏、彤城氏、褒氏、费氏、杞氏、缯氏、辛氏、冥氏、斟戈氏。孔子正夏时[⑪]，学者多传《夏小正》[⑫]云。自虞、夏时，贡赋[⑬]备矣。或言禹会诸侯江南，计功[⑭]而崩，因葬焉，命曰会稽[⑮]。会稽者，会计也。

注释

① 孔甲：夏朝的先王。

② 畔：通“叛”，背叛。

③ 武伤：残暴地伤害。

④ 弗：不。堪：忍受。

⑤ 汤：商朝的开国君主。

⑥ 夏台：台名，在今河南禹州南。

⑦ 鸣条：地名，在今河南封丘县东，也有说在今山西安邑县北。

⑧ 放：流放。

⑨ 杞：国名，在今河南杞县。

⑩ 用国为姓：以所封之国为姓。

⑪ 正：校正。夏时：夏代历法。

⑫《夏小正》：《大戴礼记》的一篇，按夏朝历法记载物候、气象、星象等事。

⑬ 贡赋：贡赋纳税的制度。

⑭ 计功：考核诸侯的功绩。

⑮ 会稽：会稽山，在今浙江绍兴南，其上有禹陵、禹庙等古迹。

评析

如果把《史记》比作一棵高大的树木，“本纪”便是它的主干。“本纪”共十二篇，从上古五帝开始，一直到汉武帝为止，记述了数千年内历代帝王的主要事迹。

《夏本纪》是一篇记述夏王朝历史兴衰的文献。夏是五帝之后中国历史上的第一个王朝，因目前没有明确的相关出土文字实物，学者对夏王朝是否真的存在多持怀疑态度，但从《夏本纪》可看出，虽然司马迁对夏的记载较为简略，可依据的史料也不多，但夏朝的世系传承有序，不太可能凭空捏造，《夏本纪》所记应较为可靠。

本篇节选了《夏本纪》中夏始祖大禹和末代之君桀的故事。禹最伟大的功绩是治理好了上古时期的大洪水，使民众得以免除洪涝灾害而安居乐业。关于上古洪水的传说，世界上很多文明都有流传，如圣经《创世记》中的诺亚方舟故事、苏美尔人的大洪水神话等，中国也不例外。据《夏本纪》所依据的《尚书·尧典》载，这场洪水发生在尧舜时期。尧先派遣鲧治理洪水，鲧用堵的方式，历经九年而最终失败。继承鲧治水事业的是他的儿子禹，禹采用与其父不同的治水方式，改堵为疏，开山伐木，将洪水导向大海，最终成功平息了这场洪灾。

大禹治水的具体过程主要记载在《尚书·禹贡》中，这篇也被司马迁采纳进《夏本纪》。大禹从冀州开始，依次疏导沇州、青州、徐州、扬州、荆州、豫州、梁州、雍州的洪水，使各州之水汇入大江大河，最终流入大海。司马迁对大禹治水过程的表现有生动的描述："陆行乘车，水行乘船，泥行乘橇，山行乘檋"，"乃劳心焦思，居外十三年，过家门不敢入"。正是由于大禹的这种勤苦无私的精神，最终彻底治理好了这场灾害。

治水是大禹的首要目标，他还在此过程中划定九州的疆界，并记录下各州民众的特点、土地的优劣、可进贡的物产等信息，天下的土地疆界和物产第一次得到系统的描述，在客观上对中华文明的大一统产生了深远的影响。禹也因治水的功业，接受舜的禅让而被立为帝。禹去世后，帝位禅让给大臣益，但因为益并没有足够大的功业，天下人皆归附禹的儿子启。这次帝位的传承方式，彻底改变了尧舜以来的禅贤传统，转为父子相承，"公天下"也就变成了"家天下"，对中国古代政治文化产生了深远的影响。

桀是夏朝的末代君主，他不修德政，暴虐百姓，最终被商汤所灭，由大禹和启所建立的夏王朝也走向了终点。"夏桀"也逐渐演变为暴君的典型，常被历代臣民作为反面例子以劝谏君主。

《殷本纪》（节选）

殷契，母曰简狄，有娀氏[①]之女，为帝喾[②]次妃。三人行浴，见玄鸟[③]堕其卵，简狄取吞之，因孕生契。契长而佐禹治水有功。帝舜乃命契曰："百姓[④]不亲，五品不训[⑤]，汝为司徒而敬敷五教[⑥]，五教在宽。"封于商[⑦]，赐姓子氏。契兴于唐、虞[⑧]、大禹之际，功业著于百姓，百姓以平[⑨]。

契卒，子昭明立。昭明卒，子相土立。相土卒，子昌若立。昌若卒，子曹圉立。曹圉卒，子冥立。冥卒，子振立。振卒，子微立。微卒，子报丁立。报丁卒，子报乙立。报乙卒，子报丙立。报丙卒，子主壬立。主壬卒，子主癸立。主癸卒，子天乙立，是为成汤。[⑩]

成汤，自契至汤八迁[⑪]。汤始居亳[⑫]，从先王居，作《帝诰》[⑬]。

汤征诸侯。葛伯[⑭]不祀，汤始伐之。汤曰："予有言：人视水见形，视民知治不[⑮]。"伊尹曰："明哉！言能听，道乃进[⑯]。君国子民，为善者皆在王官[⑰]。勉[⑱]哉，勉哉！"汤曰："汝不能敬命，予大罚殛[⑲]之，无有攸赦。"作《汤征》[⑳]。

注释

① 有娀（sōng）氏：部落名，活动在今山西永济西。

② 帝喾（kù）：高辛氏，黄帝曾孙，其事迹见《五帝本纪》。

③ 玄鸟：燕子。

④ 百姓：百官，上古时期各部落的首领。

⑤ 五品：也称“五常”，即父、母、兄、弟、子，教以义、慈、友、恭、孝。不训：不顺，不和顺。

⑥ 司徒：古代“三公”之一，负责教化百姓。敷：布，施行。五教：上文“五常”之教。

⑦ 商：国名，在今河南商丘南。

⑧ 唐、虞：唐尧、虞舜。

⑨ 平：安宁。

⑩ 此段为商代帝王的世系。成汤：商朝的建国君主。

⑪ 八迁：国都迁移八次。

⑫ 亳：古都邑名，商汤时都城，在今河南洛阳偃师区西。

⑬ 从先王居：回到祖先居住的地方。《帝诰》：《尚书》篇名，已亡佚。

⑭ 葛伯：葛国诸侯，封地在今河南宁陵县北。

⑮ 视民知治不：看众人的反应可知政治是否清明。不：通“否”。

⑯ 言能听，道乃进：意见能听得进，治理水平才能提高。

⑰ 君国子民，为善者皆在王官：“君”“子”，名词作动词，治理国家，管理子民。此句意为：要统治好一国的百姓，就得让能干的人都在官位。

⑱ 勉：努力。

⑲ 殛：诛杀。

⑳《汤征》：《尚书》篇名，已亡佚。

伊尹名阿衡。阿衡欲奸汤而无由①，乃为有莘氏媵臣②，负鼎俎③，以滋味说汤，致于王道④。或曰，伊尹处士⑤，汤使人聘迎之，五反⑥，然后肯往从汤，言素王及九主之事⑦。汤举任以国政。伊尹去汤适夏⑧。既丑⑨

有夏，复归于亳。入自北门，遇女鸠、女房，作《女鸠》《女房》[10]。

汤出，见野[11]张网四面，祝[12]曰："自天下四方皆入吾网。"汤曰："嘻，尽之矣！"乃去其三面，祝曰："欲左，左；欲右，右[13]。不用命[14]，乃入吾网。"诸侯闻之，曰："汤德至矣，及禽兽。"

注释

① 奸：通"干"，求见。无由：没有途径。

② 有莘(shēn)氏：部落名，活动在今山东曹县西北，也有认为在陕西合阳县东南。媵(yìng)臣：陪嫁的奴隶。

③ 负：背负。鼎：古代用来烹煮食物的器物。俎：古代祭祀时盛肉的器物。

④ 以滋味说汤，致于王道：用烹饪的道理说服成汤，实现了王道政治。

⑤ 处士：隐士，有治世之才而未从政的人。

⑥ 五反：往返五次。

⑦ 素王：古代圣王以朴素治理天下，故称。九主：指三皇、五帝及夏禹。

⑧ 去：离开。适：前往。

⑨ 丑：以之为丑，不满。

⑩ 女鸠、女房：汤的两位贤臣。《女鸠》《女房》：《尚书》篇名，已亡佚。

⑪ 野：郊外。

⑫ 祝：祈祷。

⑬ 左、右：名词用作动词，朝左走、朝右走。

⑭ 用命：听命。

当是时，夏桀[1]为虐政淫荒，而诸侯昆吾氏[2]为乱。汤乃兴师率诸侯，伊尹从汤，汤自把钺[3]以伐昆吾，遂伐桀。汤曰："格女[4]众庶，来，女悉听朕言。匪台小子[5]敢行举乱，有夏多罪，予维闻女众言，夏氏有罪。予畏上帝，不敢不正[6]。今夏多罪，天命殛之。今女有众，女曰：'我君不恤我众，舍我啬事而割政。'[7]女其曰：'有罪，其奈何？'夏王率止众力[8]，率夺夏国。有众率怠不和，曰：'是日何时丧？予与女皆亡！'夏德若兹，今朕必往[9]。尔尚及予一人[10]致天之罚，予其大理[11]女。女毋不信，朕不食言。女不从誓言，予则帑僇[12]女，无有攸赦。"以告令师[13]，作《汤誓》[14]。于是汤曰"吾甚武[15]"，号曰武王。

桀败于有娀之虚[16]，桀奔于鸣条，夏师败绩。汤遂伐三㚇[17]，俘厥宝玉[18]，义伯、仲伯作《典宝》[19]。汤既胜夏，欲迁其社[20]，不可，作《夏社》[21]。伊尹报。于是诸侯毕服，汤乃践[22]天子位，平定海内。

注释

① 夏桀：夏朝的末代君主。

② 昆吾氏：部落名，先后活动于今山西安邑县，河南濮阳、许昌一带。

③ 钺（yuè）：斧头，军中刑具，权力的象征。

④ 格：来。女：通"汝"。

⑤ 匪：通"非"。台小子：予小子，成汤自称。

⑥ 正：通"征"，征伐。

⑦ 啬事：农事。割政：害正，妨害农事。

⑧ 率止众力：竭尽民众之力。

⑨ 往：前往讨伐。

⑩ 尚：表示希望、祈请。予一人：帝王自称，与"寡人""孤"义同。

⑪ 理：通"釐"，《尚书》作"赉"，赏赐。

⑫ 帑：通"孥"，没为奴隶。僇：通"戮"，杀。

⑬ 告：文告。令师：命令军队。

⑭《汤誓》：《尚书》篇名，今存。

⑮ 武：勇武。

⑯ 有娀之虚：有娀氏的故地。

⑰ 三嵏(zōng)：国名，在今山东菏泽定陶区东北。

⑱ 宝玉：珍宝玉石。

⑲ 义伯、仲伯：汤的二位大臣。《典宝》：《尚书》篇名，已亡佚。

⑳ 社：祭祀的土神。

㉑《夏社》：《尚书》篇名，已亡佚。

㉒ 践：登上。

汤归至于泰卷陶[①]，中𦣞作诰[②]。既绌夏命，还亳，作《汤诰》[③]："维三月，王自至于东郊[④]。告诸侯群后[⑤]：'毋不有功于民，勤力乃事。予乃大罚殛女，毋予怨。'曰：'古禹、皋陶久劳于外，其有功乎民，民乃有安。东为江，北为济，西为河，南为淮[⑥]，四渎[⑦]已修，万民乃有居。后稷[⑧]降播，农殖百谷。三公咸有功于民，故后有立[⑨]。昔蚩尤[⑩]与其大夫作乱百姓，帝乃弗予，有状[⑪]。先王言不可不勉。'曰：'不道，毋之在国[⑫]，女毋我怨。'"以令诸侯。伊尹作《咸有一德》[⑬]，咎单作《明居》[⑭]。

汤乃改正朔[⑮]，易服色[⑯]，上[⑰]白，朝会以昼[⑱]。

汤崩，太子太丁[⑲]未立而卒，于是乃立太丁之弟外丙，是为帝外丙。……

注释

① 泰卷陶："陶"字为衍，泰卷即大坰，地名，在今山东菏泽定陶县附近。

② 中𦣞(lěi)作诰：中𦣞，即仲虺。此诰即《仲虺之诰》，《尚书》篇名，伪古文

《尚书》有此篇。

③《汤诰》:《尚书》篇名,伪古文《尚书》有此篇。

④ 王自至于东郊:从东郊还归亳。

⑤ 群后:各国国君。

⑥ 江:长江。济:济水。河:黄河。淮:淮河。

⑦ 四渎:长江、黄河、济水和淮河。

⑧ 后稷:周朝的先祖,名弃。

⑨ 后有立:后代得以分封立国。

⑩ 蚩尤:黄帝时期的诸侯名,以好战、作乱闻名,事迹见《五帝本纪》。

⑪ 予:通“与”,保佑。有状:确实可考。

⑫ 不道,毋之在国:行事无道,不让他临国治民。

⑬《咸有一德》:《尚书》篇名,伪古文《尚书》有此篇。

⑭ 咎单:汤的大臣。《明居》:《尚书》篇名,已亡佚。

⑮ 正朔:一年中第一个月的第一天。改正朔,改用新的历法。

⑯ 易:改变。服色:服饰的颜色。

⑰ 上:通“尚”,崇尚。

⑱ 朝会:群臣朝见和会商国事。昼:白天。

⑲ 太子太丁:成汤的长子。

帝乙长子曰微子启[①],启母贱,不得嗣[②]。少子辛,辛母正后,辛为嗣。帝乙崩,子辛立,是为帝辛,天下谓之纣。

帝纣资辨捷疾[③],闻见甚敏[④];材力[⑤]过人,手格[⑥]猛兽;知足以距谏[⑦],言足以饰非;矜[⑧]人臣以能,高天下以声,以为皆出己之下。好酒淫乐,嬖[⑨]于妇人。爱妲己,妲己之言是从。于是使师涓[⑩]作新淫声,北里之舞,靡靡[⑪]之乐。厚赋税以实鹿台[⑫]之钱,而盈钜桥[⑬]之粟。益收狗马奇物,充仞[14]宫室。益广沙丘[15]苑台，多取野兽蜚[16]鸟置其中。慢[17]于鬼神。大冣[18]乐戏于沙丘，以酒为池，县[19]肉为林，使男女倮[20]相逐其间，为长夜之饮[21]。

百姓怨望而诸侯有畔者[22]，于是纣乃重刑辟[23]，有炮格之法[24]。以西伯昌、九侯、鄂侯为三公[25]。九侯有好女，入之纣。九侯女不憙[26]淫，纣怒，杀之，而醢[27]九侯。鄂侯争之强，辨之疾，并脯鄂侯[28]。西伯昌闻之，窃叹。崇侯虎[29]知之，以告纣，纣囚西伯羑里[30]。西伯之臣闳夭之徒，求美女奇物善马以献纣，纣乃赦西伯。西伯出而献洛西之地[31]，以请除炮格之刑。纣乃许之，赐弓矢斧钺，使得征伐，为西伯。而用费中为政。费中善谀，好利，殷人弗亲。纣又用恶来。恶来[32]善毁谗，诸侯以此益疏。

注释

① 微子启：商朝末年的贤臣，事迹见《宋微子世家》。

② 嗣：继位。

③ 资辨：天资聪敏。捷疾：反应迅速。

④ 闻见甚敏：接受和理解能力很强。

⑤ 材力：力气。

⑥ 格：格杀。

⑦ 知：通“智”。距：通“拒”。

⑧ 矜：夸耀。

⑨ 嬖(bì)：宠爱。

⑩ 师涓：乐师，名涓。

⑪ 靡靡：缠绵悱恻、萎靡不振。

⑫ 鹿台：纣王所筑高台，在今河南淇县北、鹤壁市区南。

⑬ 钜桥：仓库名，在今河北曲周东北。

⑭ 充仞：充满。

⑮ 沙丘：离宫名，在今河北广宗县西北。

⑯ 蜚：通“飞”。

⑰ 慢：怠慢。

⑱ 冣(jù)：通“聚”。

⑲ 县：通“悬”。

⑳ 倮(luǒ)：通“裸”。

㉑ 长夜之饮：彻夜饮酒。

㉒ 望：怨恨。畔：通“叛”。

㉓ 刑辟：刑法。

㉔ 炮格之法：一种酷刑，在铜格里烧炭，罪人在格上步行，受烫坠落炭中而亡。

㉕ 西伯昌：姬昌，即后来的周文王。九侯：诸侯名，也作“鬼侯”。鄂侯：诸侯名。三公：朝廷中三个最高长官。

㉖ 憙：通“喜”。

㉗ 醢(hǎi)：肉酱，在此用作动词，意为剁成肉酱。

㉘ 脯：肉干，在此用作动词，意为做成肉干。

㉙ 崇侯虎：当时的诸侯，名虎。崇在今陕西西安鄠邑区。

㉚ 羑(yǒu)里：地名，在今河南汤阴县北。

㉛ 洛西：洛水以西，今陕西的白水、铜川一带。

㉜ 恶来：秦人先祖，事迹见《秦本纪》。

西伯归，乃阴修德行善，诸侯多叛纣而往归西伯。西伯滋大，纣由是稍失权重[①]。王子比干谏，弗听。商容贤者，百姓爱之，纣废之。及西伯伐饥国[②]，灭之，纣之臣祖伊闻之而咎[③]周，恐，奔告纣曰：“天既讫[④]我殷命，假人元龟，无敢知吉[⑤]，非先王不相[⑥]我后人，维王淫虐用[⑦]自绝，故天弃我，不有安食[⑧]，不虞知天性[⑨]，不迪率典[⑩]。今我民罔不欲丧[⑪]，曰'天曷不降威，大命[⑫]胡不至'？今王其奈何？"纣曰："我生不有命在天乎！"祖伊反，曰："纣不可谏矣。"西伯既卒，周武王之东伐，至盟津[⑬]，诸侯叛殷会周者八百。诸侯皆曰："纣可伐矣。"武王曰："尔未知天命。"乃复归。

注释

① 稍失权重：权威逐渐衰弱。

② 饥国：耆国，也称"黎国"，在今山西长治西南。

③ 咎：责怪。

④ 讫：终止。

⑤ 假人：至人，能认清客观形势的人。元龟：大龟，此处指用龟甲占卜。此句意为：不论是能看清客观形势的人预测，还是用龟甲占卜，都没有吉祥之兆。

⑥ 相：扶持，保佑。

⑦ 用：因此。

⑧ 不有安食：不能安宁地享受祭祀。

⑨ 不虞知天性：不体察上天的旨意。

⑩ 迪：行。率：遵循。典：典章制度。

⑪ 罔不欲丧：没有不盼望商朝灭亡的。

⑫ 大命：商王的死期。

⑬ 盟津：孟津，黄河渡口名，在今河南孟津县东、孟州西南。

纣愈淫乱不止。微子数谏不听，乃与大师、少师[①]谋，遂去。比干曰："为人臣者，不得不以死争。"乃强谏纣。纣怒曰："吾闻圣人心有七窍。"剖比干，观其心。箕子[②]惧，乃详[③]狂为奴，纣又囚之。殷之大师、少师乃持其祭乐器奔周。周武王于是遂率诸侯伐纣。纣亦发兵距之牧野[④]。甲子日，纣兵败。纣走，入登鹿台，衣其宝玉衣，赴火而死。周武王遂斩纣头，县之大白旗。杀妲己。释箕子之囚，封[⑤]比干之墓，表商容之闾[⑥]。封纣子武庚禄父，以续殷祀，令修行盘庚[⑦]之政。殷民大说[⑧]。于是周武王为天子。其后世贬帝号，号为王。而封殷后为诸侯，属周。

周武王崩，武庚与管叔、蔡叔作乱[⑨]，成王命周公诛之[⑩]，而立微子[⑪]于宋，以续殷后焉。

太史公曰：余以《颂》次契之事[⑫]，自成汤以来，采于《书》《诗》。契为子姓，其后分封，以国为姓，有殷氏、来氏、宋氏、空桐氏、稚氏、北殷氏、目夷氏。孔子曰，殷路车[⑬]为善，而色尚白[⑭]。

注释

① 太师：乐工之长官。少师：太师的辅佐官员。

② 箕子：纣王之叔，封地在箕，在今山西太谷东北。

③ 详：通“佯”，佯装。

④ 距：通“拒”，抵抗。牧野：地名，商朝都城朝歌西南，在今河南淇县西南。

⑤ 封：加土，重修坟头。

⑥ 表：挂上牌匾给予表彰。闾：里巷。

⑦ 盘庚：商朝的贤王。

⑧ 说：通“悦”。

⑨ 管叔：名鲜。蔡叔：名度。二人为周武王的弟弟，管、蔡是二人的封地。

⑩ 周公：周武王之弟。管叔和蔡叔散布流言，声称周公图谋篡位，二人又与武庚禄父作乱，周公东征，花了三年时间平定叛乱。

⑪ 微子：微子启。

⑫《颂》：指《诗经·商颂》的《玄鸟》《长发》篇。次：编排。

⑬ 路车：也作“辂车”，帝王乘坐的马车。

⑭ 尚：崇尚。

评析

《殷本纪》记录的是商王朝的历史。殷是商的别称，因商王盘庚曾将首都迁往殷（今河南安阳），所以商也被称为殷。本篇记载了从始祖契到成汤灭夏建国，后又历二十七王，至商末因纣王无道而被周武王灭国的历史。由于年代久远和相关文献的缺乏，司马迁可依据的史料很有限。他主要参考《诗经》和《尚书》，粗略地勾勒殷商的历史。《殷本纪》记载相对详细的是商的开国君主汤和末代君主纣的事迹，本篇节选的便是这两部分内容，以展示商王朝建国、兴盛以及衰亡的历史过程。

殷商的先祖名契，据《诗经·商颂·玄鸟》，契为其母简狄吞食玄鸟之卵而生。玄鸟便是燕子，这个故事充满了神话色彩，体现了商人对他们先祖来源的美好想象。契曾在帝舜之朝担任司徒，负责宣扬教化百姓。契后十数世便至汤。司马迁依据《尚书》，对汤的事迹做了较为详细的记载，其中最为精彩的是汤与伊尹的故事。这段君臣佳话在先秦时期流传甚广，有多种版本的故事，最有名的是伊尹以媵臣的身份，负鼎调羹，以“调和五味”之道向汤陈述治国理政的道理。汤知人善用，将国政交给伊尹。君臣相知相合，最终一举消灭夏而建立了商王朝。

商王朝在经过数百年的发展之后，不可避免地走向了衰落。商代末年，出现一位中国历史上最臭名昭著的暴君——纣。司马迁详细罗列了纣的各种荒淫事迹，如好酒淫乐、宠嬖妲己、厚敛赋税、残害忠臣等等。之所以如此不厌其烦，是因为司马迁要将其树立为暴君的典型，从而为后世提供历史鉴戒。正如黄震《黄氏日钞》所言："载纣取亡之事尤详，真可为万世戒。"

从汤用贤臣伊尹而国兴、纣害贤臣比干而国亡的史事中，我们可以获知本篇传达出的一个道理：国君只有举贤授能，重用贤才，才能使国家兴盛强大；如果一味贪图享乐，荒淫残暴，不用贤能，就会导致国家的灭亡。这是本篇的历史价值所在。

《周本纪》（节选）

周后稷[1]，名弃。其母有邰氏[2]女，曰姜原。姜原为帝喾元妃[3]。姜原出野，见巨人迹，心忻然说[4]，欲践[5]之，践之而身动如孕者。居期[6]而生子，以为不祥，弃之隘巷，马牛过者皆辟[7]不践；徙置之林中，适会[8]山林多人，迁之；而弃渠中冰上，飞鸟以其翼覆荐[9]之。姜原以为神[10]，遂收养长之。初欲弃之，因名曰弃。

弃为儿时，屹如巨人之志[11]。其游戏，好种树麻、菽[12]，麻、菽美。及为成人，遂好耕农，相[13]地之宜，宜谷者稼穑[14]焉，民皆法则[15]之。帝尧闻之，举[16]弃为农师，天下得其利，有功。帝舜曰："弃，黎民始饥，尔后稷播时[17]百谷。"封弃于邰，号曰后稷，别姓姬氏[18]。后稷之兴，在陶唐、虞[19]、夏之际，皆有令[20]德。

后稷卒，子不窋[21]立。不窋末年，夏后氏[22]政衰，去稷不务[23]，不窋以失其官而奔戎狄之间。不窋卒，子鞠立。鞠卒，子公刘立。公刘虽在戎狄之间，复修[24]后稷之业，务耕种，行地宜，自漆、沮度渭[25]，取材用，行者有资[26]，居者有畜积，民赖其庆[27]。百姓怀之，多徙而保归[28]焉。周道之兴自此始，故诗人歌乐[29]思其德。公刘卒，子庆节立，国于豳[30]。

注释

① 后稷：尧舜时期主管农业的官名，也指周朝先祖弃。

② 有邰(tái)氏：部落名，活动在今陕西武功西南。

③ 元妃：正妻。

④ 忻：通“欣”。说：通“悦”。

⑤ 践：脚踏。

⑥ 期：一年。

⑦ 辟：通“避”，躲避。

⑧ 适会：恰逢。

⑨ 荐：垫。

⑩ 神：神异。

⑪ 屹：通“仡”，高大。巨人：大人物。

⑫ 菽(shū)：大豆。

⑬ 相：查看。

⑭ 稼穑：耕种和收获。

⑮ 法则：效法。

⑯ 举：选举。

⑰ 时：通“莳”，种植。

⑱ 别姓姬氏：周族自后稷始以“姬”为姓。

⑲ 陶唐、虞：唐尧、虞舜。

⑳ 令：美好。

㉑ 不窋(zhú)：后稷子。

㉒ 夏后氏：夏朝。

㉓ 去稷：废弃了农官。不务：不再劝民务农。

㉔ 修：继承发扬。

㉕ 漆、沮：漆水和沮水。度：渡。渭：今陕西西安附近的渭水。

㉖ 资：资财。

㉗ 民赖其庆：民享其福。

㉘ 保：托靠。归：归附。

㉙ 诗人歌乐：指《诗经·大雅·公刘》，歌颂公刘之事。

㉚ 国：定都。豳（bīn）：同“邠”，地名，在今陕西彬州、旬邑县一带。

庆节卒，子皇仆立。皇仆卒，子差弗立。差弗卒，子毁隃立。毁隃卒，子公非立。公非卒，子高圉立。高圉卒，子亚圉立。亚圉卒，子公叔祖类立。公叔祖类卒，子古公亶父立。古公亶父复修后稷、公刘之业，积德行义，国人皆戴[①]之。薰育[②]戎狄攻之，欲得财物，予之。已复攻，欲得地与民。民皆怒，欲战。古公曰：“有民立君，将以利之。今戎狄所为攻战，以吾地与民。民之在我，与其在彼，何异。民欲以我故战，杀人父子而君之，予不忍为。”乃与私属遂去豳，度漆、沮，逾梁山[③]，止于岐下[④]。豳人举国扶老携弱，尽复归古公于岐下。及他旁国闻古公仁，亦多归之。于是古公乃贬[⑤]戎狄之俗，而营筑城郭室屋，而邑[⑥]别居之。作五官[⑦]有司。民皆歌乐之，颂其德。

古公有长子曰太伯，次曰虞仲。太姜[⑧]生少子季历，季历娶太任[⑨]，皆贤妇人，生昌[⑩]，有圣瑞[⑪]。古公曰：“我世当有兴者，其在昌乎？”长子太伯、虞仲知古公欲立季历以传昌，乃二人亡如荆蛮[⑫]，文身断发[⑬]，以让季历。

古公卒，季历立，是为公季[⑭]。公季修古公遗道，笃[⑮]于行义，诸侯顺之。

公季卒，子昌立，是为西伯。西伯曰文王，遵后稷、公刘之业，则[16]古公、公季之法，笃仁，敬老，慈少[17]。礼下贤者，日中不暇[18]食以待士，士以此多归之。伯夷、叔齐在孤竹[19]，闻西伯善养老，盍[20]往归之。太颠、闳夭、散宜生、鬻子、辛甲大夫[21]之徒皆往归之。

注释

① 戴：爱戴。

② 薰育：也作“荤粥”，北方的少数民族名。

③ 逾：翻过。梁山：山名，在今陕西岐山县、扶风县北部。

④ 岐下：地名，岐山脚下的周原，在今陕西岐山县、扶风县北部。

⑤ 贬：废除。

⑥ 邑：城邑，此处名词用作动词，指筑造城邑。

⑦ 五官：指司马、司空、司徒、司士、司寇。

⑧ 太姜：古公亶父之妃。

⑨ 太任：季历之妃，周文王之母。

⑩ 昌：周文王姬昌。

⑪ 圣瑞：圣人征象。

⑫ 如：往。荆蛮：荆楚蛮夷之地。

⑬ 文身：身刺花纹。断发：剪短头发。

⑭ 公季：周人对季历的尊称。

⑮ 笃：厚，诚。

⑯ 则：效法。

⑰ 笃仁：恭行仁义。慈少：慈爱晚辈。

⑱ 暇：空暇时间。

⑲ 伯夷、叔齐：商代末期孤竹国君之二子。孤竹：地名，在今河北卢龙县附近。

⑳ 盍(hé)：何不。

㉑ 太颠、闳(hóng)夭、散宜生、鬻(yù)子、辛甲大夫五人皆为周文王的贤臣。

崇侯虎谮[①]西伯于殷纣曰："西伯积善累德，诸侯皆向之，将不利于帝。"帝纣乃囚西伯于羑里。闳夭之徒患之，乃求有莘氏美女，骊戎之文马[②]，有熊九驷[③]，他奇怪物，因殷嬖臣[④]费仲而献之纣。纣大说[⑤]，曰："此一物足以释西伯，况其多乎！"乃赦西伯，赐之弓矢斧钺[⑥]，使西伯得征伐。曰："谮西伯者，崇侯虎也。"西伯乃献洛西之地[⑦]，以请纣去炮格之刑[⑧]。纣许之。

西伯阴[⑨]行善，诸侯皆来决平[⑩]。于是虞、芮[⑪]之人有狱不能决，乃如周。入界，耕者皆让畔[⑫]，民俗皆让长[⑬]。虞、芮之人未见西伯，皆惭，相谓曰："吾所争，周人所耻，何往为，只取辱耳！"遂还，俱让而去。诸侯闻之，曰"西伯盖受命[⑭]之君"。

明年，伐犬戎[⑮]。明年，伐密须[⑯]。明年，败耆国[⑰]。殷之祖伊[⑱]闻之，惧，以告帝纣。纣曰："不有天命乎？是何能为！"明年，伐邘[⑲]。明年，伐崇侯虎。而作丰邑[⑳]，自岐下而徙都丰。明年，西伯崩，太子发立，是为武王。

注释

① 崇侯虎：商朝诸侯，封国在崇，名虎，在今陕西西安鄠邑区。谮(zèn)：进谗言。

② 骊戎：戎人的一支，活动在今陕西西安临潼区一带。文马：毛色有斑纹的马。

③ 有熊：有熊氏，部落名，活动在今河南新郑附近。驷：四马为一驷。

④ 因：通过。嬖臣：男宠。

⑤ 说：通“悦”。

⑥ 弓矢斧钺：诸侯拥有征伐权的象征物。

⑦ 洛西之地：洛即今陕西洛河，洛西之地指洛河以西的周国土地。

⑧ 炮格之刑：相传为商纣王发明的一种刑罚，用铜制成，犯人步行其上之铜格，足烂堕火而死。

⑨ 阴：暗中。

⑩ 决平：裁决争端。

⑪ 虞、芮：古国名，虞国在今山西平陆县北，芮国在今陕西大荔县朝邑镇南，一说在今甘肃华亭西南。

⑫ 让：推让。畔：地界。

⑬ 长：长者。

⑭ 受命：秉承天命。

⑮ 犬戎：戎人的一支，活动在今陕西、甘肃一带。

⑯ 密须：古国名，在今甘肃灵台西。

⑰ 耆国：古国名，在今山西长治西南。

⑱ 祖伊：商纣王的贤臣。

⑲ 邘(yú)：古国名，在今河南沁阳西北。

⑳ 丰邑：周文王时期的都城，在今陕西西安西南的丰水西侧。

西伯盖即位五十年。其囚羑里，盖益《易》之八卦为六十四卦[①]。诗人[②]道西伯，盖受命之年称王而断虞芮之讼。后十年而崩，谥[③]为文王。

改法度，制正朔[4]矣。追尊古公[5]为太王，公季为王季：盖王瑞[6]自太王兴。

武王即位，太公望为师[7]，周公旦[8]为辅，召公、毕公之徒左右王师[9]，修文王绪业[10]。

九年，武王上祭于毕[11]。东观兵，至于盟津。为文王木主[12]，载以车，中军[13]。武王自称太子发，言奉文王以伐，不敢自专。乃告司马、司徒、司空、诸节[14]："齐栗[15]，信哉！予无知，以先祖有德，臣小子[16]受先功，毕立赏罚，以定其功[17]。"遂兴师。师尚父[18]号曰："总[19]尔众庶，与尔舟楫，后至者斩。"武王渡河[20]，中流[21]，白鱼跃入王舟中，武王俯取以祭。既渡，有火自上复[22]于下，至于王屋[23]，流为乌[24]，其色赤，其声魄[25]云。是时，诸侯不期[26]而会盟津者八百诸侯。诸侯皆曰："纣可伐矣。"武王曰："女[27]未知天命，未可也。"乃还师归。

注释

① 盖：大概，表推测。益《易》之八卦为六十四卦：将《周易》的八个卦两两相叠，而成六十四卦。

② 诗人：《诗经》中《文王》《大明》等篇的作者。

③ 谥：谥号。

④ 正朔：正月初一，一年的开始。

⑤ 古公：古公亶父。

⑥ 王瑞：称王的吉兆。

⑦ 太公望：吕尚，即姜太公。师：太师，帝王的辅导官。

⑧ 周公旦：周武王之弟，名旦。

⑨ 召公：周文王庶子，食采于召。毕公：周文王的庶子，食采于毕。左右王

师：在左右辅佐周武王。

⑩ 绪业：遗留的事业。

⑪ 上祭：祭祀上天。毕：地名，在今陕西咸阳北。

⑫ 木主：灵牌。

⑬ 中军：放在中间的军队。

⑭ 诸节：接受命令的各类官员。

⑮ 齐栗：肃穆谨慎。

⑯ 臣小子：谦辞，周武王自称。

⑰ 毕立赏罚：确立了赏罚制度。以定其功：以确保事业成功。

⑱ 师尚父：周武王对吕尚的敬称。

⑲ 总：集合。

⑳ 河：黄河。

㉑ 中流：在河流中间。

㉒ 复：通“覆”，覆盖。

㉓ 王屋：周武王居住之屋。

㉔ 流为乌：变成乌鸦的形状。

㉕ 魄：巨大的声响。

㉖ 期：约定。

㉗ 女：通“汝”，你们。

居二年，闻纣昏乱暴虐滋甚[①]，杀王子比干，囚箕子。太师疵、少师强[②]抱其乐器而奔周。于是武王遍告诸侯曰：“殷有重罪，不可以不毕伐[③]。”乃遵文王[④]，遂率戎车[⑤]三百乘，虎贲[⑥]三千人，甲士[⑦]四万五千人，以东伐纣。十一年[⑧]十二月戊午，师毕渡盟津，诸侯咸会。曰：“孳孳[⑨]无怠！”武王乃作《太誓》[⑩]，告于众庶：“今殷王纣乃用其妇人[⑪]之言，自绝于天，毁坏其三正[12]，离逖[13]其王父母弟，乃断弃其先祖之乐，乃为淫声[14]，用变乱正声，怡说[15]妇人。故今予发维共行天罚[16]。勉哉夫子，不可再，不可三！”

注释

① 滋甚：更加厉害。

② 太师：乐工之长官。少师：太师的辅佐官员。

③ 毕伐：彻底讨伐。

④ 遵文王：遵循周文王的遗命。

⑤ 戎车：战车。

⑥ 虎贲(bēn)：周王的禁卫兵。

⑦ 甲士：披盔戴甲的士兵。

⑧ 十一年：从周文王受命算起第十一年，即周武王即位第四年。

⑨ 孳孳：勤勉努力。

⑩《太誓》：也作《泰誓》，《尚书》的篇名。

⑪ 妇人：指商纣王的宠妃妲己。

⑫ 三正：天地人之正道。

⑬ 离逖(tì)：疏远。

⑭ 淫声：俗乐，古代以先王雅乐为正乐，以俗乐为淫声。

⑮ 怡说：取悦。

⑯ 发：周武王名发。维：发语词。共：通“恭”。

二月甲子昧爽[1]，武王朝至于商郊牧野，乃誓。武王左杖黄钺[2]，右秉白旄[3]以麾[4]，曰：“远矣西土之人[5]！”武王曰：“嗟！我有国冢君[6]，司徒、司马、司空，亚旅、师氏[7]，千夫长、百夫长[8]，及庸、蜀、羌、髳、微、卢、彭、濮人[9]，称尔戈，比尔干[10]，立尔矛，予其誓。”王曰：“古人有言‘牝鸡无晨。牝鸡之晨，惟家之索。[11]’今殷王纣维妇人言是用，自弃其先祖肆祀不答[12]，昏弃[13]其家国，遗其王父母弟不用，乃维四方之多罪逋逃是崇是长[14]，是信是使，俾[15]暴虐于百姓，以奸轨[16]于商国。今予发维共行天之罚。今日之事，不过六步七步，乃止齐[17]焉，夫子勉哉！不过于四伐五伐六伐七伐，乃止齐焉，勉哉夫子！尚桓桓[18]，如虎如罴，如豺如离[19]，于商郊，不御克奔[20]，以役西土[21]，勉哉夫子！尔所不勉，其于尔身有戮[22]！”誓已，诸侯兵会者车四千乘，陈师牧野。

注释

① 昧爽：黎明。

② 黄钺：黄金装饰的斧钺。

③ 白旄：以牦牛尾装饰的旗帜。

④ 麾：挥动。

⑤ 西土之人：西方而来的各部落。

⑥ 有：通“友”。国冢君：指蜀、庸等跟从周武王伐商的部落首领。

⑦ 亚旅、师氏：皆为高级军官名。

⑧ 千夫长、百夫长：中下级军官名。

⑨ 庸：在今湖北竹山县西南。蜀：在今四川成都一带。羌：在今甘肃庆阳西北。髳（máo）：在今重庆。微：在今陕西眉县附近。卢：在今湖北宜城西南。彭：一说在今湖北房县。濮（pú）：殷周时期分布在“江汉之南”。以上皆为跟从周武王伐商的西方部落。

⑩ 称：举起。比：排列。干：盾牌。

⑪ 牝(pìn)鸡：母鸡。索：尽。此句意为：母鸡如果在黎明鸣叫，那么这户人家就要灭绝。母鸡指的是妲己。

⑫ 肆祀：祭祀。答：报，报谢。

⑬ 昏弃：抛弃不顾。

⑭ 逋：逃亡。长：尊敬。

⑮ 俾：使。

⑯ 奸轨：违法作乱。

⑰ 止齐：停止以齐整队伍。

⑱ 尚：希望。桓桓：勇武前进。

⑲ 离：通“螭”，一种蛟龙。

⑳ 御：抵挡。奔：奔逃的士兵。

㉑ 以役西土：让他们给我们西方人当奴隶。

㉒ 戮：诛杀。

帝纣闻武王来，亦发兵七十万人距[①]武王。武王使师尚父与百夫致师[②]，以大卒驰帝纣师[③]。纣师虽众，皆无战之心，心欲武王亟入。纣师皆倒兵以战，以开[④]武王。武王驰之，纣兵皆崩畔[⑤]纣。纣走，反，入登于鹿台之上，蒙衣其殊玉，自燔于火而死。武王持大白旗以麾诸侯，诸侯毕拜武王，武王乃揖[⑥]诸侯，诸侯毕从。武王至商国，商国百姓咸待于郊。于是武王使群臣告语商百姓曰：“上天降休[⑦]！”商人皆再拜稽首，武王亦答拜。遂入，至纣死所。武王自射之，三发而后下车，以轻剑击之，以黄钺斩纣头，县大白之旗。已而至纣之嬖妾[⑧]二女，二女皆经[⑨]自杀。武王又射三发，击以剑，斩以玄钺[⑩]，县其头小白之旗。武王已乃出复军。

注释

① 距：通“拒”，抵挡。

② 致师：挑战。

③ 大卒：武王的嫡系部队。驰帝纣师：乘坐战车征伐商纣的军队。

④ 开：开路。

⑤ 畔：背叛。

⑥ 揖：作揖答谢。

⑦ 休：福瑞。

⑧ 嬖妾：宠妃，指妲己等人。

⑨ 经：上吊。

⑩ 玄：黑色。钺：斧钺。

其明日，除道[①]，修社[②]及商纣宫。及期[③]，百夫荷罕旗以先驱[④]。武王弟叔振铎奉陈常车[⑤]，周公旦把大钺，毕公把小钺，以夹[⑥]武王。散宜生、太颠、闳夭皆执剑以卫武王。既入，立于社南，大卒之左右[⑦]毕从。毛叔郑奉明水[⑧]，卫康叔封布兹[⑨]，召公奭赞采[⑩]，师尚父牵牲[⑪]。尹佚策祝[⑫]曰："殷之末孙季纣，殄废[⑬]先王明德，侮蔑神祇不祀，昏暴商邑百姓，其章显[⑭]闻于天皇上帝。"于是武王再拜稽首，曰："膺受[⑮]大命，革殷，受天明命[⑯]。"武王又再拜稽首，乃出。

注释

① 除道：清扫道路。

② 社：祭祀土神的地方。

③ 期：规定时间。

④ 荷：扛着。罕旗：云罕旗。先驱：负责前面开路的仪仗队。

⑤ 常车：象征着王尊严和地位的仪仗车。

⑥ 夹：护卫。

⑦ 大卒之左右：左右护卫。

⑧ 毛叔郑：周武王之弟，名郑，封地在毛，在今河南宜阳县。明水：祭祀用的净水。

⑨ 卫康叔：周武王之弟，名封，始封于康，后又被封于卫，在今河南淇县。布兹：铺草席。

⑩ 召公奭：周武王之弟，采邑在召，今陕西岐山西南。赞：帮助。采：贡品、礼品。

⑪ 牲：祭祀用的牲畜。

⑫ 尹佚：西周初期的史官。策：策书。祝：祝颂。

⑬ 殄（tiǎn）：殄灭。废：废弃。

⑭ 章显：显著。

⑮ 膺受：承受。

⑯ 明命：圣明的旨令。

封商纣子禄父殷之余民[①]。武王为殷初定未集[②]，乃使其弟管叔鲜、蔡叔度相[③]禄父治殷。已而命召公释箕子之囚[④]。命毕公释百姓之囚，表商容之闾[⑤]。命南宫括[⑥]散鹿台之财，发钜桥[⑦]之粟，以振贫弱萌隶[⑧]。命南宫括、史佚展九鼎保玉[⑨]。命闳夭封比干之墓。命宗祝享祠[⑩]于军。乃罢兵西归。行狩，记政事，作《武成》[⑪]。封诸侯，班赐宗彝，作《分殷之器物》[⑫]。武王追思先圣王，乃褒封神农之后于焦[⑬]，黄帝之后于祝[⑭]，帝尧之后于蓟[⑮]，帝舜之后于陈[⑯]，大禹之后于杞[⑰]。于是封功臣谋士，而师尚父为首封。封尚父于营丘[18]，曰齐。封弟周公旦于曲阜[19]，曰鲁。封召公奭于燕[20]，封弟叔鲜于管，弟叔度于蔡，余各以次受封。

注释

① 禄父：名武庚，商纣王子。余民：遗留下来的民众。

② 集：安定和睦。

③ 相：辅助。

④ 释箕子之囚：将箕子从监狱中释放出来。

⑤ 表：挂上牌匾给予表彰。商容：商朝贤臣，因劝谏纣王被废，隐居在家。闾：里巷。

⑥ 南宫括：周武王的大臣。

⑦ 钜桥：古粮仓名，在今河北曲周东北。

⑧ 振：救济。萌隶：平民。

⑨ 展：展示。九鼎：相传为大禹所铸，是国家政权的象征。保：通“宝”。

⑩ 宗祝：掌管祭祀的官员。享祠：祭祀。

⑪ 行狩：出行巡视。《武成》：《尚书》篇名，记录了周武王灭商之事。

⑫ 宗彝：宗庙的祭祀用器。《分殷之器物》：《尚书》篇名，已亡佚。

⑬ 神农：远古帝王。焦：古国名，在今河南三门峡陕州区西。

⑭ 祝：古国名，在今山东莱芜东南。

⑮ 蓟：古国名，在今北京西南。

⑯ 陈：古国名，国都宛丘在今河南淮阳。

⑰ 杞：古国名，最初在今河南杞县。

⑱ 营丘：古邑名，在今山东淄博临淄区北。

⑲ 曲阜：地名，在今山东曲阜。

⑳ 燕：古国名，国都蓟在今北京西南隅。

武王征九牧[①]之君，登豳之阜[②]，以望商邑。武王至于周，自夜不寐。周公旦即王所，曰："曷[③]为不寐？"王曰："告女：维天不飨殷[④]，自发未生于今六十年，麋鹿在牧，蜚[⑤]鸿满野。天不享殷，乃今有成。维天建殷，其登名民[⑥]三百六十夫，不显亦不宾灭[⑦]，以至今。我未定天保[⑧]，何暇寐！"王曰："定天保，依天室[⑨]，悉求夫恶，贬从殷王受[⑩]。日夜劳来[⑪]定我西土，我维显服[⑫]，及德方明。自洛汭延于伊汭[⑬]，居易毋固[⑭]，其有夏之居。我南望三涂[⑮]，北望岳鄙[⑯]，顾詹有河[⑰]，粤詹雒、伊[⑱]，毋远天室。"营周居于雒邑[⑲]而后去。纵马于华山之阳，放牛于桃林之虚[⑳]；偃干戈，振兵释旅[㉑]：示天下不复用也。

注释

① 九牧：九州。

② 阜：山丘。

③ 曷：通"何"。

④ 不飨殷：不享用殷的祭祀。

⑤ 蜚：通"飞"。

⑥ 名民：贤人。

⑦ 显：显扬。宾：通"摈"，摈弃。

⑧ 天保：上天的保佑。

⑨ 天室：上天眷顾之宗庙。

⑩ 受：纣王名。

⑪ 劳：慰劳。来：通"徕"，慰劳。

⑫ 显：明，光明正大。服：做事。

⑬ 洛汭（ruì）：洛水流入黄河处，在今河南巩义境内。伊汭：伊水入洛水处，在今河南洛阳偃师区境内。

⑭ 易：平坦。固：险固的屏障。

⑮ 三涂：山名，在今河南嵩县西南。

⑯ 岳：太行山。鄙：边境城邑。

⑰ 顾：回头。詹：通“瞻”，瞻望。有河：黄河。

⑱ 粤：语助词。雒、伊：雒，同“洛”。洛水和伊水。

⑲ 雒邑：成周，在今河南洛阳东北。

⑳ 华山：山名，在今陕西华阴。阳：山的南面。桃林：桃林塞，在今河南灵宝以西、陕西潼关县以东地区。

㉑ 偃：放倒。释旅：解散军队。

武王已克殷，后二年，问箕子殷所以亡。箕子不忍言殷恶，以存亡国[①]宜告。武王亦丑[②]，故问以天道[③]。

武王病，天下未集，群公惧，穆卜[④]，周公乃祓斋[⑤]，自为质[⑥]，欲代武王，武王有瘳[⑦]。后而崩，太子诵代立，是为成王。

……

夷王崩，子厉王胡立。厉王即位三十年，好利，近荣夷公。大夫芮良夫谏厉王曰：“王室其将卑乎？夫荣公好专利[⑧]而不知大难。夫利，百物之所生也，天地之所载也，而有专之，其害多矣。天地百物皆将取焉，何可专也？所怒甚多，而不备大难。以是教王，王其能久乎？夫王人者，将导利[⑨]而布之上下[⑩]者也。使神人百物无不得极，犹日怵惕[⑪]惧怨之来也。故《颂》曰‘思文后稷，克配彼天，立我蒸民，莫匪尔极’[⑫]。《大雅》曰‘陈锡载周’[⑬]。是不[⑭]布利而惧难乎，故能载周以至于今。今王学专利，其可乎？匹夫专利，犹谓之盗，王而行之，其归鲜[15]矣。荣公若用，周必败也。”厉王不听，卒以荣公为卿士，用事[16]。

注释

① 存亡国：使亡国复存。

② 丑：惭愧。

③ 天道：敬天保民之道。

④ 穆：恭敬。卜：占卜。

⑤ 祓（fú）：一种除灾求福的祭祀。斋：古人在祭祀时所做的一系列虔敬活动，如沐浴、斋戒等。

⑥ 质：抵押。

⑦ 瘳（chōu）：病愈。

⑧ 专利：独享山林川泽之利。

⑨ 导利：引导生产和开发货利。

⑩ 布之上下：给予天神和百姓以惠利。

⑪ 怵惕（chù tì）：戒惧。

⑫ 出自《诗经·周颂·思文》，大意为：具有文德的后稷，功德能够与上天匹配，教导万民种植谷物，没有人比他的功德高。

⑬ 出自《诗经·大雅·文王》，大意为：施恩布利以发展周邦。

⑭ 是不：岂不是。

⑮ 鲜：很少。

⑯ 用事：执掌国政。

王行暴虐侈傲[1]，国人谤[2]王。召公谏曰：“民不堪命矣。”王怒，得卫巫[3],使监谤者,以告,则杀之。其谤鲜矣,诸侯不朝。三十四年,王益严,国人莫敢言,道路以目[4]。厉王喜,告召公曰:"吾能弭[5]谤矣,乃不敢言。"召公曰:"是鄣[6]之也。防民之口,甚于防水。水壅而溃,伤人必多,民亦如之。是故为水者决之使导,为民者宣[7]之使言。故天子听政[8],使公卿至于列士献诗[9],瞽[10]献曲,史献书,师箴[11],瞍赋[12],蒙诵[13],百工[14]谏,庶人传语,近臣尽规[15],亲戚补察[16],瞽史教诲,耆艾修之[17],而后王斟酌焉,是以事行而不悖。民之有口也,犹土之有山川也,财用于是乎出;犹其有原隰衍沃[18]也,衣食于是乎生。口之宣言也,善败于是乎兴。行善而备败,所以产财用衣食者也。夫民虑之于心而宣之于口,成而行之。若壅其口,其与能几何?"王不听。于是国莫敢出言,三年,乃相与畔,袭厉王。厉王出奔于彘[19]。

注释

① 侈傲:奢侈傲慢。

② 谤:责备。

③ 卫巫:卫国的巫师。

④ 道路以目:道路相遇,不敢言谈,只能以眼神交流。

⑤ 弭:消除。

⑥ 鄣:堵塞。

⑦ 宣:开导。

⑧ 听政:听取政事。

⑨ 公卿:高级官吏。列士:低级官吏。献诗:从民间采诗或自己作诗献给周王,以反映对朝政的意见。

⑩ 瞽(gǔ):盲人。

⑪ 师：乐师。箴：劝诫。

⑫ 瞍(sǒu)：无眸子之目盲者。赋：有一定音节腔调的诵读。

⑬ 蒙：有眸子之目盲者。诵：诵读。

⑭ 百工：百官。

⑮ 规：规谏。

⑯ 补：补救。察：监督。

⑰ 耆艾：老臣。修之：归纳总结前述诸人的意见。

⑱ 原：宽阔平坦的土地。隰(xí)：低下潮湿的土地。衍：低下平坦的土地。沃：有河流灌溉的土地。

⑲ 彘(zhì)：地名，在今山西霍州东北。

厉王太子静匿召公之家，国人闻之，乃围之。召公曰："昔吾骤[1]谏王，王不从，以及此难也。今杀王太子，王其以我为仇而怼[2]怒乎？夫事君者，险而不仇怼，怨而不怒，况事王乎！"乃以其子代王太子，太子竟得脱。

召公、周公二相行政，号曰"共和"[3]。共和十四年，厉王死于彘。太子静长于召公家，二相乃共立之为王，是为宣王。宣王即位，二相辅之，修政，法文、武、成、康之遗风[4]，诸侯复宗周。十二年，鲁武公来朝。

宣王不修籍[5]于千亩，虢文公[6]谏曰不可，王弗听。三十九年，战于千亩，王师败绩于姜氏之戎[7]。

宣王既亡南国之师[8]，乃料民[9]于太原。仲山甫[10]谏曰："民不可料也。"宣王不听，卒料民。

四十六年，宣王崩，子幽王宫湦立。幽王二年，西周三川[11]皆震。伯阳甫[12]曰："周将亡矣。夫天地之气，不失其序[13]；若过其序，民乱之也。阳伏而不能出，阴迫而不能蒸[14]，于是有地震。今三川实震，是阳失其所而填[15]阴也。阳失而在阴[16]，原[17]必塞；原塞，国必亡。夫水土演[18]而民用也。土无所演，民乏财用，不亡何待！昔伊、洛竭而夏亡，河[19]竭而商亡。今周德若二代之季[20]矣，其川原又塞，塞必竭。夫国必依山川，山崩川竭，亡国之征也。川竭必山崩。若国亡不过十年，数之纪[21]也。天之所弃，不过其纪。”是岁也，三川竭，岐山[22]崩。

注释

① 骤：屡次。

② 怼(duì)：怨恨。

③ 共和：司马迁认为召公和周公二人共同执政，所以号曰“共和”，但据《竹书纪年》和清华简《系年》等文献，“共和”实指共伯和。

④ 法：效法。成：周成王。康：周康王。

⑤ 籍：籍田，帝王于春耕前亲耕籍田，以示对农业的重视。

⑥ 虢(guó)文公：周王的卿士，虢国国君，虢国在今陕西宝鸡东。

⑦ 姜氏之戎：西戎的一支。

⑧ 南国之师：指西周时江汉间诸侯国在天子麾下服役的军队。

⑨ 料民：调查人口数字。

⑩ 仲山甫：周王卿士。

⑪ 三川：指泾水、渭水、洛水，皆在今陕西中部地区。

⑫ 伯阳甫：周朝大夫。

⑬ 夫天地之气，不失其序：天地间的阴阳二气不能乱了次序。古人认为阴阳二气是天地的本源。

⑭ 蒸：升腾。

⑮ 填：通“镇”，镇压。

⑯ 阳失而在阴：阳气失位而在阴气的位置。

⑰ 原：通“源”，水源。

⑱ 演：水土气通而演生万物。

⑲ 河：黄河。

⑳ 二代：夏、商二朝。季：末世。

㉑ 纪：终极，周期。

㉒ 岐山：周王朝的发祥地，在今陕西宝鸡。

三年，幽王嬖爱褒姒[①]。褒姒生子伯服，幽王欲废太子。太子母，申[②]侯女，而为后。后幽王得褒姒，爱之，欲废申后，并去太子宜臼，以褒姒为后，以伯服为太子。周太史伯阳读史记[③]曰：“周亡矣。”昔自夏后氏之衰也，有二神龙止于夏帝庭而言曰：“余，褒之二君。”夏帝卜杀之与去之与止之[④]，莫吉。卜请其漦[⑤]而藏之，乃吉。于是布币而策告之[⑥]，龙亡而漦在，椟而去之[⑦]。夏亡，传此器殷。殷亡，又传此器周。比三代，莫敢发之。至厉王之末，发而观之。漦流于庭，不可除。厉王使妇人裸而噪[⑧]之。漦化为玄鼋[⑨]，以入王后宫。后宫之童妾既龀而遭之[⑩]，既笄[⑪]而孕，无夫而生子，惧而弃之。宣王之时童女谣曰：“檿弧箕服[⑫]，实亡周国。”于是宣王闻之，有夫妇卖是器者，宣王使执而戮之。逃于道，而见乡[⑬]者后宫童妾所弃妖子出于路者，闻其夜啼，哀而收之，夫妇遂亡，奔于褒。褒人有罪，请入童妾所弃女子者于王以赎罪。弃女子出于褒，是为褒姒。当幽王三年，王之后宫，见而爱之，生子伯服，竟废申后及太子，以褒姒为后，伯服为太子。太史伯阳曰：“祸成矣，无可奈何！”

褒姒不好笑，幽王欲其笑万方[⑭]，故[⑮]不笑。幽王为烽燧大鼓[⑯]，有寇至则举烽火。诸侯悉至，至而无寇，褒姒乃大笑。幽王说[⑰]之，为数举烽火。其后不信，诸侯益亦不至。

幽王以虢石父为卿，用事，国人皆怨。石父为人佞巧善谀好利，王用之。又废申后，去太子也。申侯怒，与缯、西夷犬戎[18]攻幽王。幽王举烽火征兵，兵莫至。遂杀幽王骊山[19]下，虏褒姒，尽取周赂[20]而去。于是诸侯乃即申侯而共立故幽王太子宜臼，是为平王，以奉周祀。

注释

① 褒姒：褒国女子，姒姓。褒国在今陕西勉县东南。

② 申：古国名，在今河南南阳北。

③ 史记：泛指史书。

④ 卜杀之与去之与止之：占卜是杀了二龙还是将其赶走，或是将其捉起来。

⑤ 漦(chí)：口水。

⑥ 布币：摆上供品。策告之：宣读策文向龙祷告。

⑦ 椟：木匣。去：藏。

⑧ 噪：嚷叫。

⑨ 玄：黑色。鼋(yuán)：蜥蜴。

⑩ 既龀(chèn)：刚到换牙的年龄，七岁左右。遭之：踩到了玄鼋爬过的地方。

⑪ 笄(jī)：簪子。古代女子过十五岁行笄礼，表示已成年。

⑫ 檿(yǎn)弧：山桑木制成的弓。箕服：箕木制成的箭袋。

⑬ 乡：通“向”，此前。

⑭ 万方：千方百计。

⑮ 故：通“固”，就是。

⑯ 烽燧大鼓：古代边境报警的用具。这里用作动词，意即点燃烽燧，擂鼓告急。

⑰ 说：通“悦”。

⑱ 缯（zēng）：亦作“鄫”，古诸侯国名，在今河南方城县，一说在今山东兰陵县。先秦时另有曾国，在今湖北随州。西夷犬戎：少数民族，活动在今宁夏、甘肃和陕西北部地区。

⑲ 骊山：山名，在今陕西西安临潼区东南。

⑳ 赂：财宝。

评析

《周本纪》共分为三个部分：第一部分从周的先祖后稷至周文王，记述周历代先君艰苦奋斗，使周从一个小国逐渐兴盛，在周文王时成为西方大国的历史过程；第二部分从周武王灭商立周至西周灭亡，记录的是西周建国、兴盛至衰亡的过程；第三部分从周平王东迁建立东周王朝至周赧王被秦所灭。《周本纪》共记录周王朝八百多年的历史，是《史记》纪事时间跨度最大的一篇，其中最为精彩的是第一、第二部分。本篇节选的是《周本纪》从周的始祖弃到周武王灭商建国，以及西周末期周厉王、周幽王时期的相关历史事迹。

《周本纪》中西周及之前的历史始终围绕着“德”字在写。周的始祖名弃，与商的始祖契有着同样充满神话色彩的出生传说。据《周本纪》载，弃的母亲姜原在野外看到一个巨人的脚印，踏上后便怀孕，生下了弃。弃天生精通粮食作物的种植，在尧舜时期担任农师，被称为“后稷”。“后”有主持、掌管之意，“稷”是粮食作物，“后稷”即掌管农作物种植之官。农事是古人的根本，弃因有此大功，被封于邰。

后稷的子孙公刘继承后稷之业，推广农业种植，使一方百姓受益，为周的兴起奠定了重要基础，因此《周本纪》言“周道之兴自此始，故诗人歌乐思其德”。这里的诗人指的是《诗经·大雅·公刘》的作者。公刘之后，周人的先祖古公亶父继承后稷、公刘之业，积德行义，在岐山脚下营建城郭，“民皆歌乐之，颂其德”。古公亶父之孙周文王姬昌复修后稷、公刘之业，敬老爱少，举贤授能，使得诸侯归顺。司马迁将“德”贯穿在周的早期历史叙述中，周从始祖后稷开始，历代先王累修德行，将周从一个小国逐渐发展至大国，最终在周武王时一举灭商，体现了周由“德”而兴的历史过程。

与此相反，西周的灭亡可以说是“德”逐渐沦丧的过程，尤以周厉王、周幽王为甚。周厉王任用佞臣荣夷公，暴虐奢淫，监察和杀害议论他的人，最终引发国人暴动，被流放到彘。周幽王则宠信褒姒，为博美人一笑，烽火戏诸侯，最终在申、缯、犬戎等国的侵袭下，在骊山下被杀，西周因此而亡。

《周本纪》向我们详细展示了周因有德而兴、又由丧德而亡的历史，其中包含着令人警醒的历史教训，值得后人反思和借鉴。

第二编

春 秋 争 霸

《齐太公世家》(节选)

桓公元年春,齐君无知[①]游于雍林。雍林人尝有怨无知,及其往游,雍林人袭杀无知,告齐大夫曰:"无知弑襄公自立,臣谨行诛。唯大夫更立公子之当立者,唯命是听[②]。"

初,襄公之醉杀鲁桓公,通[③]其夫人,杀诛数不当,淫于妇人,数欺大臣,群弟恐祸及[④],故次弟纠[⑤]奔鲁。其母鲁女也。管仲、召忽傅[⑥]之。次弟小白[⑦]奔莒[⑧],鲍叔傅之。小白母,卫女也,有宠于釐公[⑨]。小白自少好善大夫高傒[⑩]。及雍林人杀无知,议立君,高、国[⑪]先阴[⑫]召小白于莒。鲁闻无知死,亦发兵送公子纠,而使管仲别将兵遮[⑬]莒道,射中小白带钩[⑭]。小白详[⑮]死,管仲使人驰报鲁。鲁送纠者行益迟[⑯],六日至齐,则小白已入,高傒立之,是为桓公。

桓公之中钩,详死以误管仲,已而载温车[⑰]中驰行,亦有高、国内应,故得先入立,发兵距[⑱]鲁。秋,与鲁战于乾时[⑲],鲁兵败走,齐兵掩绝[⑳]鲁归道。齐遗[㉑]鲁书曰:"子纠,兄弟,弗忍诛,请鲁自杀之。召忽、管仲,仇也,请得而甘心醢[㉒]之。不然,将围鲁。"鲁人患之,遂杀子纠于笙渎[㉓]。召忽自杀,管仲请囚。桓公之立,发兵攻鲁,心欲杀管仲。鲍叔牙曰:"臣幸得从君,君竟[㉔]以立。君之尊,臣无以增君。君将治齐,即高傒与叔牙足也。君且欲霸王,非管夷吾不可。夷吾所居国国重[㉕],不可失也。"于是桓公从之。乃详为召管仲欲甘心,实欲用之。管仲知之,故请往。鲍叔牙迎受管仲,及堂阜而脱桎梏[㉖],斋祓[㉗]而见桓公。桓公厚礼以为大夫,任政[㉘]。

注释

① 无知:公孙无知,弑杀齐襄公而自立为君。

② 唯命是听:宾语前置,只听你们的命令。

③ 通：私通。

④ 祸及：及祸，遇到灾难。

⑤ 纠：公子纠。

⑥ 傅：辅佐。

⑦ 小白：公子小白，即齐桓公。

⑧ 莒(jǔ)：邻近齐国的小国，在今山东莒县。

⑨ 釐(xī)：通“僖”，谥号。

⑩ 高傒：高敬仲，齐国正卿。

⑪ 高、国：高氏和国氏是齐国的两大贵族，此处指高敬仲和国懿仲。

⑫ 阴：暗中。

⑬ 遮：拦阻。

⑭ 带钩：衣带钩。

⑮ 详：通“佯”，佯装。

⑯ 益迟：更加迟慢。

⑰ 温车：辒车，一种可以睡卧的车子。

⑱ 距：通“拒”，抵御。

⑲ 乾(gān)时：春秋时地名，在今山东青州。

⑳ 掩绝：截断。

㉑ 遗(wèi)：送给。

㉒ 醢：肉酱。此处用作动词，意为剁成肉酱。

㉓ 笙渎(dú)：又作“笙窦”，地名，在今山东菏泽附近。

㉔ 竟：最终。

㉕ 重：强盛。

㉖ 堂阜：地名，在今山东蒙阴县西北。桎梏：刑具，在手曰桎，在脚曰梏。

㉗ 祓：祭祀以除去不祥。

㉘ 任政：将国政交给管仲。

桓公既得管仲，与鲍叔、隰朋[1]、高傒修齐国政，连五家之兵[2]，设轻重鱼盐[3]之利，以赡[4]贫穷，禄贤能[5]，齐人皆说[6]。

二年，伐灭郯[7]，郯子奔莒。初，桓公亡时，过郯，郯无礼，故伐之。

五年，伐鲁，鲁将师败。鲁庄公请献遂邑以平[8]，桓公许，与鲁会柯[9]而盟。鲁将盟，曹沫以匕首劫桓公于坛上，曰："反鲁之侵地！"桓公许之。已而曹沫去匕首，北面[10]就臣位。桓公后悔，欲无与鲁地而杀曹沫。管仲曰："夫劫许之而倍[11]信杀之，愈一小快耳[12]，而弃信于诸侯，失天下之援，不可。"于是遂与曹沫三败所亡地[13]于鲁。诸侯闻之，皆信齐而欲附焉。七年，诸侯会桓公于甄[14]，而桓公于是始霸[15]焉。

十四年，陈厉公子完[16]，号敬仲，来奔齐。齐桓公欲以为卿，让；于是以为工正[17]。田成子常[18]之祖也。

二十三年，山戎[19]伐燕，燕告急于齐。齐桓公救燕，遂伐山戎，至于孤竹[20]而还。燕庄公遂送桓公入齐境。桓公曰："非天子，诸侯相送不出境，吾不可以无礼于燕。"于是分沟[21]割燕君所至与燕，命燕君复修召公[22]之政，纳贡于周，如成康[23]之时。诸侯闻之，皆从齐。

二十七年，鲁湣公[24]母曰哀姜，桓公女弟[25]也。哀姜淫于鲁公子庆父[26]，庆父弑湣公，哀姜欲立庆父，鲁人更立釐公。桓公召哀姜，杀之。

二十八年，卫文公有狄乱，告急于齐。齐率诸侯城楚丘[27]而立卫君。

注释

① 隰朋：齐桓公的贤臣。

② 连五家之兵：齐国的军政合一制度，五家为轨，十轨为里，四里为连，十连

为乡，五乡为一帅，万人为一军，由五乡之帅率领。

③ 设：施行。轻重：指货币，因其能以轻驭重，故称。鱼盐：渔业和盐业。

④ 赡：赡养。

⑤ 禄贤能：给贤能高官厚禄。

⑥ 说：通“悦”。

⑦ 郯(tán)：古国名，在今山东郯城县一带。

⑧ 遂：小国名，在今山东宁阳、肥城一带。平：谈和。

⑨ 柯：地名，在今山东东阿县和阳谷县间。

⑩ 北面：面向北。

⑪ 倍：通“背”，背弃。

⑫ 愈一小快耳：不过是获得一点暂时的快乐。

⑬ 亡地：战败丢失的土地。

⑭ 会：盟会。甄(zhēn)：也作“鄄(juàn)”，地名，在今山东鄄城县西北。

⑮ 霸：称霸。

⑯ 陈厉公子完：陈完，陈厉公子，谥号为敬仲。

⑰ 工正：管理百工的官职。

⑱ 田成子常：田成子，名恒，司马迁避汉文帝刘恒讳，称其为“常”。

⑲ 山戎：少数民族，活动在今河北东北部，靠近燕国。

⑳ 孤竹：国名，在今河北卢龙县南。

㉑ 分沟：重新划定国界。

㉒ 召公：名奭(shì)，北燕始封君。

㉓ 成康：指周成王、周康王，史称“成康之治”。

㉔ 鲁湣(mǐn)公：鲁庄公子，湣，通“闵”。

㉕ 女弟：妹妹。

㉖ 公子庆父：鲁庄公庶兄。

㉗ 楚丘：地名，在今河南滑县东北。卫国的都城本在朝歌，因狄乱而迁到楚丘。

二十九年，桓公与夫人蔡姬戏船中。蔡姬习水，荡[①]公，公惧，止之，不止，出船，怒，归蔡姬，弗绝[②]。蔡亦怒，嫁其女。桓公闻而怒，兴师往伐。

三十年春，齐桓公率诸侯伐蔡，蔡溃。遂伐楚。楚成王兴师问曰："何故涉吾地？"管仲对曰："昔召康公[③]命我先君太公[④]曰：'五侯九伯[⑤]，若实[⑥]征之，以夹辅[⑦]周室。'赐我先君履[⑧]，东至海，西至河，南至穆陵，北至无棣。楚贡包茅[⑨]不入，王祭不具[⑩]，是以来责。昭王南征不复[⑪]，是以来问。"楚王曰："贡之不入，有之，寡人罪也，敢不共[⑫]乎！昭王之出不复，君其问之水滨[⑬]。"齐师进，次于陉[⑭]。夏，楚王使屈完将兵扞[⑮]齐，齐师退，次召陵[⑯]。桓公矜[⑰]屈完以其众。屈完曰："君以道[⑱]则可；若不，则楚方城[⑲]以为城，江、汉[⑳]以为沟，君安能进乎？"乃与屈完盟而去。过陈，陈袁涛涂诈[㉑]齐，令出东方，觉。秋，齐伐陈。是岁，晋杀太子申生。

注释

① 荡：摇晃船只。

② 绝：断绝关系。

③ 召康公：召公奭。

④ 太公：姜太公，齐国始封君。

⑤ 五侯九伯：泛指天下诸侯。

⑥ 若：你。实：是。

⑦ 夹辅：左右扶持。

⑧ 履：本指鞋子，此处指可以征伐的范围。

⑨ 包：束。茅：菁茅。包茅是楚国特产，祭祀时用来滤酒。

⑩ 具：完备。

⑪ 昭王：周昭王，曾往南方巡守，溺水而亡。不复：没有返回。

⑫ 共：通“供”，供给。

⑬ 君其问之水滨：你还是向汉水问罪。

⑭ 次：驻扎。陉（xíng）：山名，在今河南新郑西南。

⑮ 扞：抵御。

⑯ 召陵：地名，在今河南郾城东。

⑰ 矜：夸耀。

⑱ 道：道理，正义。

⑲ 方城：山名，楚国军事要塞所在，在今河南方城。

⑳ 江：长江。汉：汉水。

㉑ 诈：欺诈。

三十五年夏，会诸侯于葵丘[①]。周襄王使宰孔[②]赐桓公文武胙[③]、彤[④]弓矢、大路[⑤]，命无拜。桓公欲许之，管仲曰不可，乃下拜受赐。秋，复会诸侯于葵丘，益有骄色。周使宰孔会。诸侯颇有叛者。晋侯[⑥]病，后，遇宰孔。宰孔曰：“齐侯骄矣，弟[⑦]无行。”从之。是岁，晋献公卒，里克杀奚齐、卓子[⑧]，秦穆公以夫人入公子夷吾为晋君[⑨]。桓公于是讨晋乱，至高梁[⑩]，使隰朋立晋君，还。

是时周室微，唯齐、楚、秦、晋为强。晋初与会，献公死，国内乱。秦穆公辟[⑪]远，不与中国会盟。楚成王初收荆蛮[⑫]有之，夷狄自置[⑬]。唯独齐为中国[⑭]会盟，而桓公能宣其德，故诸侯宾会[⑮]。于是桓公称曰：“寡人南伐至召陵，望熊山[⑯]；北伐山戎、离枝[⑰]、孤竹；西伐大夏[⑱]，涉流沙[⑲]；束马悬车登太行[20]，至卑耳山[21]而还。诸侯莫违寡人[22]。寡人兵车之会[23]三，乘车之会[24]六，九合诸侯，一匡天下[25]。昔三代[26]受命，有何以异于此乎？吾欲封泰山，禅梁父[27]。”管仲固[28]谏，不听；乃说桓公以远方珍怪物[29]至乃得封，桓公乃止。

注释

① 葵丘：地名，在今河南民权县。

② 宰孔：太宰孔，周公旦后人。

③ 胙(zuò)：祭肉。文武胙是指祭祀周文王和周武王的祭肉。

④ 彤：红色。

⑤ 大路：也称“大辂(lù)”，天子的车乘。

⑥ 晋侯：晋献公。

⑦ 弟：通“第”，但，尽管。

⑧ 里克：晋国大夫。奚齐、卓子：二人为晋献公之子。此事见《晋世家》。

⑨ 秦穆公：秦国君主。以：因为。公子夷吾：晋惠公，晋献公子。此事见《晋世家》。

⑩ 高梁：地名，在今山西临汾东北。

⑪ 辟：通“僻”，偏僻。

⑫ 荆蛮：南方的蛮夷小国。

⑬ 夷狄自置：夷狄自立为王。

⑭ 中国：中原各诸侯国。

⑮ 宾：服从。会：参与会盟。

⑯ 望：祭祀名，遥对山川进行祭祀。熊山：熊耳山，在今河南卢氏县南。

⑰ 离枝：地名，在今河北迁安西。

⑱ 大夏：古地区名，即今山西太原。

⑲ 流沙：泛指西北沙漠地带。

⑳ 束马：包裹马足。悬车：拴牢车子。太行：山名，在今河北、河南、山西三省交界处。

㉑ 卑耳山：山名，在今山西平陆县附近。

㉒ 寡人：君主自称。

㉓ 兵车之会：军事会盟。

㉔ 乘车：安车，并非战车。乘车之会指和平会盟。

㉕ 匡：匡正。一匡天下：指匡扶周襄王事。

㉖ 三代：夏、商、周三代。

㉗ 封：祭祀上天。禅：祭祀大地。梁父：泰山附近的小山。

㉘ 固：坚持。

㉙ 珍怪物：珍奇怪异之物。

三十八年，周襄王弟带与戎、翟[①]合谋伐周，齐使管仲平戎于周[②]。周欲以上卿[③]礼管仲，管仲顿首曰："臣陪臣[④]，安敢！"三让，乃受下卿礼以见。三十九年，周襄王弟带来奔齐。齐使仲孙请王，为带谢[⑤]。襄王怒，弗听。

四十一年，秦穆公虏晋惠公，复归之。是岁，管仲、隰朋皆卒。管仲病，桓公问曰："群臣谁可相[⑥]者？"管仲曰："知臣莫如君。"公曰："易牙[⑦]如何？"对曰："杀子以适君[⑧]，非人情，不可。"公曰："开方[⑨]如何？"对曰："倍亲以适君[⑩]，非人情，难近。"公曰："竖刀[⑪]如何？"对曰："自宫[⑫]以适君，非人情，难亲。"管仲死，而桓公不用管仲言，卒近用三子，三子专权。

四十二年，戎伐周，周告急于齐，齐令诸侯各发卒戍[⑬]周。是岁，晋公子重耳[⑭]来，桓公妻之[⑮]。

注释

① 翟(dí)：通“狄”，春秋时期的少数民族。

② 平戎于周：让戎狄与周讲和。

③ 上卿：春秋时期的最高爵位。

④ 陪臣：诸侯国大臣面对天子的自称。

⑤ 谢：赔罪求情。

⑥ 相：为国相。

⑦ 易牙：齐桓公宠臣，善于调味。

⑧ 适：迎合。易牙曾杀其幼子以供齐桓公食用。

⑨ 开方：齐桓公宠臣，卫懿公子。

⑩ 倍：通“背”。开方离开卫国服侍齐桓公，所以说他背亲。

⑪ 竖刀：又称“竖刁”，宦官。

⑫ 宫：阉割。

⑬ 戍：戍守。

⑭ 重耳：晋文公。

⑮ 妻之：将宗室女子嫁给他。

四十三年。初，齐桓公之夫人[①]三：曰王姬、徐姬、蔡姬，皆无子。桓公好内[②]，多内宠[③]，如夫人[④]者六人，长卫姬[⑤]，生无诡；少卫姬，生惠公元；郑姬，生孝公昭；葛嬴[⑥]，生昭公潘；密姬，生懿公商人；宋华子[⑦]，生公子雍。桓公与管仲属[⑧]孝公于宋襄公，以为太子。雍巫有宠于卫共姬，因宦者竖刀以厚献于桓公[⑨]，亦有宠，桓公许之立无诡。管仲卒，五公子皆求立。冬十月乙亥，齐桓公卒。易牙入，与竖刀因内宠杀群吏，而立公子无诡为君。太子昭奔宋。

桓公病，五公子各树党争立。及桓公卒，遂相攻，以故宫中空，莫敢棺[10]。桓公尸在床上六十七日，尸虫出于户。十二月乙亥，无诡立，乃棺，赴[11]。辛巳夜，敛殡[12]。

桓公十有余子，要[13]其后立者五人：无诡立三月死，无谥[14]；次孝公；次昭公；次懿公；次惠公。孝公元年三月，宋襄公率诸侯兵送齐太子昭而伐齐。齐人恐，杀其君无诡。齐人将立太子昭，四公子之徒攻太子，太子走[15]宋，宋遂与齐人四公子战。五月，宋败齐四公子师而立太子昭，是为齐孝公。宋以桓公与管仲属之太子，故来征之。以乱故，八月，乃葬齐桓公。

注释

① 夫人：诸侯的正妻。

② 好内：喜好女色。

③ 多内宠：后宫有很多宠妾。

④ 如夫人：和夫人待遇等同。

⑤ 卫姬：卫国的姬姓女子。

⑥ 葛嬴：葛国之女，为嬴姓。

⑦ 宋华子：宋国华氏之女，宋国为殷商之后，子姓。

⑧ 属(zhǔ)：托付。

⑨ 因：通过。厚：贵重的礼物。

⑩ 棺：名词作动词，收尸入棺。

⑪ 赴：向各国发出讣告。

⑫ 敛：通“殓”。殡：出殡。

⑬ 要：总计。

⑭ 谥：谥号。

⑮ 走：逃往。

评析

如果说“本纪”是《史记》的主干，那么“世家”可看作由主干延伸出的较为粗壮的枝干。“世家”为门第高贵、世代延续之意，共三十篇，主要记载西周至汉代各大王侯的主要事迹，但也有特殊情况，如司马迁为了推崇孔子，将其也列入“世家”。

《齐太公世家》记述的是姜姓齐国的历史。姜齐的始祖为吕尚，即“姜太公”。他曾辅佐周武王灭商，因有此大功而被分封于齐。吕尚为姜姓，因此他开创的齐国也被称为“姜齐”。春秋晚期，姜齐的政权被陈国逃亡来的陈完后代篡夺。“陈”与“田”在古代相通，所以这个新建立的政权被称为“田齐”。田齐的历史记载在《田敬仲完世家》。

本篇节选的是《齐太公世家》中有关春秋时期第一位霸主齐桓公的故事。西周晚期，厉王、幽王无道，国内混乱，民不聊生。后戎狄入侵，西周无力抵抗，随即灭亡。周平王率领西周的部分官员东迁，在今河南洛阳附近建立东周政权。历史上称平王东迁(前 770)至鲁哀公十四年(前 481)这段时期为“春秋”。春秋时期，周王朝的力量日渐衰微，诸侯的势力逐渐壮大，最早崛起的霸主是齐桓公。

《齐太公世家》对齐桓公的叙述有一条清晰的线索，依次为崛起、称霸和落幕。

首先是齐桓公的崛起过程。其中最为精彩的，是齐桓公不计前嫌重用管仲的故事。在齐襄公被杀、齐国大乱之际，公子纠逃到鲁国，得到管仲等人的辅佐。齐桓公逃往莒国，得到鲍叔等人的辅佐。在弑杀齐襄公的齐君无知被杀后，二公子均想抢先回到齐国坐上国君之位。管仲在齐桓公返国的途中设伏，一箭射中齐桓公的带钩。齐桓公即位后，不仅没有怪罪管仲，还尽力将其从鲁国迎回，并将国政交给他。齐国在管仲的改革下，国力日渐强大，为齐桓公日后的称霸奠定了重要基础。这段君臣相知相助的佳话也被后世传为美谈。

其次是齐桓公的称霸过程。司马迁采用简笔勾勒的笔法，依次记载了齐还侵鲁之地、伐山戎救燕、救卫、伐楚、召诸侯会盟于葵丘、平定周王子带之乱等事，叙述了齐桓公“九合诸侯，一匡天下”的事迹。

最后是齐桓公的悲剧结局。在管仲、隰朋等人去世后，齐桓公身边再无直臣，而被竖刀、易牙等人所惑，且在继承人的选择上举棋不定。齐桓公去世后，五子互树党羽，争相求立，导致齐国大乱，以致尸虫爬出门户，仍没有人将其安葬。齐桓公所建立的霸业也因此轰然崩塌，齐国最终一蹶不振。从齐桓公的身上，既能看到春秋时期第一位霸主的知人善用，也能看到人君缺乏贤臣辅佐、放纵欲望的严重后果。

《晋世家》(节选)

晋文公重耳，晋献公之子也。自少好士，年十七，有贤士五人：曰赵衰；狐偃咎犯，文公舅也；贾佗；先轸；魏武子。自献公为太子时，重耳固[①]已成人矣。献公即位，重耳年二十一。献公十三年，以骊姬[②]故，重耳备[③]蒲城守秦。献公二十一年，献公杀太子申生，骊姬谗之，恐，不辞献公而守蒲城。献公二十二年，献公使宦者履鞮趣杀重耳[④]。重耳逾垣[⑤]，宦者逐斩其衣袪[⑥]。重耳遂奔狄。狄，其母国[⑦]也。是时重耳年四十三。从此五士[8]，其余不名者数十人，至狄。

狄伐咎如[9]，得二女：以长女妻重耳[10]，生伯儵[11]、叔刘；以少女妻赵衰，生盾[12]。居狄五岁而晋献公卒，里克[13]已杀奚齐、悼子[14]，乃使人迎，欲立重耳。重耳畏杀，因固谢[15]，不敢入。已而晋更迎其弟夷吾立之，是为惠公。惠公七年，畏重耳，乃使宦者履鞮与壮士欲杀重耳。重耳闻之，乃谋赵衰[16]等曰："始吾奔狄，非以为可用[17]与，以近易通，故且休足。休足[18]久矣，固愿徙之大国。夫齐桓公好善，志在霸王，收恤诸侯。今闻管仲、隰朋死，此亦欲得贤佐，盍[19]往乎？"于是遂行。重耳谓其妻曰："待我二十五年，不来乃嫁。"其妻笑曰："犁[20]二十五年，吾冢上柏大矣[21]。虽然，妾待子。"重耳居狄凡十二年而去。

注释

① 固：本来。

② 骊姬：晋献公宠姬。

③ 备：防备。

④ 宦者：宦官，春秋时期又称"寺人"。履鞮：《左传》作"勃鞮"，亦称"寺人披"。趣(cù)：通"促"，使加快。

⑤ 逾：翻过。垣：宫墙。

⑥ 袪(qū)：衣袖。

⑦ 母国：重耳的母亲为狄人。

⑧ 五士：指前文提到的赵衰、狐偃、贾佗、先轸、魏武子五人。

⑨ 咎(gāo)如：狄人别种，活动在今河南安阳附近。

⑩ 长女：《左传》和《史记·赵世家》为"少女"。妻：名词作动词，嫁给。

⑪ 儵(tiáo)：通"鲦"，一种鱼类。

⑫ 盾：赵盾，晋襄公、晋灵公、晋成公三朝重臣。

⑬ 里克：太子申生师父，晋国大臣。

⑭ 奚齐：晋献公与骊姬所生，晋献公去世后被立为国君。悼子：奚齐之弟。

⑮ 固：坚持。谢：辞谢。

⑯ 谋赵衰（cuī）：与赵衰谋。

⑰ 可用：指借助狄人力量返回晋国。

⑱ 休足：停下休息。

⑲ 盍：何不，表疑问或反问。

⑳ 犁：通“黎”，比及，等到。

㉑ 冢（zhǒng）：坟墓。此句意为：二十五年后，她早已去世。

过卫，卫文公不礼。去，过五鹿[①]，饥而从野人[②]乞食，野人盛土器中进之。重耳怒。赵衰曰：“土者，有土也[③]，君其拜受之。”

至齐，齐桓公厚礼，而以宗女[④]妻之，有马二十乘，重耳安之。重耳至齐二岁而桓公卒，会竖刀[⑤]等为内乱，齐孝公之立，诸侯兵数至。留齐凡五岁。重耳爱齐女，毋去心。赵衰、咎犯乃于桑下谋行[⑥]。齐女侍者在桑上闻之，以告其主。其主乃杀侍者，劝重耳趣行[⑦]。重耳曰：“人生安乐，孰知其他！必死于此，不能去。”齐女曰：“子一国公子，穷而来此，数士者以子为命[⑧]。子不疾反国，报劳臣，而怀女德[⑨]，窃为子羞之。且不求，何时得功[⑩]？”乃与赵衰等谋，醉重耳，载以行。行远而觉，重耳大怒，引戈欲杀咎犯。咎犯曰：“杀臣成子，偃[⑪]之愿也。”重耳曰：“事不成，我食舅氏之肉。”咎犯曰：“事不成，犯肉腥臊，何足食！”乃止，遂行。

过曹，曹共公不礼，欲观重耳骈胁[⑫]。曹大夫釐[⑬]负羁曰：“晋公子贤，又同姓[⑭]，穷来过我，奈何不礼！”共公不从其谋。负羁乃私遗[⑮]重耳食，置璧[⑯]其下。重耳受其食，还其璧。

去，过宋。宋襄公新困兵于楚，伤于泓[17]，闻重耳贤，乃以国礼[18]礼于重耳。宋司马公孙固善于咎犯，曰："宋小国新困，不足以求入，更之大国。"乃去。

过郑，郑文公弗礼。郑叔瞻谏其君曰："晋公子贤，而其从者皆国相，且又同姓[19]。郑之出自厉王[20]，而晋之出自武王[21]。"郑君曰："诸侯亡公子过此者众，安可尽礼！"叔瞻曰："君不礼，不如杀之，且后为国患。"郑君不听。

注释

① 五鹿：古邑名，在今河南濮阳东北。

② 野人：与国人相对，国人居住于都邑中，野人生活在郊野。

③ 土者，有土也：野人给重耳土块，预示着重耳将会拥有土地，成为晋国的君主。

④ 宗女：齐国宗室的女子。

⑤ 竖刀：又称"竖刁""竖貂"，齐桓公宠臣。

⑥ 谋行：谋划离开齐国。

⑦ 趣(cù)行：赶快离开。

⑧ 以子为命：听命于你。

⑨ 怀女德：贪恋女色。

⑩ 何时得功：什么时候才能成功。

⑪ 偃：狐偃，即咎犯，重耳的舅舅。

⑫ 骈胁：腋下的两根肋骨连成一块，如一根骨。

⑬ 釐：通"僖"。

⑭ 同姓：晋国与曹国均为姬姓国。

⑮ 遗(wèi):赠送。

⑯ 璧:玉璧,春秋时期相互交好的礼物。

⑰ 泓:水名,在今河南柘城西北。

⑱ 国礼:招待诸侯国君之礼。

⑲ 同姓:郑国也是姬姓国,故称。

⑳ 郑之出自厉王:郑国的始封君郑桓公是周厉王的小儿子,故云。

㉑ 晋之出自武王:晋国的始封君唐叔虞是周武王的小儿子,故云。

重耳去,之楚。楚成王以适诸侯礼[①]待之,重耳谢不敢当。赵衰曰:“子亡在外十余年,小国轻子,况大国乎?今楚大国而固遇[②]子,子其毋让,此天开[③]子也。”遂以客礼见之。成王厚遇重耳,重耳甚卑。成王曰:“子即[④]反国,何以报寡人?”重耳曰:“羽毛齿角玉帛,君王所余,未知所以报。”王曰:“虽然,何以报不穀[⑤]?”重耳曰:“即不得已,与君王以兵车会平原广泽,请辟王三舍[⑥]。”楚将子玉怒曰:“王遇晋公子至厚,今重耳言不孙[⑦],请杀之。”成王曰:“晋公子贤而困于外久,从者皆国器[⑧],此天所置,庸[⑨]可杀乎?且言何以易[⑩]之!”居楚数月,而晋太子圉[⑪]亡秦,秦怨之;闻重耳在楚,乃召之。成王曰:“楚远,更数国乃至晋。秦晋接境,秦君贤,子其勉行!”厚送重耳。

重耳至秦,缪公[⑫]以宗女五人妻重耳,故子圉妻与往[⑬]。重耳不欲受,司空季子曰:“其国且伐[⑭],况其故妻乎!且受以结秦亲而求入[⑮],子乃拘小礼,忘大丑[⑯]乎!”遂受。缪公大欢,与重耳饮。赵衰歌《黍苗》[⑰]诗。缪公曰:“知子欲急反国矣。”赵衰与重耳下,再拜曰:“孤臣之仰君,如百穀[⑱]之望时雨。”是时晋惠公十四年秋。惠公以九月卒,子圉立。十一月,葬惠公。十二月,晋国大夫栾、郤等闻重耳在秦,皆阴[⑲]来劝重耳、赵衰等反国,为内应甚众。于是秦缪公乃发兵与[⑳]重耳归晋。晋闻秦兵来,亦发兵拒之。然皆阴知公子重耳入也。唯惠公之故贵臣吕、郤之属[21]不欲立重耳。重耳出亡凡十九岁而得入，时年六十二矣，晋人多附焉。

注释

① 适(dí)：通“嫡”，正宗。指以诸侯国君之礼招待重耳。

② 遇：接待。

③ 开：保佑。

④ 即：如果，表假设。

⑤ 不穀：古代君主的谦称。

⑥ 辟：通“避”。舍：古时行军三十里为一舍。

⑦ 孙(xùn)：通“逊”，谦恭。

⑧ 国器：国家栋梁之材。

⑨ 庸：哪能。

⑩ 易：更改。

⑪ 太子圉：晋惠公夷吾子。

⑫ 缪公：秦穆公，春秋时期秦国杰出的君主。

⑬ 故子圉妻与往：以前嫁给太子圉的女子也一同嫁给重耳。

⑭ 其国且伐：将要征伐他的国家。

⑮ 求入：请求返回晋国。

⑯ 大丑：大耻辱。

⑰《黍苗》：《诗经》篇名，表达禾苗仰望雨露之意，重耳将自己比作禾苗，将秦穆公比作雨露，希望秦穆公帮助他返国。

⑱ 穀(gǔ)：通“谷”。

⑲ 阴：暗中。

⑳ 与：帮助。

㉑ 吕、郤之属：拥护晋惠公的吕甥、郤芮等人。

文公元年春，秦送重耳至河[①]。咎犯曰："臣从君周旋[②]天下，过亦多矣。臣犹知之，况于君乎？请从此去矣。"重耳曰："若反国，所不与子犯共者，河伯[③]视之！"乃投璧[④]河中，以与子犯盟。是时介子推从，在船中，乃笑曰："天实开公子，而子犯以为己功而要市[⑤]于君，固足羞也。吾不忍与同位。"乃自隐。渡河。秦兵围令狐[⑥]，晋军于庐柳[⑦]。二月辛丑，咎犯与秦晋大夫盟于郇[⑧]。壬寅，重耳入于晋师。丙午，入于曲沃[⑨]。丁未，朝于武宫[⑩]，即位为晋君，是为文公。群臣皆往。怀公圉奔高梁。戊申，使人杀怀公。

怀公故大臣吕省、郤芮本不附文公，文公立，恐诛，乃欲与其徒谋烧公宫，杀文公。文公不知。始尝欲杀文公宦者履鞮知其谋，欲以告文公，解前罪，求见文公。文公不见，使人让[⑪]曰："蒲城之事，女[⑫]斩予袪。其后我从狄君猎，女为惠公来求杀我。惠公与女期[⑬]三日至，而女一日至，何速也？女其念之。"宦者曰："臣刀锯之余[⑭]，不敢以二心事君倍[⑮]主，故得罪于君。君已反国，其毋蒲、翟乎[⑯]？且管仲射钩[⑰]，桓公以霸。今刑余之人以事告而君不见，祸又且[⑱]及矣。"于是见之，遂以吕、郤等告文公。文公欲召吕、郤，吕、郤等党多，文公恐初入国，国人卖己，乃为微行[⑲]，会秦缪公于王城[⑳]，国人莫知。三月己丑，吕、郤等果反，焚公宫，不得文公。文公之卫徒与战，吕、郤等引兵欲奔，秦缪公诱吕、郤等，杀之河上，晋国复而文公得归。夏，迎夫人于秦，秦所与文公妻者卒为夫人。秦送三千人为卫，以备晋乱。

注释

① 河：黄河。

② 周旋：辗转流亡。

③ 河伯：黄河水神。

④ 璧：玉璧，盟誓时使用的信物。

⑤ 要：要挟。市：交易。

⑥ 令狐：地名，在今山西临猗县西。

⑦ 庐柳：地名，在今山西临猗县西北。

⑧ 郇（xún）：地名，在今山西临猗县西南。

⑨ 曲沃：地名，在今山西临汾曲沃县。

⑩ 武宫：曲沃武公庙。

⑪ 让：责让。

⑫ 女：通“汝”，你。

⑬ 期：约定。

⑭ 刀锯之余：阉割的宦官。

⑮ 倍：通“背”，背叛。

⑯ 其毋蒲、翟乎：难道就没有蒲、翟时期的那类敌人了吗？

⑰ 管仲射钩：齐桓公逃亡时，管仲射中他的带钩，齐桓公不计前嫌，任管仲为相。

⑱ 且：将要。

⑲ 微行：秘密出行。

⑳ 王城：东周王朝都城。

文公修政，施惠百姓。赏从亡者及功臣，大者封邑[①]，小者尊爵[②]。未尽行赏，周襄王以弟带难出居郑地[③]，来告急晋。晋初定，欲发兵，恐他乱起，是以赏从亡，未至隐者介子推。推亦不言禄，禄亦不及。推曰："献公子九人，唯君在矣。惠、怀无亲，外内弃之；天未绝晋，必将有主，主晋祀者，非君而谁？天实开之，二三子以为己力，不亦诬[④]乎？窃人之财，犹曰是盗，况贪天之功以为己力乎？下冒[⑤]其罪，上赏其奸，上下相蒙[⑥]，难与处矣！"其母曰："盍亦求之，以死，谁怼[⑦]？"推曰："尤而效之[⑧]，罪有甚焉。且出怨言，不食其禄。"母曰："亦使知之，若何？"对曰："言，身之文也；身欲隐，安用文之？文之，是求显也。"其母曰："能如此乎？与女偕[⑨]隐。"至死不复见。

介子推从者怜之，乃悬书宫门曰："龙欲上天，五蛇为辅[⑩]。龙已升云，四蛇各入其宇，一蛇[⑪]独怨，终不见处所。"文公出，见其书，曰："此介子推也。吾方忧王室，未图[⑫]其功。"使人召之，则亡。遂求所在，闻其入绵上[⑬]山中，于是文公环绵上山中而封之，以为介推田[⑭]，号曰介山，"以记吾过，且旌[⑮]善人"。

从亡贱臣[⑯]壶叔曰："君三行赏，赏不及臣，敢请罪。"文公报曰："夫导我以仁义，防[⑰]我以德惠，此受上赏。辅我以行，卒以成立[⑱]，此受次赏。矢石[⑲]之难，汗马之劳，此复受次赏。若以力事我而无补吾缺者，此复受次赏。三赏之后，故且及子。"晋人闻之，皆说。

注释

① 邑：城邑。

② 尊爵：赏赐尊崇的爵位。

③ 带：王子带，周襄王的弟弟。王子带勾结狄人攻周，周襄王出奔郑国。

④ 诬：欺骗。

⑤ 冒：掩盖。

⑥ 蒙：蒙蔽欺骗。

⑦ 怼：怨恨。

⑧ 尤：谴责。效：仿效。

⑨ 偕：一同。

⑩ 龙：喻晋文公。五蛇：喻赵衰、狐偃等人。

⑪ 一蛇：指介子推。

⑫ 图：考虑。

⑬ 绵上：地名，在今山西介休南、沁源西北的介山之下。

⑭ 田：封地。

⑮ 旌：表彰。

⑯ 贱臣：仆人。

⑰ 防：防范。

⑱ 卒：最终。成立：被立为国君。

⑲ 矢石：箭矢礌石。

二年春，秦军[①]河上，将入王[②]。赵衰曰："求霸莫如入王尊周。周晋同姓[③]，晋不先入王，后秦入之，毋以令于天下。方今尊王，晋之资[④]也。"三月甲辰，晋乃发兵至阳樊[⑤]，围温[⑥]，入襄王于周。四月，杀王弟带。周襄王赐晋河内[⑦]阳樊之地。

四年，楚成王及诸侯围宋，宋公孙固如晋告急。先轸曰："报施定霸[⑧]，于今在矣[⑨]。"狐偃曰："楚新得曹而初婚于卫，若伐曹、卫，楚必救之，则宋免矣。"于是晋作三军[⑩]。赵衰举郤縠[⑪]将中军，郤臻佐之；使狐偃将上军，狐毛佐之，命赵衰为卿；栾枝将下军，先轸佐之；荀林父御戎[⑫]，魏犨为右[13]：往伐。冬十二月，晋兵先下山东[14]，而以原[15]封赵衰。

注释

① 军：名词作动词，驻扎军队。

② 入：使动用法，使某某入，入王即使周襄王返国意。

③ 周晋同姓：周和晋都是姬姓。

④ 资：资本。

⑤ 阳樊：地名，在今河南济源。

⑥ 温：地名，在今河南温县西，时被王子带占领。

⑦ 河内：黄河以北。

⑧ 报施定霸：报答宋襄公赠马之恩，成就晋国霸业。

⑨ 于今在矣：就是现在。

⑩ 三军：晋国原有两支军队，这次扩展为上、中、下三军。

⑪ 郤縠(hú)：晋国大夫。

⑫ 御戎：驾驭战车。

⑬ 右：车右，勇力之士才能担任，负责执干戈御敌。

⑭ 山东：太行山以东。

⑮ 原：地名，在今河南济源西北。

五年春，晋文公欲伐曹，假[1]道于卫，卫人弗许。还自河南度[2]，侵曹，伐卫。正月，取五鹿。二月，晋侯、齐侯盟于敛盂[3]。卫侯请盟晋[4]，晋人不许。卫侯欲与楚[5]，国人不欲，故出其君以说[6]晋。卫侯居襄牛[7]，公子买守卫。楚救卫，不卒[8]。晋侯围曹。三月丙午，晋师入曹，数[9]之以其不用釐负羁言，而用美女乘轩者三百人也。令军毋入僖负羁宗家以报德。

楚围宋，宋复告急晋。文公欲救，则攻楚，为楚尝有德[10]，不欲伐也；欲释[11]宋，宋又尝有德于晋：患之。先轸曰："执曹伯，分曹、卫地以与宋，楚急曹、卫，其势宜释宋。"于是文公从之，而楚成王乃引兵归。

楚将子玉曰："王遇晋至厚，今知楚急[12]曹、卫而故[13]伐之，是轻[14]王。"王曰："晋侯亡在外十九年，困日[15]久矣，果得反国，险阸[16]尽知之，能用其民，天之所开，不可当。"子玉请曰："非敢必有功，愿以间执谗慝之口也[17]。"楚王怒，少与之兵。于是子玉使宛春[18]告晋："请复卫侯而封曹，臣亦释宋。"咎犯曰："子玉无礼矣，君取一，臣取二[19]，勿许。"先轸曰："定人[20]之谓礼。楚一言定三国[21]，子一言而亡之，我则毋礼。不许楚，是弃宋也。不如私许曹、卫以诱之，执宛春以怒楚，既战而后图之。"晋侯乃囚宛春于卫，且私许复曹、卫。曹、卫告绝[22]于楚。楚得臣[23]怒，击晋师，晋师退。军吏曰："为何退？"文公曰："昔在楚，约退三舍，可倍乎！"楚师欲去，得臣不肯。四月戊辰，宋公、齐将、秦将与晋侯次城濮[24]。己巳，与楚兵合战，楚兵败，得臣收余兵去。甲午，晋师还至衡雍[25]，作王宫于践土[26]。

注释

① 假：借。

② 度：通"渡"。

③ 敛盂：地名，在今河南濮阳东南。

④ 盟晋：和晋国结盟。

⑤ 与楚：与楚国结盟。

⑥ 出：逐出。说：通"悦"，取悦。

⑦ 襄牛：地名，在今河南范县境内。

⑧ 不卒：没有成功。

⑨ 数：责让。

⑩ 为楚尝有德：指晋文公流亡时，楚国对其有恩。

⑪ 释：放弃。

⑫ 急：关心，看重。

⑬ 故：故意。

⑭ 轻：轻视。

⑮ 困日：困苦的日子。

⑯ 险阸：危险困难。

⑰ 以间：借机。执：塞。谗慝（tè）：好进谗言的人。

⑱ 宛春：楚国大夫。

⑲ 君取一，臣取二：指子玉要求晋文公答应“复卫侯”“封曹”二事，而他仅许诺“释宋”一事。

⑳ 定人：安定别人的国家。

㉑ 三国：指宋、卫、曹。

㉒ 告绝：断绝关系。

㉓ 得臣：即子玉。

㉔ 城濮：地名，在今山东鄄城县西南。

㉕ 衡雍：地名，在今河南原阳县西南。

㉖ 作王宫：为周襄王兴建王宫。践土：地名，在今河南原阳县西南。

初，郑助楚，楚败，惧，使人请盟晋侯。晋侯与郑伯盟。

五月丁未，献楚俘于周，驷介[①]百乘，徒兵[②]千。天子使王子虎命[③]晋侯为伯[④]，赐大辂，彤[⑤]弓矢百，玈[⑥]弓矢千，秬鬯一卣[⑦]，珪瓒[⑧]，虎贲[⑨]三百人。晋侯三辞，然后稽首[⑩]受之。周作《晋文侯命》[⑪]：“王若曰[⑫]：父义和[⑬]，丕显文、武[⑭]，能慎明德[⑮]，昭登于上，布闻在下[⑯]，维时上帝集厥命[⑰]

于文、武。恤[18]朕身，继予一人永其在位[19]。”于是晋文公称伯[20]。

注释

① 驷：四匹马。介：盔甲。

② 徒兵：步兵。

③ 命：策命。

④ 伯：侯伯，诸侯之长。

⑤ 彤：红色。

⑥ 兹(lú)：黑色。

⑦ 秬(jù)：黑黍。鬯(chàng)：郁金香草。卣(yǒu)：酒器。黑黍和郁金香草酿造的酒，在先秦时期被用于祭祀。

⑧ 珪瓒(guī zàn)：玉制酒器。

⑨ 虎贲：勇士，天子的侍卫。

⑩ 稽首：叩首至地。

⑪《晋文侯命》：《尚书·文侯之命》。司马迁理解有误，认为《文侯之命》为册封晋文公的文书，此篇实是册封晋文侯的文书。

⑫ 若：如此。王若曰，意为王如此说，《尚书》常见用语。

⑬ 父：周王对同姓诸侯长者的称呼。此句意为：您能以仁义团结诸侯。

⑭ 丕显：伟大光明。文、武：指周文王、周武王。

⑮ 明德：显明德行。

⑯ 登：升。布：传播。

⑰ 集厥命：降下福命。

⑱ 恤：忧虑关怀。

⑲ 予一人：天子自称。其：语助词。此句意为：使我继承祖业永居王位。

⑳ 伯：通“霸”。

评析

《晋世家》是一篇记述晋国史事的文献，上起晋国的始封君唐叔虞，下至赵、魏、韩三家分晋，共记录了晋国六百多年的历史。晋国是春秋时期最为强大的一个诸侯国，它与楚国的长期争霸构成了春秋时期的主要发展线索。晋文公是继齐桓公之后第二位霸主，也是晋国历史上最为杰出的君主之一。《晋世家》花了近一半的篇幅记述晋文公的事迹，本篇节选的便是这部分内容。

《晋世家》对晋文公事迹的记叙可分为三个部分：其一，晋国内乱，重耳逃亡；其二，流亡在外十九年的过程；其三，返回晋国，平定周乱，在城濮之战中击败楚国，称霸诸侯。

司马迁对晋文公流亡过程的记载最为精彩。与齐桓公逃亡到莒国，短期内便得以返国相比，晋文公的流亡过程要漫长艰难得多。他共历经十九年的流亡，先后途经狄、卫、齐、曹、宋、郑、楚、秦等八个国家。正如楚成王所言：“晋侯亡在外十九年，困日久矣，果得反国，险阸尽知之。”流亡的困苦经历，不仅磨砺了晋文公的品性，也使他得以亲身体会民众的苦难，明白施政的要领，这为他日后的称霸奠定了重要基础。

《晋世家》的另一精彩之处在于，司马迁对晋文公的描写并没有流于平面，而是充分展示人物性格的复杂性。如晋文公流亡到齐国时，贪图享受齐国安逸的环境，“爱齐女，毋去心”。这时候的晋文公与常人无异，与面对楚成王“何以报寡人”的提问时表现得不卑不亢的形象形成了鲜明的对比，体现出这位春秋霸主性格的变化。司马迁还对晋文公有怨必报和知恩图报的性格有很好的刻画，如晋文公在流亡过程中，卫、曹、郑三国皆不礼待他，日后晋文公返国即位后，对三国实施了报复。晋文公在流亡过程中，受曹国僖负羁之恩，日后伐曹时，“令军毋入僖负羁宗家以报德”。楚国对晋文公有恩，城濮之战中，晋军退避三舍以报。

晋文公流亡返国的故事，正是中外文化中“英雄受难”母题的体现。古希腊史诗《奥德赛》中的奥德修斯在大海上航行十年，经历了无数艰难险阻，终得返国，与家人团聚。《西游记》中的唐僧师徒四人历经九九八十一难，终于取回真经。从这些模式相同的故事中，我们可以获知一个老生常谈的道理：宝剑锋从磨砺出，梅花香自苦寒来。

《越王勾践世家》（节选）

越王勾践，其先禹之苗裔[①]，而夏后帝少康之庶子也[②]。封于会稽[③]，以奉守禹之祀。文身断发[④]，披草莱而邑焉[⑤]。后二十余世，至于允常[⑥]。允常之时，与吴王阖庐[⑦]战而相怨伐。允常卒，子勾践立，是为越王。

元年，吴王阖庐闻允常死，乃兴师伐越。越王勾践使死士挑战，三行[⑧]，至吴陈[⑨]，呼而自刭[⑩]。吴师观之，越因[⑪]袭击吴师，吴师败于槜李[⑫]，射伤吴王阖庐。阖庐且[⑬]死，告其子夫差曰：“必毋忘越[⑭]。”

三年，勾践闻吴王夫差日夜勒兵[⑮]，且以报越，越欲先吴未发往伐之。范蠡[⑯]谏曰：“不可。臣闻兵者凶器也，战者逆德[⑰]也，争者事之末[⑱]也。阴谋逆德，好用凶器，试身于所末[⑲]，上帝禁之，行者[⑳]不利。”越王曰：“吾已决之矣。”遂兴师。吴王闻之，悉发精兵击越，败之夫椒[㉑]。越王乃以余兵五千人保栖[㉒]于会稽。吴王追而围之。

注释

① 苗裔：后代。

② 少康：夏朝帝王。庶子：非嫡出之子。

③ 会稽：地名，在今浙江绍兴。

④ 文身：在身上画以文饰。断发：保留短发。

⑤ 披草莱：开辟荒地。邑：名词作动词，建造都邑。

⑥ 允常：越王勾践之父。

⑦ 阖庐：春秋时期吴国君主，夫差之父。

⑧ 三行：排成三行。

⑨ 陈：通“阵”，军阵。

⑩ 自刭（jǐng）：自杀。

⑪ 因：趁机。

⑫ 檇（zuì）李：地名，在今浙江嘉兴。

⑬ 且：将。

⑭ 必毋忘越：不要忘记报越国之仇。

⑮ 勒兵：演练军队。

⑯ 范蠡：越国重要的谋臣。

⑰ 逆德：违背道德。

⑱ 争者事之末：战争是处理事情的最下策。

⑲ 试身于所末：将生命放在战争中试验。

⑳ 行者：指先发动战争者。

㉑ 夫椒：山名，在今苏州太湖附近。

㉒ 保：据守。栖：栖身。

越王谓范蠡曰："以不听子，故至于此，为之奈何？"蠡对曰："持满者与天[1]，定倾者与人[2]，节事者以地[3]。卑辞厚礼以遗之[4]，不许，而身与之市[5]。"勾践曰："诺。"乃令大夫种行成于吴[6]，膝行[7]顿首曰："君王亡臣勾践使陪臣[8]种敢告下执事[9]：勾践请为臣，妻为妾。[10]"吴王将许之。子胥[11]言于吴王曰："天以越赐吴，勿许也。"种还，以报勾践。勾践欲杀妻子[12]，燔宝器[13]，触战[14]以死。种止勾践曰："夫吴太宰嚭[15]贪，可诱以利，请间[16]行言之。"于是勾践以美女宝器令种间献吴太宰嚭。嚭受，乃见大夫种于吴王。种顿首言曰："愿大王赦勾践之罪，尽入其宝器。不幸不赦[17]，勾践将尽杀其妻子，燔其宝器，悉五千人触战，必有当[18]也。"嚭因说吴王曰："越以服为臣，若将[19]赦之，此国之利也。"吴王将许之。子胥进谏曰："今不灭越，后必悔之。勾践贤君，种、蠡良臣，若反国，将为乱。"吴王弗听，卒赦越，罢兵而归。

勾践之困会稽也，喟然叹曰："吾终于此乎？"种曰："汤系夏台[20]，文王囚羑里，晋重耳奔翟，齐小白奔莒，其卒王霸[21]。由是观之，何遽[22]不为福乎？"

注释

① 持满者与天：保持满而不溢，与天同道，则天助之。

② 定倾者与人：保持谦虚谨慎，则人助之。

③ 节事者以地：节俭财用，则地助之。

④ 卑辞：言辞卑微。厚礼：丰厚的财物。遗：赠送。

⑤ 市：交易，指为吴王奴仆。

⑥ 大夫种：越国大臣文种。行成：谈判讲和。

⑦ 膝行：以膝盖前行。

⑧ 陪臣：诸侯国臣子对其宗主国君主的谦称。

⑨ 敢告：古代文书的常用词，告诉。下执事：下属的办事人员，敬称，意谓不敢直接与对方交谈，而只能通过对方的下属传达话语。

⑩ 勾践请为臣，妻为妾：臣和妾在最早时指有罪者。此句意为：勾践请求担任吴王夫差的奴仆，他的妻子为吴王的奴婢。

⑪ 子胥：伍子胥，名员，字子胥，吴国大臣，从楚国逃亡而来。

⑫ 妻子：妻子和儿女。

⑬ 燔（fán）：烧掉。宝器：珍宝器物。

⑭ 触战：拼死而战。

⑮ 太宰嚭（pǐ）：伯嚭，本为楚人，后逃到吴国。

⑯ 间：秘密地。

⑰ 不幸不赦：如果坚持不赦免。

⑱ 当：相应的代价。

⑲ 若：你。将：还是，表期望。

⑳ 汤：商朝君主。系：囚禁。夏台：台名，在今河南禹州南。

㉑ 王霸：称王称霸。

㉒ 遽（jù）：遂，就。

吴既赦越，越王勾践反国，乃苦身焦思[①]，置胆于坐，坐卧即仰胆[②]，饮食亦尝胆也。曰："女忘会稽之耻邪？"身自耕作，夫人自织，食不加肉，衣不重采[③]，折节下贤人[④]，厚遇宾客，振贫吊死[⑤]，与百姓同其劳。欲使范蠡治国政，蠡对曰："兵甲之事，种不如蠡；填抚国家，亲附百姓，蠡不如种。"于是举国政属[⑥]大夫种，而使范蠡与大夫柘稽行成，为质[⑦]于吴。二岁而吴归蠡[⑧]。

勾践自会稽归七年，拊循[⑨]其士民，欲用以报吴。大夫逢同谏曰：

"国新流亡[10],今乃复殷给[11],缮饰备利[12],吴必惧,惧则难必至。且鸷鸟[13]之击也,必匿其形。今夫吴兵加齐、晋,怨深于楚、越,名高天下,实害周室,德少而功多,必淫自矜[14]。为越计,莫若结齐,亲楚,附晋,以厚吴[15]。吴之志广[16],必轻战。是我连其权[17],三国伐之,越承其弊,可克也。"勾践曰:"善。"

注释

① 苦身:劳苦身体。焦思:焦虑思考。

② 胆:苦胆。

③ 重采:不用花纹装饰。

④ 折节:放下架子。下贤人:礼贤下士。

⑤ 振贫:振贷贫民。吊死:慰问死者。

⑥ 属:交给。

⑦ 质:人质。

⑧ 归:使动用法,使范蠡归国。

⑨ 拊循:抚恤,慰问。

⑩ 流亡:流离败亡。

⑪ 殷给:富裕充实。

⑫ 缮饰备利:修缮和整备武器。

⑬ 鸷(zhì)鸟:凶猛的鸟。

⑭ 淫:放纵。矜:自夸。

⑮ 以厚吴:使吴国显得雄厚强大。

⑯ 志广:野心膨胀。

⑰ 连其权:掌握着主动权。

居二年，吴王将伐齐。子胥谏曰："未可。臣闻勾践食不重味[1]，与百姓同苦乐。此人不死，必为国患。吴有越，腹心之疾，齐与吴，疥癣[2]也。愿王释[3]齐先越。"吴王弗听，遂伐齐，败之艾陵[4]，虏齐高、国[5]以归。让[6]子胥。子胥曰："王毋喜！"王怒，子胥欲自杀，王闻而止之。越大夫种曰："臣观吴王政骄矣，请试尝之贷粟，以卜其事[7]。"请贷，吴王欲与，子胥谏勿与，王遂与之，越乃私喜。子胥言曰："王不听谏，后三年吴其墟乎[8]！"太宰嚭闻之，乃数与子胥争越议，因谗[9]子胥曰："伍员貌忠而实忍人[10]，其父兄不顾，安能顾王？王前欲伐齐，员强谏，已而有功[11]，用是[12]反怨王。王不备[13]伍员，员必为乱。"与逢同共谋，谗之王。王始不从，乃使子胥于齐，闻其托子于鲍氏[14]，王乃大怒，曰："伍员果欺寡人，欲反！"使人赐子胥属镂[15]剑以自杀。子胥大笑曰："我令而[16]父霸，我又立若[17]，若初欲分吴国半予我，我不受，已，今若反以谗诛我。嗟乎，嗟乎，一人固不能独立[18]！"报使者曰："必取吾眼置吴东门，以观越兵入也！"于是吴任[19]嚭政。

居三年，勾践召范蠡曰："吴已杀子胥，导谀[20]者众，可乎？"对曰："未可。"

至明年春，吴王北会诸侯于黄池[21]，吴国精兵从王，惟独老弱与太子留守。勾践复问范蠡，蠡曰"可矣"。乃发习流[22]二千人，教士[23]四万人，君子[24]六千人，诸御[25]千人，伐吴。吴师败，遂杀吴太子。吴告急于王，王方会诸侯于黄池，惧天下闻之，乃秘之。吴王已盟黄池，乃使人厚礼以请成[26]越。越自度[27]亦未能灭吴，乃与吴平。

注释

① 食不重味：饮食不注重滋味。

② 疥与癣(xuǎn)：疥与癣均指皮肤病。

③ 释：放下。

④ 艾陵：地名，在今山东莱芜东北。

⑤ 高、国：高氏和国氏是齐国的两大贵族，此处指高无丕和国书。

⑥ 让：责让。

⑦ 贷：借贷。卜：试探。此句意为：试向吴国借贷粮食，以试探吴国。

⑧ 其：表推测。墟：化为废墟。

⑨ 谗：谗毁。

⑩ 忍人：残忍之人。

⑪ 已：战争结束。有功：取得胜利。

⑫ 用：因此。是：代词，这个。

⑬ 备：防备。

⑭ 讬：通“托”，托付。鲍氏：齐国贵族。

⑮ 属镂：剑名。

⑯ 而：你的。

⑰ 若：你。

⑱ 一人：指夫差。此句意为：夫差一人的统治必定不能长久。

⑲ 任：委任，交给。

⑳ 导：通“道”。谀：阿谀。

㉑ 黄池：地名，在今河南封丘县西南。

㉒ 习流：熟习水战之人。

㉓ 教士：训练有素的士兵。

㉔ 君子：君主亲近并且有志行的人。

㉕ 诸御：侍从守卫。

㉖ 请成：求和。

㉗ 度(duó)：考量。

其后四年，越复伐吴。吴士民罢弊[①]，轻锐[②]尽死于齐、晋。而越大破吴，因而留围之三年，吴师败，越遂复栖吴王于姑苏[③]之山。吴王使公孙雄肉袒膝行[④]而前，请成越王曰："孤臣夫差敢布腹心[⑤]，异日[⑥]尝得罪于会稽，夫差不敢逆命，得与君王成以归。今君王举玉趾而诛孤臣[⑦]，孤臣惟命是听，意者[⑧]亦欲如会稽之赦孤臣之罪乎？"勾践不忍，欲许之。范蠡曰："会稽之事，天以越赐吴，吴不取。今天以吴赐越，越其可逆天[⑨]乎？且夫君王蚤朝晏罢[⑩]，非为吴邪？谋之二十二年，一旦而弃之，可乎？且夫天与弗取，反受其咎。'伐柯者其则不远'[⑪]，君忘会稽之厄[⑫]乎？"勾践曰："吾欲听子言，吾不忍其使者。"范蠡乃鼓进兵，曰："王已属政于执事[⑬]，使者去，不者且得罪[⑭]。"吴使者泣而去。勾践怜之，乃使人谓吴王曰："吾置王甬东[⑮]，君百家。"吴王谢曰："吾老矣，不能事君王！"遂自杀。乃蔽[⑯]其面，曰："吾无面以见子胥也！"越王乃葬吴王而诛太宰嚭。

勾践已平吴，乃以兵北渡淮[⑰]，与齐、晋诸侯会于徐州，致贡[⑱]于周。周元王使人赐勾践胙[⑲]，命为伯[⑳]。勾践已去，渡淮南，以淮上地与楚，归吴所侵宋地于宋，与鲁泗东[㉑]方百里。当是时，越兵横行于江[㉒]、淮东，诸侯毕贺，号称霸王。

注释

① 罢(pí)：通"疲"。弊：通"敝"。

② 轻锐：精锐。

③ 姑苏：吴国都城，在今江苏苏州。

④ 肉袒：袒露身体以示臣服。膝行：膝盖跪地前行。

⑤ 布：公布。此句意为：公开坦诚说出内心的想法。

⑥ 异日：以前。

⑦ 举玉趾：亲自前往，奉承之辞。诛：讨伐。

⑧ 意者：推测之词，莫非。

⑨ 逆天：违背天命。

⑩ 蚤，通“早”。此句意为：很早就举行朝会，停止举办宴会。

⑪ 则：榜样。此句出自《诗经·豳风·伐柯》，意为：砍伐树木制作斧柄所参考的标准就在眼前。提醒勾践勿忘会稽被围之耻，得到吴国的机会就在眼前。

⑫ 厄：厄难。

⑬ 执事：办事者，范蠡自指。

⑭ 不：同“否”。此句意为：如果不走，那我就要得罪你们了。

⑮ 置：安置。甬东：地名，在今浙江舟山岛。

⑯ 蔽：遮盖。

⑰ 淮：淮水。

⑱ 致贡：呈送贡品。

⑲ 胙：祭肉。周王将祭祀天地祖先的肉分给越王，是对霸主的一种礼遇。

⑳ 伯：通“霸”，霸主。

㉑ 与：赠与。泗东：泗水以东。

㉒ 江：长江。

评析

吴国和越国僻处南方，与中原各诸侯隔着较为遥远的距离，在很长时间内都默默无闻，没有进入中原诸侯的视野。至春秋晚期，吴、越先后崛起，成为可与晋、楚等大国争霸的强大国家。吴、越两国相接，经常爆发战争：先是越王允常被吴王阖庐击败；允常之子勾践为父报仇，打败了吴国，阖庐负伤而死；阖庐之子夫差替父报仇，又打败了越国；最后，勾践卧薪尝胆二十年，一举消灭了吴国。

如果要在春秋晚期选取一个最让人印象深刻的事件，莫过于“勾践灭吴”。这个故事充满了传奇色彩，激荡人心又影响深远。春秋晚期到战国时期，这一事件有众多版本流传，《左传》、《国语》、清华简《越公其事》，以及新近出土的荆州枣纸简《吴王夫差起师伐越》等均有记载。司马迁综合采纳《左传》《国语》等书的内容，将这一著名事件详细地记载在《越王勾践世家》中。

《越王勾践世家》塑造了多位个性鲜明、形象生动的人物：

首先，最让人印象深刻的是越王勾践。勾践在被吴国打败后，“置胆于坐，坐卧即仰胆，饮食亦尝胆”，这便是“卧薪尝胆”的来源。勾践为什么要尝胆？因为胆是苦涩的，它象征着越被吴击败、几近亡国的痛苦记忆。勾践以这种方式时刻提醒自己牢记复仇的使命。这种忍辱负重、发愤图强的主题在《史记》中经常出现，它在周文王、孔子、伍子胥、苏秦、范雎、韩信等人身上均有体现，表达了司马迁对他们的同情和赞赏。勾践无疑是司马迁表现这一主题最为光辉的一位人物。

其次是吴王夫差。夫差在其父阖庐战死后，一度有着强烈的复仇欲望，但在击败越国后便骄傲自满起来。他不听伍子胥等人之劝，放任心腹之患越国发展，好大喜功，与晋国争霸，并且听信太宰嚭的谗言，令伍子胥自杀，最终导致吴的灭国。与勾践相比，夫差是一个反面典型，他从发愤图强到骄傲自满的个性变化反映了历代君主常见的弊端，有着强烈的借鉴意义。

再次是吴越两国的众多大臣。越国的范蠡、文种、逢同和吴国的伍子胥都表现出臣子强烈的责任感，如请勾践静待良机的范蠡、鼓励勾践发愤图强的文种、劝勾践联合晋楚等国的逢同，他们在勾践灭吴的过程中均毫无保留地贡献自己的才智，君臣相合，最终才成就“灭吴”的大事。伍子胥则表现出忠于职守、杀身成仁的性格特点，他屡次劝说夫差及早覆灭越国，以免留下后患，但因夫差好大喜功、听信谗言而被迫自杀。伍子胥是司马迁着意描写的人物，其具体事迹在《伍子胥列传》中有更为详细的记载。

第三编

战 国 纵 横

《苏秦列传》(节选)

苏秦者,东周雒阳人也。东事师于齐,而习之于鬼谷先生①。

出游数岁,大困②而归。兄弟嫂妹妻妾窃皆笑之,曰:“周人之俗,治产业,力工商,逐什二③以为务。今子释本而事口舌④,困,不亦宜乎!”苏秦闻之而惭,自伤,乃闭室不出,出其书遍观之。曰:“夫士业已屈首受书⑤,而不能以取尊荣,虽多亦奚以为!”于是得周书《阴符》⑥,伏而读之。期年⑦,以出揣摩,曰:“此可以说当世之君矣。”求说周显王。显王左右素习知苏秦,皆少⑧之。弗信。

乃西至秦。秦孝公卒。说惠王曰:“秦四塞⑨之国,被山带渭⑩,东有关河⑪,西有汉中⑫,南有巴蜀⑬,北有代马⑭,此天府也。以秦士民之众,兵法之教,可以吞天下,称帝而治。”秦王曰:“毛羽未成,不可以高蜚⑮;文理⑯未明,不可以并兼。”方诛商鞅⑰,疾辩士⑱,弗用。

注释

① 鬼谷先生:相传为战国时的隐士,居于鬼谷,故称。

② 大困:一无所成。

③ 什二:言经商者于十分之中得二分利。

④ 释本:丢弃本业。事口舌:从事游说诸侯这类口舌之事。

⑤ 屈首受书:低下头受书于师。

⑥ 周书《阴符》:《太公阴符之谋》,战国时期假托姜太公撰写的讲究用兵谋国的书。

⑦ 期年:过了一年。

⑧ 少:轻视。

⑨ 四塞：四周都有关河要塞。

⑩ 被山带渭：以大山为外衣，以渭水为腰带。

⑪ 关：函谷关。河：黄河。

⑫ 汉中：指陕西西南部的汉水上游地区。

⑬ 巴蜀：四川境内的古代小国。

⑭ 代：古郡名，此时属赵国，郡治在今河北蔚县代王城。马：马邑，地名，在今山西朔州。

⑮ 蜚：通“飞”。

⑯ 文理：法令。

⑰ 商鞅：辅佐秦孝公变法，秦惠文王即位，商鞅被杀。

⑱ 疾：厌恶。辩士：口辩之士。

乃东之赵。赵肃侯令其弟成为相，号奉阳君。奉阳君弗说之。

去游燕，岁余而后得见。说燕文侯曰：“燕东有朝鲜、辽东[①]，北有林胡、楼烦[②]，西有云中、九原[③]，南有嘑沱、易水[④]，地方二千余里，带甲数十万，车六百乘，骑六千匹，粟支数年。南有碣石、雁门[⑤]之饶，北有枣栗之利，民虽不佃作而足于枣栗矣。此所谓天府者也。

“夫安乐无事，不见覆军杀将[⑥]，无过燕者。大王知其所以然乎？夫燕之所以不犯寇[⑦]被甲兵者，以赵之为蔽其南也。秦赵五战，秦再[⑧]胜而赵三胜。秦赵相毙[⑨]，而王以全燕[⑩]制其后，此燕之所以不犯寇也。且夫秦之攻燕也，逾云中、九原，过代、上谷[⑪]，弥地[⑫]数千里，虽得燕城，秦计固不能守也。秦之不能害燕亦明矣。今赵之攻燕也，发号出令，不至十日而数十万之军军于东垣[⑬]矣。渡嘑沱，涉易水，不至四五日而距[⑭]国都矣。故曰秦之攻燕也，战于千里之外；赵之攻燕也，战于百里之内。夫不忧百里之患而重千里之外，计无过于此者。是故愿大王与赵从亲[⑮]，天下为一，则燕国必无患矣。”

文侯曰：“子言则可，然吾国小，西迫强赵，南近齐，齐、赵强国也。子必欲合从[16]以安燕，寡人请以国从。”

于是资苏秦车马金帛以至赵。而奉阳君已死，即因说赵肃侯曰：“天下卿相人臣及布衣之士，皆高[17]贤君之行义，皆愿奉教陈忠于前之日久矣。虽然，奉阳君妒而君不任事[18]，是以宾客游士莫敢自尽[19]于前者。今奉阳君捐馆舍[20]，君乃今复与士民相亲也，臣故敢进其愚虑。

“窃为君计者，莫若安民无事，且无庸有事于民也[21]。安民之本，在于择交[22]，择交而得则民安，择交而不得则民终身不安。请言外患：齐秦为两敌而民不得安，倚秦攻齐而民不得安，倚齐攻秦而民不得安。故夫谋人之主，伐人之国，常苦出辞断绝人之交也。愿君慎勿出于口。请别白黑，所以异阴阳而已矣[23]。君诚能听臣，燕必致旃裘狗马之地[24]，齐必致鱼盐之海，楚必致橘柚之园，韩、魏、中山皆可使致汤沐之奉[25]，而贵戚父兄皆可以受封侯。夫割地包利[26]，五伯之所以覆军禽将而求也[27]；封侯贵戚，汤武之所以放弑而争也。今君高拱[28]而两有之，此臣之所以为君愿也。

注释

① 朝鲜：国名，都平壤。辽东：古真番国，在今辽宁东部。两地当时属于燕国。

② 林胡：当时的少数民族，活动在今内蒙古东胜地区。楼烦：当时的少数民族，活动在今山西北部和内蒙古呼和浩特以南地区。

③ 云中：今内蒙古呼和浩特以南一带地区。九原：今内蒙古呼和浩特以西地区。

④ 嘑沱(hū tuó)：即滹沱，水名，源于山西，至天津入海。易水：水名，源于今河北涞源县东，至天津入海。

⑤ 碣石：山名，在今河北卢龙县东。雁门：在今山西代县西北。

⑥ 覆军杀将：全军覆灭，将军被杀。

⑦ 不犯寇：不受外敌攻击。

⑧ 再：两。

⑨ 罷：疲敝。

⑩ 全燕：完整的燕国。

⑪ 上谷：燕郡名，在今河北西北部以及与之邻近的山西、内蒙古部分地区。

⑫ 弥地：绵延。

⑬ 东垣：赵国北部城名，在今石家庄东北。

⑭ 距：抵达。

⑮ 从亲：建立联盟关系。

⑯ 合从：东方各国联合起来对抗秦国。

⑰ 高：敬佩。

⑱ 妒：嫉妒。不任事：不管事。

⑲ 自尽：畅所欲言。

⑳ 捐馆舍：委婉地表达奉阳君去世。

㉑ 无庸：不用。有事于民：指发动战争、大兴徭役等事。

㉒ 择交：选择同盟国。

㉓ 白黑：利害。此句意为：国事利害，只有合纵连横两条，政策取向不同，利害迥然有异。

㉔ 致：献出。旃(zhān)：通“毡”。旃裘狗马之地：出产毡裘狗马的地区。

㉕ 汤沐之奉：割出一块土地，以此地所出作为汤沐之费。

㉖ 包利：占有其利。

㉗ 五伯：春秋五霸，指齐桓公、晋文公、楚庄王、吴王阖庐、越王勾践；也有认为秦穆公是五霸之一，有争议。覆军禽将而求也：为了得到这些不惜损兵折将。

㉘ 高拱：拱手而坐，指不费吹灰之力就可成功。

"今大王与秦[1]，则秦必弱韩、魏；与齐，则齐必弱楚、魏。魏弱则割河外[2]，韩弱则效宜阳[3]，宜阳效则上郡绝[4]，河外割则道不通，楚弱则无援。此三策者，不可不孰计也。

"夫秦下轵道[5]，则南阳[6]危；劫韩包周，则赵氏自操兵[7]；据卫取卷[8]，则齐必入朝秦。秦欲已得乎山东，则必举兵而乡[9]赵矣。秦甲渡河逾漳[10]，据番吾[11]，则兵必战于邯郸[12]之下矣。此臣之所为君患也。

"当今之时，山东之建国莫强于赵。赵地方二千余里，带甲数十万，车千乘，骑万匹，粟支数年。西有常山[13]，南有河漳，东有清河[14]，北有燕国。燕固弱国，不足畏也。秦之所害[15]于天下者莫如赵，然而秦不敢举兵伐赵者，何也？畏韩、魏之议其后[16]也。然则韩、魏，赵之南蔽也。秦之攻韩、魏也，无有名山大川之限，稍[17]蚕食之，傅[18]国都而止。韩、魏不能支秦，必入臣于秦。秦无韩、魏之规[19]，则祸必中于赵矣。此臣之所为君患也。

注释

① 与秦：与秦国联合。

② 河外：陕西大荔县至澄城县以北地区，当时属魏国。

③ 效：交给。宜阳：地名，在今河南宜阳县西。

④ 上郡：郡名，在今陕西绥德县。

⑤ 轵道：咸阳东南的轵道亭，在今陕西西安东北。

⑥ 南阳：地名，在今河南济源至武陟县一带。

⑦ 操兵：发兵自卫。

⑧ 卫：卫国都城，在今河南濮阳西南。卷：地名，在今河南原阳县西南。此句意为：如果秦国据有卫地，夺取卷城。

⑨ 乡：通“向”。

⑩ 漳：漳水，当时流经河北磁县南，最后汇入黄河。

⑪ 番吾：地名，在今河北磁县。

⑫ 邯郸：赵国都城，在今河北邯郸西南之赵王城。

⑬ 常山：本名恒山，西汉避文帝刘恒讳改名，在今山西浑源县。

⑭ 清河：地名，因清河流经得名，在今河北邢台，战国时属赵。

⑮ 害：担心。

⑯ 议其后：在背后打其主意。

⑰ 稍：逐渐。

⑱ 傅：靠近。

⑲ 规：算计。

“臣闻尧无三夫之分[①]，舜无咫尺之地，以有天下；禹无百人之聚[②]，以王诸侯；汤武之士不过三千，车不过三百乘，卒不过三万，立为天子：诚得其道也。是故明主外料[③]其敌之强弱，内度其士卒贤不肖[④]，不待两军相当[⑤]而胜败存亡之机固已形于胸中[⑥]矣，岂掩于众人之言而以冥冥决事哉[⑦]！

“臣窃以天下之地图案[⑧]之，诸侯之地五倍于秦，料度[⑨]诸侯之卒十倍于秦，六国为一，并力西乡而攻秦，秦必破矣。今西面而事之，见[⑩]臣于秦。夫破人之与破于人也，臣人之与臣于人也，岂可同日而论哉！

“夫衡人者[⑪]，皆欲割诸侯之地以予秦。秦成[⑫]，则高台榭，美宫室，听竽瑟之音，前有楼阙轩辕[13]，后有长姣[14]美人，国被秦患而不与其忧。是故夫衡人日夜务以秦权恐愒诸侯[15]以求割地，故愿大王孰[16]计之也。

注释

① 三夫之分：三百亩地。

② 聚：村落。

③ 料：估计。

④ 贤不肖：优劣。

⑤ 相当：相遇。

⑥ 形于胸中：了然于胸。

⑦ 揜：通“掩”，蒙蔽，哄骗。此句意为：怎么会被众人之言所左右而胡乱决定大事。

⑧ 案：考察。

⑨ 料度：估计。

⑩ 见：被，表被动。

⑪ 衡人者：以连横说秦的人。

⑫ 秦成：与秦国的联盟一旦建立。

⑬ 轩辕：高贵的车驾。

⑭ 姣：相貌美。

⑮ 秦权：秦国的国威。恐愒：恐吓。

⑯ 孰：认真。

“臣闻明主绝疑[1]去谗，屏[2]流言之迹，塞朋党[3]之门，故尊主广地强兵之计臣得陈忠于前矣。故窃为大王计，莫如一韩、魏、齐、楚、燕、赵以从亲[4]，以畔秦。令天下之将相会于洹水[5]之上，通质[6]，刳[7]白马而盟。要约[8]曰：'秦攻楚，齐、魏各出锐师以佐之，韩绝其粮道，赵涉河漳，燕守常山之北。秦攻韩魏，则楚绝其后，齐出锐师而佐之，赵涉河漳，燕守云中。秦攻齐，则楚绝其后，韩守城皋[9]，魏塞其道，赵涉河漳、博关[10]，燕出锐师以佐之。秦攻燕，则赵守常山，楚军武关[11]，齐涉勃海，韩、魏皆出锐师以佐之。秦攻赵，则韩军宜阳，楚军武关，魏军河外，齐涉清河，燕出锐师以佐之。诸侯有不如约者，以五国之兵共伐之。'六国从亲以宾[12]秦，则秦甲必不敢出于函谷以害山东[13]矣。如此，则霸王之业成矣。"

赵王曰："寡人年少，立国日浅，未尝得闻社稷之长计也。今上客有意存天下，安诸侯，寡人敬以国从。"乃饰[14]车百乘，黄金千溢[15]，白璧百双，锦绣千纯[16]，以约诸侯。

是时周天子致文、武之胙[17]于秦惠王。惠王使犀首[18]攻魏，禽将龙贾[19]，取魏之雕阴[20]，且欲东兵。苏秦恐秦兵之至赵也，乃激怒张仪[21]，入之于秦。

注释

① 绝疑：去除怀疑。

② 屏：通"摒"，摒除。

③ 塞：杜绝。朋党：拉帮结派。

④ 一韩、魏、齐、楚、燕、赵以从亲：指将以上数国联合起来。

⑤ 洹(huán)水：水名，清河的上游，发源于河南林州北。

⑥ 通质：互派人质。

⑦ 刳(kū)：杀。

⑧ 要约：相互约定。

⑨ 城皋：成皋，在今河南荥阳西北，当时属韩。

⑩ 博关：在今山东聊城茌平区博平镇东北，当时属齐。

⑪ 武关：当时属秦，在今陕西丹凤县东南。

⑫ 宾：通“摈”，排挤。

⑬ 山东：崤山以东，崤山在今河南灵宝东南。

⑭ 饰：通“饬”，备办。

⑮ 溢：通“镒”，重量单位，一镒一说等于二十两，一说二十四两。

⑯ 纯：布匹单位，一纯即一匹。

⑰ 文、武之胙：祭祀周文王、周武王的祭肉。

⑱ 犀首：公孙衍，为秦国大良造。

⑲ 禽：通“擒”。此句意为：生擒魏将龙贾。

⑳ 雕阴：地名，在今陕西富县北、甘泉南。

㉑ 张仪：主张连横的策士，事迹见《张仪列传》。

于是说韩宣王曰：“韩北有巩洛[①]、成皋之固，西有宜阳、商阪[②]之塞，东有宛、穰、洧水[③]，南有陉山，地方九百余里，带甲数十万，天下之强弓劲弩皆从韩出。谿子、少府时力、距来者[④]，皆射六百步之外。韩卒超足[⑤]而射，百发不暇止，远者括蔽洞胸，近者镝弇心[⑥]。韩卒之剑戟皆出于冥山、棠谿、墨阳、合赙、邓师、宛冯、龙渊、太阿[⑦]，皆陆断牛马，水截鹄雁[⑧]，当敌则斩。坚甲、铁幕、革抉、㕮芮[⑨]，无不毕具。以韩卒之勇，被坚甲，蹠劲弩，带利剑，一人当百，不足言也。夫以韩之劲与大王之贤，乃西面事秦，交臂[⑩]而服，羞社稷而为天下笑，无大于此者矣。是故愿大王孰计之。

“大王事秦，秦必求宜阳、成皋。今兹效之，明年又复求割地。与则无地以给之，不与则弃前功而受后祸。且大王之地有尽而秦之求无已，以有尽之地而逆[⑪]无已之求，此所谓市[⑫]怨结祸者也，不战而地已削矣。臣闻鄙谚曰：‘宁为鸡口，无为牛后。’今西面交臂而臣事秦，何异于牛后乎？夫以大王之贤，挟强韩之兵，而有牛后之名，臣窃为大王羞之。”

于是韩王勃然作色，攘臂瞋目⑬，按剑仰天太息曰：“寡人虽不肖，必不能事秦。今主君⑭诏以赵王之教，敬奉社稷以从。”

注释

① 巩：地名，在今河南巩义西南。洛：地名，在今河南洛阳一带。

② 商阪：商山，在今陕西商洛商州区、丹凤县一带。

③ 宛：地名，在今河南南阳。穰：地名，在今河南邓州。洧（wěi）水：水名，源于河南登封之阳城山，最后汇入颍水。

④ 谿子、少府时力、距来者：当时有名的弓弩名。

⑤ 超足：用脚的力量拉弓。

⑥ 括：应作“铦”，箭镞。洞胸：射穿胸膛。镝（dí）：箭镞。弇（yǎn）心：正中心窝。

⑦ 冥山、棠谿、墨阳、合赙、邓师、宛冯、龙渊、太阿：这些地方皆以出产兵器闻名。

⑧ 陆断牛马，水截鹄雁：在陆地上可以砍杀牛马，在水里可斩杀天鹅大雁。

⑨ 革：弓箭手左臂上的皮套袖。抉：弓箭手套于右手中指，用以拉弦。瞂（fá）：盾牌。芮：系盾牌之绶带。

⑩ 交臂：拱手。

⑪ 逆：迎，应对。

⑫ 市：买。

⑬ 攘臂：捋起袖子。瞋（chēn）目：瞪大眼睛。

⑭ 主君：指苏秦。

又说魏襄王曰："大王之地，南有鸿沟、陈、汝南、许、郾、昆阳、召陵、舞阳、新都、新郪[①]，东有淮、颍、煮枣、无胥[②]，西有长城之界，北有河外卷、衍、酸枣[③]，地方千里。地名虽小，然而田舍庐庑之数[④]，曾无所刍牧[⑤]。人民之众，车马之多，日夜行不绝，輷輷殷殷[⑥]，若有三军之众。臣窃量大王之国不下楚。然衡人怵王交强虎狼之秦以侵天下[⑦]，卒有秦患，不顾其祸。夫挟强秦之势以内劫其主，罪无过此者。魏，天下之强国也；王，天下之贤王也。今乃有意西面而事秦，称东藩，筑帝宫，受冠带，祠春秋[⑧]，臣窃为大王耻之。

"臣闻越王勾践战敝卒三千人，禽夫差于干遂[⑨]；武王卒三千人，革车[⑩]三百乘，制纣于牧野：岂其士卒众哉，诚能奋其威也。今窃闻大王之卒，武士二十万，苍头[⑪]二十万，奋击[⑫]二十万，厮徒[⑬]十万，车六百乘，骑五千匹。此其过越王勾践、武王远矣，今乃听于群臣之说而欲臣事秦。夫事秦必割地以效实[⑭]，故兵未用而国已亏矣。凡群臣之言事秦者，皆奸人，非忠臣也。夫为人臣，割其主之地以求外交，偷取一时之功而不顾其后，破公家而成私门，外挟强秦之势以内劫其主，以求割地，愿大王孰察之。

"《周书》[⑮]曰：'绵绵不绝，蔓蔓奈何？豪氂不伐，将用斧柯[⑯]。'前虑不定，后有大患，将奈之何？大王诚能听臣，六国从亲，专心并力一意，则必无强秦之患。故敝邑赵王使臣效愚计，奉明约[⑰]，在大王之诏诏之。"

魏王曰："寡人不肖，未尝得闻明教。今主君以赵王之诏诏之，敬以国从。"

注释

① 鸿沟：魏惠王十年开凿的运河。陈：古陈国，此时为楚县，县治在今河南周口淮阳区。魏地实不至陈，此处为夸张之言。汝南：今河南上蔡。许：

今河南许昌东。郾：今河南郾城县西南。昆阳：今河南叶县。舞阳：今河南舞阳西北。新都：今河南新野东。新郪(qī)：今安徽太和西北。

② 淮：淮河。颍：颍水。煮枣：地名，在今山东东明县南。无胥：地名，在今河南滑县西南。

③ 河外：黄河以南。卷：卷城。衍：地名，在今河南郑州北。酸枣：地名，在今河南原阳县东北、延津西南。

④ 庐庑(wǔ)：房屋。数：密集。

⑤ 刍牧：割草放牧。

⑥ 輷輷(hōng)殷殷：车辆众多之声。

⑦ 衡人：主张连横的人。怵：威吓。此句意为：然而那些主张连横的人，威吓您伙同虎狼一样的秦国侵略天下。

⑧ 称东籓：自称秦国的属国。筑帝宫：替秦国建造巡守的行宫。受冠带：接受秦国发给的礼服。祠春秋：春秋两季祭祀秦国的祖先。

⑨ 干遂：地名，在今苏州西北。

⑩ 革车：兵车。

⑪ 苍头：头裹青巾的部队，即地位低贱的士兵。

⑫ 奋击：冲锋陷阵的精锐部队。

⑬ 厮徒：杂役部队。

⑭ 效实：做出实际行动，以取信秦国。

⑮《周书》：四句见《逸周书・和寤解》。

⑯ 绵绵：细微。蔓蔓：长大。豪氂：通“毫毛”，指植物出生时之微小。此句意为：铲除草木，要在萌芽时动手，等到枝叶蔓延时就不好办了。细小的时候不掐断，长大后就得用斧头砍伐。

⑰ 奉明约：谦称赵国将遵从魏王的约束。

因东说齐宣王曰："齐南有泰山，东有琅邪[①]，西有清河，北有勃海，此所谓四塞之国也。齐地方二千余里，带甲数十万，粟如丘山。三军之良，五家之兵，进如锋矢，战如雷霆，解[②]如风雨。即有军役，未尝倍泰山，绝清河，涉勃海也[③]。临菑之中七万户，臣窃度之，不下户三男子[④]，三七二十一万，不待发于远县，而临菑之卒固已二十一万矣。临菑甚富而实，其民无不吹竽鼓瑟，弹琴击筑，斗鸡走狗，六博蹋鞠者[⑤]。临菑之涂[⑥]，车毂击，人肩摩，连衽成帷，举袂成幕，挥汗成雨[⑦]，家殷人足，志高气扬。夫以大王之贤与齐之强，天下莫能当。今乃西面而事秦，臣窃为大王羞之。

"且夫韩、魏之所以重畏秦者，为与秦接境壤界也。兵出而相当，不出十日而战胜存亡之机决矣。韩、魏战而胜秦，则兵半折，四境不守；战而不胜，则国已危，亡随其后。是故韩、魏之所以重与秦战，而轻为之臣也。今秦之攻齐则不然。倍[⑧]韩、魏之地，过卫阳晋[⑨]之道，径乎亢父[⑩]之险，车不得方轨[⑪]，骑不得比行，百人守险，千人不敢过也。秦虽欲深入，则狼顾[⑫]，恐韩、魏之议其后也。是故恫疑虚喝[⑬]，骄矜而不敢进，则秦之不能害齐亦明矣。

"夫不深料秦之无奈齐何，而欲西面而事之，是群臣之计过也。今无臣事秦之名而有强国之实，臣是故愿大王少留意计之。"

齐王曰："寡人不敏，僻远守海，穷道东境之国也，未尝得闻余教。今足下以赵王诏诏之，敬以国从。"

乃西南说楚威王曰："楚，天下之强国也；王，天下之贤王也。西有黔中、巫郡[⑭]，东有夏州、海阳[⑮]，南有洞庭、苍梧[⑯]，北有陉塞、郇阳[⑰]，地方五千余里，带甲百万，车千乘，骑万匹，粟支十年。此霸王之资也。夫以楚之强与王之贤，天下莫能当也。今乃欲西面而事秦，则诸侯莫不西面而朝于章台[⑱]之下矣。

"秦之所害[⑲]莫如楚，楚强则秦弱，秦强则楚弱，其势不两立。故为大王计，莫如从亲[20]以孤秦。大王不从亲，秦必起两军，一军出武关，一军下黔中，则鄢郢[21]动矣。

“臣闻治之其未乱也，为之其未有也。患至而后忧之，则无及已。故愿大王蚤孰计之。

“大王诚能听臣，臣请令山东之国奉四时之献[22]，以承大王之明诏，委社稷，奉宗庙[23]，练士厉兵，在大王之所用之。大王诚能用臣之愚计，则韩、魏、齐、燕、赵、卫之妙音美人必充后宫，燕、代橐驼[24]良马必实外厩。故从合则楚王，衡成则秦帝[25]。今释[26]霸王之业，而有事人之名，臣窃为大王不取也。

“夫秦，虎狼之国也，有吞天下之心。秦，天下之仇雠[27]也。衡人[28]皆欲割诸侯之地以事秦，此所谓养仇而奉仇者也。夫为人臣，割其主之地以外交强虎狼之秦，以侵天下，卒有秦患，不顾其祸。夫外挟强秦之威以内劫其主，以求割地，大逆不忠，无过此者。故从亲则诸侯割地以事楚，衡合则楚割地以事秦，此两策者相去远矣，二者大王何居[29]焉？故敝邑赵王使臣效愚计，奉明约，在大王诏之。”

楚王曰：“寡人之国西与秦接境，秦有举巴蜀并汉中[30]之心。秦，虎狼之国，不可亲也。而韩、魏迫于秦患，不可与深谋，与深谋恐反人以入于秦，故谋未发而国已危矣。寡人自料以楚当秦，不见胜也；内与群臣谋，不足恃也。寡人卧不安席，食不甘味，心摇摇然如县旌而无所终薄[31]。今主君欲一天下，收诸侯，存危国，寡人谨奉社稷以从。”

注释

① 泰山：山名，在今山东泰安北。琅邪：地名，在今山东青岛黄岛区琅邪台西北。

② 解：撤军。

③ 倍：翻过。绝：渡过。

④ 不下户三男子：每户不少于三名男子。

⑤ 六博：古代的一种棋类游戏。蹋鞠：踢球游戏。

⑥ 涂：道路。

⑦ 车毂：车轮。衽：衣襟。帷：帷帐。袂：袖子。此句意为：车与车相互碰撞，人与人摩肩接踵，张开衣襟可连为帷帐，举起袖子可以遮蔽太阳，挥汗落地就像下雨一样。极言齐国人口之多。

⑧ 倍：通“背”，跨越。

⑨ 阳晋：古邑名，战国时先后属卫齐，在今山东郓城县西。

⑩ 径：本指小路，这里指穿过。亢父：地名，在今山东济宁南。

⑪ 方轨：并行。

⑫ 狼顾：恐惧而回头张望。

⑬ 恫：恐惧。虚喝：虚张声势。

⑭ 黔中：楚郡名，在今湖南西部与贵州东北部交界地区。巫郡：楚郡名，因巫山而得名，在今重庆东部与湖北西部交界地区。

⑮ 夏州：今武汉西南大江中之白沙洲。海阳：今江苏扬州以东至海滨的长江北岸一带。

⑯ 洞庭：洞庭湖。苍梧：九嶷山，在今湖南宁远县南。

⑰ 陉塞：在今河南漯河东。郇阳：在今陕西旬阳东北。

⑱ 章台：秦的宫殿，此处代指秦国。

⑲ 害：畏惧。

⑳ 从亲：合众结盟。

㉑ 鄢：地名，楚国别都，在今湖北宜城东南。郢：楚国都城，在今湖北荆州江陵西北的纪南城。鄢为郢都北边门户，两城关系密切，故鄢、郢常连称。

㉒ 四时之献：楚国在春、夏、秋、冬祭祀祖先时，东方其他诸国贡献物品以助祭。

㉓ 委：交给。社稷、宗庙：代指国家。

㉔ 橐驼：骆驼。

㉕ 此句意为：合纵局面形成，则楚国号令天下；连横局面形成，则秦国称帝。

㉖ 释：放弃。

㉗ 仇雠：仇敌。

㉘ 衡人：推行连横政策的人。

㉙ 居：处，此处指选择。

㉚ 汉中：楚郡名，约相当于今之陕西汉中、安康以及与之邻近的湖北房县、竹山县一带地区。

㉛ 县旌：飘在半空的旗帜。薄：贴附。此句意为：心神不宁，就像飘浮在半空的旗帜，没办法安宁。

于是六国从合而并力焉。苏秦为从约长，并相六国。

北报赵王，乃行过雒阳，车骑辎重[①]，诸侯各发使送之甚众，疑于王者[②]。周显王闻之恐惧，除道，使人郊劳[③]。苏秦之昆弟妻嫂侧目不敢仰视，俯伏侍取食。苏秦笑谓其嫂曰："何前倨[④]而后恭也？"嫂委蛇蒲服[⑤]，以面掩地而谢曰："见季子[⑥]位高金多也。"苏秦喟然叹曰："此一人之身，富贵则亲戚畏惧之，贫贱则轻易[⑦]之，况众人乎！且使我有雒阳负郭田[⑧]二顷，吾岂能佩六国相印乎！"于是散千金以赐宗族朋友。初，苏秦之燕，贷人百钱为资，及得富贵，以百金偿之。遍报诸所尝见德者。其从者有一人独未得报，乃前自言。苏秦曰："我非忘子。子之与我至燕，再三欲去[⑨]我易水之上，方是时，我困，故望[⑩]子深，是以后子。子今亦得矣。"

苏秦既约六国从亲，归赵，赵肃侯封为武安君，乃投从约书于秦。秦兵不敢窥函谷关十五年。

其后秦使犀首欺齐、魏，与共伐赵，欲败从约。齐、魏伐赵，赵王让[11]苏秦。苏秦恐，请使燕，必报齐。苏秦去赵而从约皆解[12]。

秦惠王以其女为燕太子妇。是岁，文侯卒，太子立，是为燕易王。易王初立，齐宣王因燕丧伐燕，取十城。易王谓苏秦曰："往日先生至燕，而先王资[13]先生见赵，遂约六国从。今齐先伐赵，次至燕，以先生之故为天下笑，先生能为燕得侵地乎？"苏秦大惭，曰："请为王取之。"

苏秦见齐王，再拜，俯而庆，仰而吊[14]。齐王曰："是何庆吊相随之速也？"苏秦曰："臣闻饥人所以饥而不食乌喙[15]者，为其愈充腹而与饿死同患也。今燕虽弱小，即秦王之少婿[16]也。大王利其十城而长与强秦为仇。今使弱燕为雁行[17]而强秦敝其后，以招天下之精兵，是食乌喙之类也。"齐王愀然[18]变色曰："然则奈何？"苏秦曰："臣闻古之善制事者，转祸为福，因败为功。大王诚能听臣计，即归燕之十城。燕无故而得十城，必喜；秦王知以己之故而归燕之十城，亦必喜。此所谓弃仇雠而得石交[19]者也。夫燕、秦俱事齐，则大王号令天下，莫敢不听。是王以虚辞附秦，以十城取天下。此霸王之业也。"王曰："善。"于是乃归燕之十城。

注释

① 辎重：载满各种物资。

② 疑：通"拟"。此句意为：与王者的派头差不多。

③ 郊劳：在郊外慰劳苏秦。

④ 倨：傲慢。

⑤ 委蛇：通"逶迤"，弯曲扭动的样子。蒲服：通"匍匐"，爬行。

⑥ 季子：指苏秦。

⑦ 轻易：轻视。

⑧ 负：背靠。郭田：城郭附近之田。

⑨ 去：离开。

⑩ 望：怨恨。

⑪ 让：责备。

⑫ 解：瓦解。

⑬ 资：资助。

⑭ 吊：哀悼。

⑮ 乌喙：一种有毒的植物药材。

⑯ 少婿：女婿。

⑰ 为雁行：指燕国打前锋。

⑱ 愀(qiǎo)然：伤心愁苦的样子。

⑲ 石交：金石之交，极言双方关系之牢靠。

人有毁①苏秦者曰："左右卖国反覆之臣也，将作乱。"苏秦恐得罪，归，而燕王不复官也。苏秦见燕王曰："臣，东周之鄙人②也，无有分寸之功，而王亲拜之于庙而礼之于廷。今臣为王却③齐之兵而攻得十城，宜以益亲。今来而王不官臣者，人必有以不信伤臣于王者。臣之不信，王之福也。臣闻忠信者，所以自为也；进取者，所以为人也。且臣之说齐王，曾非欺之也。臣弃老母于东周，固去自为而行进取也④。今有孝如曾参，廉如伯夷，信如尾生⑤。得此三人者以事大王，何若？"王曰："足矣。"苏秦曰："孝如曾参，义不离其亲一宿于外，王又安能使之步行千里而事弱燕之危王哉？廉如伯夷，义不为孤竹君之嗣，不肯为武王臣，不受封侯而饿死首阳山下。有廉如此，王又安能使之步行千里而行进取于齐哉？信如尾生，与女子期于梁下，女子不来，水至不去，抱柱而死。有信如此，王又安能使之步行千里却齐之强兵哉？臣所谓以忠信得罪于上者也。”燕王曰：“若[⑥]不忠信耳，岂有以忠信而得罪者乎？”苏秦曰：“不然。臣闻客有远为吏而其妻私于人者，其夫将来，其私者忧之，妻曰‘勿忧，吾已作药酒待之矣’。居三日，其夫果至，妻使妾举药酒进之。妾欲言酒之有药，则恐其逐主母[⑦]也；欲勿言乎，则恐其杀主父也。于是乎详僵而弃酒。主父大怒，笞之五十。故妾一僵而覆酒，上存主父，下存主母，然而不免于笞，恶在乎忠信之无罪也夫？臣之过，不幸而类是乎！”燕王曰：“先生复就故官。”益厚遇之。

易王母，文侯夫人也，与苏秦私通。燕王知之，而事之加厚。苏秦恐诛，乃说燕王曰：“臣居燕不能使燕重[⑧]，而在齐则燕必重。”燕王曰：“唯先生之所为。”于是苏秦详为得罪于燕而亡走齐，齐宣王以为客卿。

齐宣王卒，湣王即位，说湣王厚葬以明[⑨]孝，高宫室大苑囿[⑩]以明得意，欲破敝齐而为燕。燕易王卒，燕哙立为王。其后齐大夫多与苏秦争宠者，而使人刺苏秦，不死，殊而走。齐王使人求贼，不得。苏秦且死，乃谓齐王曰：“臣即[⑪]死，车裂臣以徇[⑫]于市，曰‘苏秦为燕作乱于齐’，如此则臣之贼必得矣。”于是如其言，而杀苏秦者果自出，齐王因而诛之。燕闻之曰：“甚矣，齐之为苏生报仇也！”

注释

① 毁：谗毁。

② 鄙人：谦辞，鄙陋之人。

③ 却：使退却。

④ 自为：只考虑自己利益。行进取：为国进取。

⑤ 曾参：孔子的弟子，以孝著称。伯夷：商末孤竹君之子，以谦让著称。尾生：春秋时期的微生高，以守信著称。

⑥ 若：你。

⑦ 主母：指正妻。

⑧ 使燕重：提升燕国的地位。

⑨ 明：彰显。

⑩ 高：形容词作动词，高筑。大：形容词作动词，扩大。

⑪ 即：假如。

⑫ 徇：巡行示众。

评析

如果说“本纪”是《史记》的主干，“世家”是其主要枝干，那么“列传”便可看作《史记》的旁枝末节。“列传”所记多为人物的传记，这些人物五花八门，有地位显赫的将军大臣，也有生活在社会底层的刺客游侠；有名垂后世的诸子百家，也有臭名昭著的酷吏佞幸。这些人与“本纪”“世家”中的帝王列侯相比，在政治上居于次等地位，但更能代表时人的喜怒悲欢。可以说，“列传”所记载的各类故事，才是《史记》最能激发读者兴趣的部分。

历史发展至战国，春秋时期由霸主维持的国与国间的秩序逐渐崩塌，各诸侯国展开你死我活的兼并战争。在七个主要国家中，秦国的实力最为强大，与东方六国形成相持相抗的局势。这一时期，各国之间活动着大量的策士。他们通过游说国君，一言而倾天下势，对当时的形势有着重要影响。在这群策士间，苏秦和张仪最为杰出。苏秦主张合纵，即将齐、楚、赵、魏、韩、燕六国联合起来对抗秦国。张仪站在秦的角度上主张连横，通过远交近攻的方式，联合离秦较远的国家，攻打离秦较近的国家。

《苏秦列传》是战国时期著名的纵横家苏秦、苏代、苏厉三兄弟的合传，其中苏秦事迹所占篇幅最大，本篇节选的便是这部分内容。本篇叙述了苏秦早年游学不遇，为亲戚所讥，其后发愤苦读，游说诸侯合纵联盟，身佩六国相印，功成名就，以致亲戚不敢仰视，最后为燕行反间于齐，被齐人杀害等事迹，展现了一位战国纵横家精彩而又可悲的人生。本篇有以下几点值得注意。

其一，司马迁塑造的苏秦形象是复杂多面的。苏秦有战国策士“势利”的一面，如他本欲西至秦，劝说秦惠王对东方六国发动兼并战争，但在被秦惠王拒绝后，他便转身游说东方六国，合纵联盟以对抗秦国，难怪时人讥其“反覆之臣”。苏秦也有忍辱发愤、才智过人的一面。他早年游学不遇，被亲戚嘲讽，在这种困境下，苏秦变羞愤为动力，发愤苦读，后游说六国之君，身佩六国相印，名震天下。司马迁在文末“太史公曰”中提到，“夫苏秦起闾阎，连六国从亲，此其智有过人者。吾故列其行事，次其时序，毋令独蒙恶声焉”。为苏秦做了翻案文章。此外，司马迁还为我们描绘出了当时“势利之交”的生动图景：苏秦在未出名前，被其兄弟嫂妹妻妾嘲笑，但在成名之后，其嫂“匍匐蛇行”，谦卑至极。这一前后反差，反映出当时趋利的社会现实，所以司马迁感慨说：“此一人之身，富贵则亲戚畏惧之，贫贱则轻易之，况众人乎？”

其二，司马迁从《战国策》中摘录了苏秦劝说六国君主的游说之辞，并加以删节而记载在《苏秦列传》中。这六篇说辞表现出高超的艺术水准，每篇都有其特色。吴见思《史记论文》曰：“说六国处，一般是一样文法，必不雷同，细心读之，当自见耳。”又曰：“中间说燕略而赵详，说齐浓而韩淡，正相参相配之妙。”此外，从这些文辞中也可看出苏秦在游说君主的过程中展现出的高超言谈技巧。他对六国君主的心理揣摩得极为透彻，对六国的山川形势、国力民情和历史文化有着深入的了解，对各国合纵连横的利害关系有着细致入微的剖析。毫无疑问，苏秦是战国时期纵横家最为杰出的代表。

其三，《苏秦列传》对苏秦事迹的记载有较多问题。1973 年湖南长沙马王堆汉墓出土了一批帛书，其中有一部类似《战国策》的文献，被整理者命名为《战国纵横家书》，共二十七章，其中十六章不见于今本《战国策》和《史记》。

《战国纵横家书》对苏秦事迹的记载与《战国策》和《史记》大相径庭，有很大的差异。据唐兰、杨宽、马雍等学者的考证，《史记》所记苏秦事迹并不可靠。事实上，司马迁在“太史公曰”也说过：“然世言苏秦多异，异时事有类之者皆附之苏秦。”也就是说，战国秦汉时期流传着许多与苏秦有关的故事，它们互有差异，有一些是伪托苏秦而作的，司马迁在处理这些复杂的史料时，出现错误也是难免的。

《魏公子列传》

魏公子无忌者，魏昭王少子而魏安釐王异母弟也。昭王薨，安釐王即位，封公子为信陵[①]君。是时范雎亡魏相秦[②]，以怨魏齐故，秦兵围大梁，破魏华阳[③]下军，走芒卯[④]。魏王及公子患之。

公子为人仁而下士[⑤]，士无贤不肖皆谦而礼交之，不敢以其富贵骄士。士以此方数千里争往归之，致食客三千人。当是时，诸侯以公子贤，多客，不敢加兵[⑥]谋魏十余年。

公子与魏王博[⑦]，而北境传举烽，言“赵寇至，且入界”。魏王释博，欲召大臣谋。公子止王曰：“赵王田猎耳，非为寇也。”复博如故。王恐，心不在博。居顷，复从北方来传言曰：“赵王猎耳，非为寇也。”魏王大惊，曰：“公子何以知之？”公子曰：“臣之客有能深得赵王阴事[⑧]者，赵王所为，客辄以报臣，臣以此知之。”是后魏王畏公子之贤能，不敢任公子以国政。

魏有隐士曰侯嬴，年七十，家贫，为大梁夷门监者[⑨]。公子闻之，往请，欲厚遗之。不肯受，曰：“臣修身絜[⑩]行数十年，终不以监门困故而受公子财。”公子于是乃置酒大会宾客。坐定，公子从车骑，虚左[⑪]，自迎夷门侯生。侯生摄敝[⑫]衣冠，直上载公子上坐，不让，欲以观公子。公子执辔愈恭。侯生又谓公子曰："臣有客在市屠中，愿枉[13]车骑过之。"公子引车入市，侯生下见其客朱亥，俾倪[14]，故久立与其客语，微察公子。公子颜色愈和。当是时，魏将相宗室宾客满堂，待公子举酒。市人皆观公子执辔。从骑皆窃骂侯生。侯生视公子色终不变，乃谢客就车。至家，公子引侯生坐上坐，遍赞宾客[15]，宾客皆惊。酒酣，公子起，为寿侯生前。侯生因谓公子曰："今日嬴之为公子亦足矣。嬴乃夷门抱关[16]者也，而公子亲枉车骑，自迎嬴于众人广坐之中，不宜有所过，今公子故过之。然嬴欲就公子之名，故久立公子车骑市中，过客以观公子，公子愈恭。市人皆以嬴为小人，而以公子为长者能下士也。"于是罢酒，侯生遂为上客。

侯生谓公子曰："臣所过屠者朱亥，此子贤者，世莫能知，故隐屠间耳[17]。"公子往数请之，朱亥故不复谢[18]，公子怪之。

注释

① 信陵：地名，在今河南宁陵县西。

② 范雎：魏人，因遭诬陷而差点被当时魏国的国相魏齐打死，后逃到秦国，为秦昭王相，其事迹见《范雎蔡泽列传》。亡：逃离。

③ 华阳：地名，在今河南新郑北。

④ 走：赶跑。芒卯：魏将。

⑤ 下士：礼贤下士。

⑥ 加兵：派兵。

⑦ 博：古代的一种棋戏。

⑧ 阴事：秘密。

⑨ 大梁：魏国都城，在今河南开封。夷门：大梁城的东门。监者：守门人。

⑩ 絜(jié)：通"洁"。

⑪ 虚左：空着左边位子。

⑫ 摄：整理。敝：破旧。

⑬ 枉：绕远路。

⑭ 俾倪：通“睥睨”，用眼睛的余光看人。

⑮ 赞宾客：向侯生介绍宾客，以示对侯生的尊重。

⑯ 抱关：守门。

⑰ 故：故意。隐：隐居。屠：屠户。

⑱ 谢：拜谢。

魏安釐王二十年，秦昭王已破赵长平军[①]，又进兵围邯郸。公子姊为赵惠文王弟平原君夫人，数遗魏王及公子书，请救于魏。魏王使将军晋鄙将十万众救赵。秦王使使者告魏王曰：“吾攻赵旦暮且下，而诸侯敢救者，已拔赵，必移兵先击之。”魏王恐，使人止晋鄙，留军壁邺[②]，名为救赵，实持两端以观望。平原君使者冠盖相属[③]于魏，让魏公子曰：“胜所以自附为婚姻者，以公子之高义，为能急人之困。今邯郸旦暮降秦而魏救不至，安在公子能急人之困也！且公子纵轻胜[④]，弃之降秦，独不怜公子姊邪？”公子患之，数请魏王，及宾客辩士说王万端。魏王畏秦，终不听公子。公子自度终不能得之于王，计不独生而令赵亡，乃请宾客，约车骑百余乘，欲以客往赴秦军，与赵俱死。

行过夷门，见侯生，具告所以欲死秦军状。辞决[⑤]而行，侯生曰：“公子勉之矣，老臣不能从。”公子行数里，心不快，曰：“吾所以待侯生者备[⑥]矣，天下莫不闻，今吾且死而侯生曾无一言半辞送我，我岂有所失哉？”复引车还，问侯生。侯生笑曰：“臣固知公子之还也。”曰：“公子喜士，名闻天下。今有难，无他端而欲赴秦军，譬若以肉投馁[⑦]虎，何功之有哉？尚安事客？然公子遇臣厚，公子往而臣不送，以是知公子恨之复返也。”公子再拜，因问。侯生乃屏人间语[⑧]，曰："嬴闻晋鄙之兵符[⑨]常在王卧内，而如姬最幸[⑩]，出入王卧内，力能窃之。嬴闻如姬父为人所杀，如姬资之三年，自王以下欲求报其父仇，莫能得。如姬为公子泣，公子使客斩其仇头，敬进如姬。如姬之欲为公子死，无所辞，顾未有路耳。公子诚一开口请如姬，如姬必许诺，则得虎符夺晋鄙军，北救赵而西却秦，此五霸之伐[⑪]也。"公子从其计，请如姬。如姬果盗晋鄙兵符与公子。

公子行，侯生曰："将在外，主令有所不受，以便国家。公子即合符，而晋鄙不授公子兵而复请之，事必危矣。臣客屠者朱亥可与俱，此人力士[⑫]。晋鄙听，大善；不听，可使击之。"于是公子泣。侯生曰："公子畏死邪？何泣也？"公子曰："晋鄙嚄唶宿将[⑬]，往恐不听，必当杀之，是以泣耳，岂畏死哉？"于是公子请朱亥。朱亥笑曰："臣乃市井鼓刀屠者，而公子亲数存[⑭]之，所以不报谢者，以为小礼无所用。今公子有急，此乃臣效命之秋也。"遂与公子俱。公子过谢侯生。侯生曰："臣宜从，老不能。请数公子行日，以至晋鄙军之日，北乡自刭，以送公子。"公子遂行。

注释

① 长平：地名，在今山西高平西北。指秦昭王派大将白起大败赵将赵括，坑杀赵卒四十余万之事，见《廉颇蔺相如列传》《白起王翦列传》。

② 壁：名词作动词，营建壁垒。邺：地名，在今河北临漳镇南。

③ 相属：相连。

④ 胜：指平原君赵胜。

⑤ 决：通"诀"，告别。

⑥ 备：周到。

⑦ 馁(něi)：饥饿。

⑧ 间语：私语。

⑨ 兵符：古代调兵的符信，一半在大将手里，一半在君主处，合在一起方可调动军队。

⑩ 最幸：最得魏王宠幸。

⑪ 伐：功业。

⑫ 力士：力气很大的勇士。

⑬ 嚄唶（huò zé）：声音雄武貌。宿将：老将。

⑭ 存：慰问。

至邺，矫[①]魏王令代晋鄙。晋鄙合符，疑之，举手视公子曰："今吾拥十万之众，屯于境上，国之重任，今单车来代之，何如哉？"欲无听。朱亥袖四十斤铁椎，椎杀晋鄙，公子遂将晋鄙军。勒兵下令军中曰："父子俱在军中，父归；兄弟俱在军中，兄归；独子无兄弟，归养。"得选兵八万人，进兵击秦军。秦军解去，遂救邯郸，存赵。赵王及平原君自迎公子于界，平原君负韊[②]矢为公子先引[③]。赵王再拜曰："自古贤人未有及公子者也。"当此之时，平原君不敢自比于人。公子与侯生决，至军，侯生果北乡自刭。

魏王怒公子之盗其兵符矫杀晋鄙，公子亦自知也。已却秦存赵，使将将其军归魏，而公子独与客留赵。赵孝成王德[④]公子之矫夺晋鄙兵而存赵，乃与平原君计以五城封公子。公子闻之，意骄矜而有自功之色。客有说公子曰："物有不可忘，或有不可不忘。夫人有德于公子，公子不可忘也；公子有德于人，愿公子忘之也。且矫魏王令，夺晋鄙兵以救赵，于赵则有功矣，于魏则未为忠臣也。公子乃自骄而功之，窃为公子不取也。"于是公子立自责，似若无所容者[⑤]。赵王埽除自迎，执主人之礼，引公子就西阶。公子侧行辞让，从东阶上。自言罪过，以负于魏，无功于赵。赵王侍酒至暮，口不忍献五城，以公子退让也。公子竟留赵。赵王以鄗为公子汤沐邑[⑥]，魏亦复以信陵奉公子。公子留赵。

公子闻赵有处士毛公藏于博徒[⑦]，薛公藏于卖浆家[⑧]，公子欲见两人，两人自匿不肯见公子。公子闻所在，乃间步[⑨]往从此两人游，甚欢。平原君闻之，谓其夫人曰："始吾闻夫人弟公子天下无双，今吾闻之，乃妄从博徒卖浆者游，公子妄人耳。"夫人以告公子。公子乃谢夫人去，曰："始吾闻平原君贤，故负魏王而救赵，以称平原君。平原君之游，徒豪举耳，不求士也。无忌自在大梁时，常闻此两人贤，至赵，恐不得见。以无忌从之游，尚恐其不我欲也，今平原君乃以为羞，其不足从游。"乃装[⑩]为去。夫人具以语平原君。平原君乃免冠谢，固留公子。平原君门下闻之，半去平原君归公子，天下士复往归公子，公子倾[⑪]平原君客。

公子留赵十年不归。秦闻公子在赵，日夜出兵东伐魏。魏王患之，使使往请公子。公子恐其怒之，乃诫门下："有敢为魏王使通者，死。"宾客皆背魏之赵，莫敢劝公子归。毛公、薛公两人往见公子曰："公子所以重于赵，名闻诸侯者，徒以有魏也。今秦攻魏，魏急而公子不恤，使秦破大梁而夷[⑫]先王之宗庙，公子当何面目立天下乎？"语未及卒，公子立变色，告车趣[⑬]驾归救魏。

魏王见公子，相与泣，而以上将军印授公子，公子遂将。魏安釐王三十年，公子使使遍告诸侯。诸侯闻公子将，各遣将将兵救魏。公子率五国之兵破秦军于河外[⑭]，走蒙骜[⑮]。遂乘胜逐秦军至函谷关，抑秦兵，秦兵不敢出。当是时，公子威振天下，诸侯之客进兵法，公子皆名之，故世俗称《魏公子兵法》[⑯]。

注释

① 矫：假托。

② 韊（lán）：箭囊。

③ 先引：在前方引路。

④ 德：感激。

⑤ 无所容者：无地自容。

⑥ 鄗(hào)：地名，在今河北柏乡县北。汤沐邑：古代诸侯因要按时朝见天子，天子在京郊赐给他们一块土地，以供他们斋戒沐浴之开销费用，后逐渐变为供他们生活所需，或直接变为另占据的地盘。

⑦ 博徒：赌徒。

⑧ 卖浆家：卖酒之店。

⑨ 间步：悄悄地前往。

⑩ 装：收拾东西。

⑪ 倾：超过。

⑫ 夷：夷平。

⑬ 趣(cù)：通“促”，迅速，尽快。

⑭ 河外：黄河以南地区，今河南荥阳、郑州等地。

⑮ 走：赶走。蒙骜(ào)：秦国大将。

⑯《魏公子兵法》：兵书，《汉书·艺文志》“兵家类”有《魏公子兵法》二十一篇。

秦王患之，乃行金万斤于魏，求晋鄙客，令毁公子于魏王曰：“公子亡在外十年矣，今为魏将，诸侯将皆属，诸侯徒闻魏公子，不闻魏王。公子亦欲因此时定南面而王，诸侯畏公子之威，方欲共立之。”秦数使反间，伪[①]贺公子得立为魏王未也。魏王日闻其毁[②]，不能不信，后果使人代公子将。公子自知再以毁废，乃谢病不朝，与宾客为长夜饮，饮醇酒，多近妇女。日夜为乐饮者四岁，竟病酒而卒。其岁，魏安釐王亦薨。

秦闻公子死，使蒙骜攻魏，拔二十城，初置东郡[③]。其后秦稍蚕食魏，十八岁而虏魏王，屠大梁。

高祖始微少时[④]，数闻公子贤。及即天子位，每过大梁，常祠公子。高祖十二年，从击黥布[⑤]还，为公子置守冢[⑥]五家，世世岁以四时奉祠公子。

太史公曰：吾过大梁之墟，求问其所谓夷门。夷门者，城之东门也。天下诸公子亦有喜士者矣，然信陵君之接岩穴隐者[⑦]，不耻下交，有以也[⑧]。名冠诸侯，不虚耳。高祖每过之而令民奉祠不绝也。

注释

① 伪：假装。

② 毁：毁谤，此处指毁谤他的话。

③ 东郡：秦郡名，约相当于今河南东北部、河北东南部和山东西部地区，郡治濮阳，在今河南濮阳西南。

④ 高祖：汉高祖刘邦。微少时：指刘邦为平民时。

⑤ 黥(qíng)布：原名英布，因受黥刑而被称为“黥布”，秦末汉初名将，以功封淮南王，后因谋反被诛。

⑥ 守冢：看守坟墓。

⑦ 岩穴隐者：隐居在山间的隐士。

⑧ 有以也：许多人归附他，是有原因的。

评析

战国时期，有四位贵族因好养士而被称为“战国四公子”，他们分别是齐国的孟尝君田文、赵国的平原君赵胜、魏国的信陵君魏无忌和楚国的春申君黄歇。这四人中,信陵君魏无忌最受司马迁喜爱。明人茅坤《史记钞》曰:“信陵是太史公胸中得意人,故本传亦太史得意文。”其他三公子的传记皆以其封邑命名,如孟尝君之传为《孟尝君列传》,平原君为《平原君虞卿列传》,春申君为《春申君列传》,唯独信陵君的传记为《魏公子列传》。

司马迁之所以如此偏爱信陵君,是因为其他三位公子好士是为私,而信陵君好士却是为国。信陵君一生所做最为惊心动魄的事是窃符救赵与却秦存魏,这是他与其他三公子的本质区别。因此何焯《义门读书记》曰:“魏公子列传于四君之中,独书之曰魏公子者,以为国之存亡所系也。”司马迁对信陵君的急公好义、一心为国毫不吝啬地给予赞赏,一篇传记中称“公子”一百四十多次,真可谓无限唱叹,无限低徊。

《魏公子列传》分两个方面,分别叙述了信陵君的礼贤下士和侯嬴等人的士为知己者死:

其一是信陵君的礼贤下士。全篇通过多个故事体现信陵君爱士的特点,其中以礼待侯嬴的故事最为典型。司马迁选取了几个细节,如信陵君派遣车骑迎接侯嬴,亲为其执辔,侯嬴久与客语,而信陵君执辔愈加恭敬,并以他人的反应衬托信陵君态度之恭,“从骑皆窃骂侯生”,而信陵君的面色一直不变。薛公和毛公之事无疑也体现了信陵君的好客,司马迁特意将平原君作为反衬,“平原君之游,徒豪举耳,不求士也”,以突出魏公子的礼贤下士。李景星《史记评议》曰:“通篇以‘客’起,以‘客’结,最有照应。中间所叙之客,如侯生,如朱亥,如毛公、薛公,固卓卓可称;余如探赵阴事者,万端说魏王者,与百乘赴秦军者,斩如姬仇头者,说公子忘德者,背魏之赵者,进兵法者,亦皆随事见奇,相映成姿。盖魏公子一生大节在救赵却秦;成救赵却秦之功,全赖乎客。而所以得客之力,实本于公子之好客。故以好客为主,随路用客穿插,便成一篇绝妙佳文。”

其二为侯嬴等人的士为知己者死。侯嬴本为魏国的隐士,信陵君多次造访，他故意推托不见，以考验信陵君。经过多次考验后，侯嬴确定信陵君的诚意，便接受邀请。在“窃符救赵”一事中，侯嬴起到了关键作用。其时，秦在长平坑杀赵四十多万将士，赵国危在旦夕，侯嬴给出窃符救赵的主意，并力荐屠者朱亥，甚至以自杀的方式坚定魏公子行事的决心，充分体现了士为知己者死的精神。他人如朱亥、薛公和毛公，也都是司马迁所倾心歌颂的人物。

《廉颇蔺相如列传》

廉颇者，赵之良将也。赵惠文王十六年，廉颇为赵将伐齐，大破之，取阳晋[①]，拜为上卿，以勇气闻于诸侯。蔺相如者，赵人也，为赵宦者令缪贤舍人[②]。

赵惠文王时，得楚和氏璧。秦昭王闻之，使人遗赵王书，愿以十五城请易璧。赵王与大将军廉颇诸大臣谋：欲予秦，秦城恐不可得，徒见欺；欲勿予，即患秦兵之来。计未定，求人可使报秦者，未得。宦者令缪贤曰：“臣舍人蔺相如可使。”王问：“何以知之？”对曰：“臣尝有罪，窃计欲亡走燕，臣舍人相如止臣，曰：‘君何以知燕王？’臣语曰：‘臣尝从大王与燕王会境上，燕王私握臣手，曰“愿结友”。以此知之，故欲往。’相如谓臣曰：‘夫赵强而燕弱，而君幸于赵王，故燕王欲结于君。今君乃亡赵走燕，燕畏赵，其势必不敢留君，而束[③]君归赵矣。君不如肉袒伏斧质[④]请罪，则幸得脱矣。’臣从其计，大王亦幸赦臣。臣窃以为其人勇士，有智谋，宜可使。”于是王召见，问蔺相如曰：“秦王以十五城请易寡人之璧，可予不？”相如曰：“秦强而赵弱，不可不许。”王曰：“取吾璧，不予我城，奈何？”相如曰：“秦以城求璧而赵不许，曲[⑤]在赵。赵予璧而秦不予赵城，曲在秦。均[⑥]之二策，宁许以负秦曲。”王曰：“谁可使者？”相如曰：“王必无人，臣愿奉璧往使。

城入赵，而璧留秦；城不入，臣请完璧归赵。”赵王于是遂遣相如奉璧西入秦。

秦王坐章台见相如，相如奉璧奏秦王。秦王大喜，传以示美人及左右，左右皆呼万岁。相如视秦王无意偿赵城，乃前曰：“璧有瑕，请指示王。”王授璧，相如因持璧却[⑦]立，倚柱，怒发上冲冠，谓秦王曰：“大王欲得璧，使人发书至赵王，赵王悉召群臣议，皆曰秦贪，负其强，以空言求璧，偿城恐不可得。议不欲予秦璧。臣以为布衣之交尚不相欺，况大国乎！且以一璧之故逆强秦之欢，不可。于是赵王乃斋戒[⑧]五日，使臣奉璧，拜送书于庭。何者？严大国之威以修敬[⑨]也。今臣至，大王见臣列观[⑩]，礼节甚倨；得璧，传之美人，以戏弄臣。臣观大王无意偿赵王城邑，故臣复取璧。大王必欲急臣，臣头今与璧俱碎于柱矣！”相如持其璧睨柱，欲以击柱。秦王恐其破璧，乃辞谢固请，召有司案图[⑪]，指从此以往十五都予赵。相如度秦王特以诈详[⑫]为予赵城，实不可得，乃谓秦王曰：“和氏璧，天下所共传宝也，赵王恐，不敢不献。赵王送璧时，斋戒五日，今大王亦宜斋戒五日，设九宾于廷[⑬]，臣乃敢上璧。”秦王度之，终不可强夺，遂许斋五日，舍相如广成传[⑭]。相如度秦王虽斋，决负约不偿城，乃使其从者衣褐，怀其璧，从径道[⑮]亡，归璧于赵。

秦王斋五日后，乃设九宾礼于廷，引赵使者蔺相如。相如至，谓秦王曰：“秦自缪公以来二十余君，未尝有坚明约束[⑯]者也。臣诚恐见欺于王而负赵，故令人持璧归，间至赵矣。且秦强而赵弱，大王遣一介之使至赵，赵立奉璧来。今以秦之强而先割十五都予赵，赵岂敢留璧而得罪于大王乎？臣知欺大王之罪当诛，臣请就汤镬[⑰]，唯大王与群臣孰计议之。”秦王与群臣相视而嘻[⑱]。左右或欲引相如去，秦王因曰：“今杀相如，终不能得璧也，而绝秦赵之欢，不如因而厚遇之，使归赵，赵王岂以一璧之故欺秦邪！”卒廷见相如，毕礼而归之。

相如既归，赵王以为贤大夫使不辱于诸侯，拜相如为上大夫。秦亦不以城予赵，赵亦终不予秦璧。

注释

① 阳晋：古邑名，战国时先后属卫、齐，在今山东郓城县西。

② 宦者令：宦官的首领。舍人：门客。

③ 束：捆住。

④ 肉袒：光着上身。伏斧质：背着斧头。

⑤ 曲：理亏。

⑥ 均：比较。

⑦ 却：退却。

⑧ 斋戒：古人为对某事表示虔敬而做出的姿态，如沐浴、吃素等。

⑨ 修敬：表示敬意。

⑩ 列观：指非在朝廷，而在一般的台观。

⑪ 案图：查看地图。

⑫ 详：通“佯”，假装。

⑬ 九宾：接待宾客的最高礼仪。

⑭ 广成传：广成是传舍之名，传即传舍，相当于今天的宾馆。

⑮ 径道：小路。

⑯ 坚明：坚定明确地遵守。约束：条约。

⑰ 汤镬（huò）：煮着沸水的大锅，古代烹人的刑具。

⑱ 嘻：惊怪之声。

其后秦伐赵，拔石城。明年，复攻赵，杀二万人。

秦王使使者告赵王，欲与王为好会于西河外渑池[①]。赵王畏秦，欲毋行。廉颇、蔺相如计曰："王不行，示赵弱且怯也。"赵王遂行，相如从。廉颇送至境，与王诀曰："王行，度[②]道里会遇之礼毕，还，不过三十日。三十日不还，则请立太子为王，以绝秦望。"王许之，遂与秦王会渑池。秦王饮酒酣，曰："寡人窃闻赵王好音，请奏瑟。"赵王鼓瑟。秦御史[③]前书曰"某年月日，秦王与赵王会饮，令赵王鼓瑟"。蔺相如前曰："赵王窃闻秦王善为秦声，请奏盆缶[④]秦王，以相娱乐。"秦王怒，不许。于是相如前进缶，因跪请秦王。秦王不肯击缶。相如曰："五步之内，相如请得以颈血溅大王矣！"左右欲刃相如，相如张目叱之，左右皆靡[⑤]。于是秦王不怿[⑥]，为一击缶。相如顾召赵御史书曰"某年月日，秦王为赵王击缶"。秦之群臣曰："请以赵十五城为秦王寿。"蔺相如亦曰："请以秦之咸阳为赵王寿。"秦王竟酒[⑦]，终不能加胜于赵。赵亦盛设兵以待秦，秦不敢动。

既罢归国，以相如功大，拜为上卿，位在廉颇之右[⑧]。廉颇曰："我为赵将，有攻城野战之大功，而蔺相如徒以口舌为劳，而位居我上，且相如素贱人，吾羞，不忍为之下。"宣言曰："我见相如，必辱之。"相如闻，不肯与会。相如每朝时，常称病，不欲与廉颇争列。已而相如出，望见廉颇，相如引车避匿[⑨]。于是舍人相与谏曰："臣所以去亲戚而事君者，徒慕君之高义也。今君与廉颇同列，廉君宣恶言而君畏匿之，恐惧殊甚，且庸人尚羞之，况于将相乎！臣等不肖，请辞去。"蔺相如固止之，曰："公之视廉将军孰与秦王？"曰："不若也。"相如曰："夫以秦王之威，而相如廷叱之，辱其群臣，相如虽驽[⑩]，独畏廉将军哉？顾吾念之，强秦之所以不敢加兵于赵者，徒以吾两人在也。今两虎共斗，其势不俱生。吾所以为此者，以先国家之急而后私仇也。"廉颇闻之，肉袒负荆[⑪]，因宾客至蔺相如门谢罪。曰："鄙贱之人，不知将军宽之至此也。"卒相与欢，为刎颈之交。

是岁，廉颇东攻齐，破其一军。居二年，廉颇复伐齐几⑫，拔之。后三年，廉颇攻魏之防陵、安阳⑬，拔之。后四年，蔺相如将而攻齐，至平邑⑭而罢。其明年，赵奢破秦军阏与⑮下。

注释

① 西河外：河外地区的西部，河外指黄河以南。渑池：地名，在今河南渑池县西，此时为秦所有。

② 度：估算。

③ 御史：掌管图书文籍的史官。

④ 缶（fǒu）：一种打击乐器。

⑤ 靡：伏倒，此处指左右之人皆退。

⑥ 怿：悦。

⑦ 竟酒：直到宴会结束。

⑧ 右：古代以右为尊，指蔺相如位在廉颇上。

⑨ 避匿：躲避隐藏起来。

⑩ 驽：本指劣马，此处指人的才能低下。

⑪ 肉袒负荆：裸露肩背，背着荆条，意谓承认错误，愿受责罚。

⑫ 几：地名，在今河北大名县东南。

⑬ 防陵、安阳：地名，均在今河南安阳西南。

⑭ 平邑：地名，在今河南南乐县东北。

⑮ 阏与（yù yǔ）：地名，故址在今山西和顺县。

赵奢者，赵之田部吏①也。收租税，而平原君家不肯出。赵奢以法治之，杀平原君用事者九人。平原君怒，将杀奢。奢因说曰："君于赵为贵公子，今纵君家而不奉公则法削[2]，法削则国弱，国弱则诸侯加兵，诸侯加兵是无赵也，君安得有此富乎？以君之贵，奉公如法则上下平，上下平则国强，国强则赵固，而君为贵戚，岂轻于天下邪?”平原君以为贤，言之于王。王用之治国赋[3]，国赋大平，民富而府库实。

秦伐韩，军于阏与。王召廉颇而问曰：“可救不?”对曰：“道远险狭，难救。”又召乐乘[4]而问焉，乐乘对如廉颇言。又召问赵奢，奢对曰：“其道远险狭，譬之犹两鼠斗于穴中，将勇者胜。”王乃令赵奢将，救之。

兵去邯郸三十里，而令军中曰：“有以军事谏者死。”秦军军武安[5]西，秦军鼓噪勒兵[6]，武安屋瓦尽振。军中候[7]有一人言急救武安，赵奢立斩之。坚壁[8]，留二十八日不行，复益增垒。秦间来入，赵奢善食而遣之。间以报秦将，秦将大喜曰：“夫去国三十里而军不行，乃增垒，阏与非赵地也。”赵奢既已遣秦间，乃卷甲而趋之[9]，二日一夜至，令善射者去阏与五十里而军。军垒成，秦人闻之，悉甲而至。军士许历请以军事谏，赵奢曰：“内之。”许历曰：“秦人不意赵师至此，其来气盛，将军必厚集其阵以待之。不然，必败。”赵奢曰：“请受令。”许历曰：“请就铁质[10]之诛。”赵奢曰：“胥后令邯郸[11]。”许历复请谏，曰：“先据北山上者胜，后至者败。”赵奢许诺，即发万人趋之。秦兵后至，争山，不得上，赵奢纵兵击之，大破秦军。秦军解而走，遂解阏与之围而归。

赵惠文王赐奢号为马服[12]君，以许历为国尉[13]。赵奢于是与廉颇、蔺相如同位。后四年，赵惠文王卒，子孝成王立。七年，秦与赵兵相距长平，时赵奢已死，而蔺相如病笃，赵使廉颇将攻秦，秦数败赵军，赵军固壁不战。秦数挑战，廉颇不肯。赵王信秦之间[14]。秦之间言曰：“秦之所恶，独畏马服君赵奢之子赵括为将耳。”赵王因以括为将，代廉颇。蔺相如曰：“王以名使括，若胶柱而鼓瑟耳[15]。括徒能读其父书传，不知合变[16]也。”赵王不听，遂将之。

注释

① 田部吏：征收田赋的官吏。

② 法削：法制被削弱。

③ 治：管理。国赋：全国的赋税。

④ 乐乘：乐毅的族人，时为赵将。

⑤ 武安：地名，在今河北武安西南。

⑥ 鼓噪：擂鼓叫嚷。勒兵：操练军队。

⑦ 候：探知敌情的士兵。

⑧ 壁：壁垒。

⑨ 卷甲：脱下铠甲卷起来。趋：奔袭。

⑩ 铁质：杀人的刑具。

⑪ 胥：通“须”，等待。此句意为：等待邯郸处国君的命令，暂时不杀。

⑫ 马服：马服山，在邯郸西北十里。

⑬ 国尉：军官名，地位较将军低。

⑭ 间：离间计。

⑮ 以：因为。名：名声。胶柱而鼓瑟：鼓瑟的人用胶把系弦的柱子胶死再也无法调整弦的松紧，形容赵括不知变通。

⑯ 合变：随机应变。

赵括自少时学兵法，言兵事，以天下莫能当。尝与其父奢言兵事，奢不能难[①]，然不谓善。括母问奢其故，奢曰：“兵，死地[②]也，而括易言之。使赵不将括即已，若必将之，破赵军者必括也。”及括将行，其母上书言于王曰：“括不可使将。”王曰：“何以？”对曰：“始妾事其父，时为将，身所奉饭饮而进食者以十数，所友者以百数，大王及宗室所赏赐者尽以予军吏士大夫，受命之日，不问家事。今括一旦为将，东向而朝[③]，军吏无敢仰视之者，王所赐金帛，归藏于家，而日视便利田宅可买者买之。王以为何如其父？父子异心，愿王勿遣。”王曰：“母置[④]之，吾已决矣。”括母因曰：“王终遣之，即有如不称，妾得无随坐[⑤]乎？”王许诺。

赵括既代廉颇，悉更约束[⑥]，易置军吏。秦将白起闻之，纵奇兵，详败走，而绝其粮道，分断其军为二，士卒离心。四十余日，军饿，赵括出锐卒自搏战，秦军射杀赵括。括军败，数十万之众遂降秦，秦悉坑[⑦]之。赵前后所亡凡四十五万。明年，秦兵遂围邯郸，岁余，几不得脱。赖楚、魏诸侯来救，乃得解邯郸之围。赵王亦以括母先言，竟不诛也。

自邯郸围解五年，而燕用栗腹[⑧]之谋，曰“赵壮者尽于长平，其孤未壮”，举兵击赵。赵使廉颇将，击，大破燕军于鄗，杀栗腹，遂围燕。燕割五城请和，乃听之。赵以尉文封廉颇为信平君[⑨]，为假相国[⑩]。

廉颇之免长平归也，失势之时，故客尽去。及复用为将，客又复至。廉颇曰：“客退矣！”客曰：“吁！君何见之晚也？夫天下以市道[⑪]交，君有势，我则从君，君无势则去，此固其理也，有何怨乎？”居六年，赵使廉颇伐魏之繁阳[⑫]，拔之。

赵孝成王卒，子悼襄王立，使乐乘代廉颇。廉颇怒，攻乐乘，乐乘走。廉颇遂奔魏之大梁。其明年，赵乃以李牧为将而攻燕，拔武遂、方城。

廉颇居梁久之，魏不能信用。赵以数困于秦兵，赵王思复得廉颇，廉颇亦思复用于赵。赵王使使者视廉颇尚可用否。廉颇之仇郭开多与使者金，令毁之。赵使者既见廉颇，廉颇为之一饭斗米[⑬]，肉十斤，被甲上马，以示尚可用。赵使还报王曰：“廉将军虽老，尚善饭，然与臣坐，顷之三遗矢[⑭]矣。”赵王以为老，遂不召。

楚闻廉颇在魏，阴使人迎之。廉颇一为楚将，无功，曰：“我思用赵人。”廉颇卒死于寿春⑮。

注释

① 不能难：说不过。

② 死地：关乎人生死的事情。

③ 东向而朝：面朝东接受部下参见，言其妄自尊大。

④ 置：放下。

⑤ 即：假如。不称：不称职，打败仗。随坐：牵连。

⑥ 更：更改。约束：规定。

⑦ 坑：坑杀。

⑧ 栗腹：燕国国相。

⑨ 信平君：廉颇的封号。

⑩ 假相国：挂名相国，荣誉虚衔。

⑪ 市道：做买卖的原则。

⑫ 繁阳：地名，在今河南内黄县西北。

⑬ 斗米：一斗米，约相当于今之二升。

⑭ 顷之：一会儿。矢：通“屎”。此句意为：一会儿的工夫就排便三次。指廉颇已老，不能胜任领军之职。

⑮ 寿春：寿县古名，在今安徽寿县，为楚国东迁后的都城。

李牧者，赵之北边良将也。常居代雁门①，备匈奴。以便宜置②吏，市租皆输入莫府③，为士卒费。日击数牛飨士，习射骑，谨烽火，多间谍，厚遇战士。为约曰：“匈奴即入盗，急入收保④，有敢捕虏者斩。”匈奴每入，烽火谨，辄入收保，不敢战。如是数岁，亦不亡失。然匈奴以李牧为怯，虽赵边兵亦以为吾将怯。赵王让李牧，李牧如故。赵王怒，召之，使他人代将。

岁余，匈奴每来，出战。出战，数不利，失亡多，边不得田畜。复请李牧。牧杜门[⑤]不出，固[⑥]称疾。赵王乃复强起使将兵。牧曰："王必用臣，臣如前，乃敢奉令。"王许之。

李牧至，如故约。匈奴数岁无所得。终以为怯。边士日得赏赐而不用，皆愿一战。于是乃具选车得千三百乘，选骑得万三千匹，百金之士[⑦]五万人，彀者[⑧]十万人，悉勒习战。大纵畜牧，人民满野。匈奴小入，详北不胜，以数千人委[⑨]之。单于闻之，大率众来入。李牧多为奇陈[⑩]，张左右翼击之，大破杀匈奴十余万骑。灭襜褴，破东胡，降林胡[⑪]，单于奔走。其后十余岁，匈奴不敢近赵边城。

赵悼襄王元年，廉颇既亡入魏，赵使李牧攻燕，拔武遂、方城。居二年，庞煖破燕军，杀剧辛[⑫]。后七年，秦破杀赵将扈辄于武遂[⑬]，斩首十万。赵乃以李牧为大将军，击秦军于宜安[⑭]，大破秦军，走秦将桓齮[⑮]。封李牧为武安君。居三年，秦攻番吾[⑯]，李牧击破秦军，南距韩、魏。

赵王迁七年，秦使王翦攻赵，赵使李牧、司马尚御之。秦多与赵王宠臣郭开金，为反间，言李牧、司马尚欲反。赵王乃使赵葱及齐将颜聚代李牧。李牧不受命，赵使人微[⑰]捕得李牧，斩之。废司马尚。后三月，王翦因急击赵，大破杀赵葱，虏赵王迁及其将颜聚，遂灭赵。

太史公曰：知死必勇，非死者难也，处死者难。[⑱]方蔺相如引璧睨柱，及叱[⑲]秦王左右，势不过诛，然士或怯懦而不敢发。相如一奋其气，威信敌国，退而让颇，名重太山[⑳]，其处智勇，可谓兼之矣！

注释

① 代：古郡名，赵武灵王所置，郡治在今河北蔚县代王城。雁门：赵郡名，约

相当于大同以西的山西北部地区，郡治在善无，即今山西右玉县。

② 便宜：实际需要。置：任命。

③ 莫府：幕府，将军办公的帐篷。

④ 急入收保：迅速退入工事，守住城堡。

⑤ 杜门：闭门。

⑥ 固：坚持。

⑦ 百金之士：曾获百金之赏的勇士。

⑧ 彀(gòu)者：能弯弓射箭的人。

⑨ 委：给。

⑩ 陈：通“阵”，疑兵。

⑪ 襜褴(chān lán)：活动在代郡以北的少数民族。东胡：活动在辽宁西部、内蒙古东部的少数民族。林胡：活动在内蒙古鄂尔多斯东胜区一带的少数民族。

⑫ 庞煖(xuān)：赵将，事迹见《赵世家》。剧辛：燕国将领。

⑬ 扈辄：赵将名。武遂：钱大昕认为是“武城”，地名，在今河北磁县西南。

⑭ 宜安：地名，在今河北石家庄藁城区西南。

⑮ 桓齮(yǐ)：秦国将领。

⑯ 番(pó)吾：地名，在今河北平山县南。

⑰ 微：暗中。

⑱ 此句意为：一个人如果知道将死，那他就会勇敢起来，所以一个人能豁出去死并不难，难的是如何处理好要不要死这件事。

⑲ 叱：呵斥。

⑳ 太山：泰山。

评析

《廉颇蔺相如列传》虽以廉颇、蔺相如二人为列传之名，但实际上还记载了赵奢和李牧的事迹。明人茅坤《史记钞》曰："两人为一传，中复附赵奢，已而复缀李牧，合为四人传，须详太史公次四人线索，才知赵之兴亡矣。"本篇既是对赵国四位大将事迹的记录，又可看作赵国的兴亡史。

蔺相如是本篇的重点描写对象。文中通过"完璧归赵"和"渑池之会"两个故事来体现蔺相如的英勇机智，细节刻画形象生动。如秦王得璧后，不欲归还，蔺相如以璧有瑕疵为借口拿回和氏璧，其后"持璧却立，倚柱，怒发上冲冠"，句式参差，"持""立""倚""冲"等动词准确生动，蔺相如的英勇之姿宛在目前；又如"渑池之会"，秦王先是令赵王鼓瑟以侮辱赵国，蔺相如进缶，并威胁秦王："五步之内，相如请得以颈血溅大王矣！"威胁之音，神勇之气，凛然生动。凌稚隆《史记评林》曰："相如渑池之会，如请秦王击缶，如召赵御史书，如请咸阳为寿，一一与之相匹，无纤毫挫于秦，一时勇敢之气，真足以褫秦人之魄者，太史公每于此等处，更著精神。"

本篇还通过"负荆请罪"的故事，对蔺相如的先公后私以及廉颇的知过能改作了形象的刻画。廉颇为赵国的大将，功勋卓著，因不满蔺相如以口舌之辩而位在其上，几欲羞辱蔺相如，蔺相如则故意称病，避开廉颇。后蔺相如借舍人责问之机讲出一个道理：秦之所以不敢攻赵，是因为廉颇和蔺相如二人在位，如果两人内斗，会极大地损伤赵国的实力，危害国家的安全。廉颇听后，立刻负荆请罪，二人重归于好。黄震《黄氏日钞》曰："蔺相如庭辱秦之君，而引车避廉颇；廉颇以勇气闻诸侯，而肉袒谢相如，先公后私，分弃前憾，皆烈丈夫也。"

本篇还说明了一个事实：国君如果信任贤臣，国家就会兴盛强大；如果不信贤臣，国家就会衰亡。赵惠文王重用廉颇和蔺相如等人，秦的阴谋屡被破坏。赵惠文王去世后，其子赵孝成王即位，听信秦的反间计，重用赵括，以致长平之败，赵国被坑杀四十余万将士，从此一蹶不振。赵王迁时，秦再用反间计，名将李牧被杀，赵因此灭国。

第四编
诸 子 百 家

《孔子世家》

孔子生鲁昌平乡陬邑[①]。其先宋人也,曰孔防叔。防叔生伯夏,伯夏生叔梁纥[②]。纥与颜氏女野合[③]而生孔子,祷于尼丘[④]得孔子。鲁襄公二十二年而孔子生。生而首上圩顶[⑤],故因名曰丘云。[⑥]字仲[⑦]尼,姓孔氏。

丘生而叔梁纥死,葬于防山[⑧]。防山在鲁东,由是孔子疑其父墓处,母讳[⑨]之也。孔子为儿嬉戏,常陈俎豆,设礼容[⑩]。孔子母死,乃殡五父之衢[⑪],盖其慎也[⑫]。陬人輓父之母诲[⑬]孔子父墓,然后往合葬于防焉。

孔子要绖[⑭],季氏飨士[⑮],孔子与往。阳虎绌[⑯]曰:"季氏飨士,非敢飨子也。"孔子由是退。

注释

① 昌平乡陬(zōu)邑:今山东曲阜附近的陬村。

② 叔梁纥(hé):孔子父亲。

③ 野合:未经婚嫁而生子。

④ 尼丘:尼山,在今山东曲阜东南。祷:祈祷。

⑤ 圩(wéi):水田周边的田埂。此句意为:孔子头顶中间凹陷而周边高,像田圩。

⑥ 孔子头顶类似尼丘山,也可能因为在尼丘祈祷后所生,因此其被命名为丘。

⑦ 仲:在家中排行第二的。

⑧ 防山:又名笔架山,在今山东曲阜东。

⑨ 讳:隐瞒。

⑩ 俎(zǔ):几案,用于放牛羊等祭祀用品。豆:高足盆,用于放带汁的祭品。

设礼容：模仿祭祀礼仪。

⑪ 殡：出殡。五父之衢(qú)：曲阜城的街道名。

⑫ 盖：表推测，大概。此句意为：孔子不知其父葬处，所以临时将其母安葬在五父之衢，这大概是因为谨慎的缘故。

⑬ 輓父：人名。诲：告知。

⑭ 要：通“腰”。绖(dié)：白布带。孔子时为母守孝。

⑮ 季氏：季孙氏，与孟孙氏、叔孙氏世代掌管鲁国政权，此处指季武子。飨(xiǎng)士：用食物招待士人。

⑯ 阳虎：季氏家臣。绌：斥退。

孔子年十七，鲁大夫孟釐子[①]病且死，诫其嗣懿子[②]曰：“孔丘，圣人之后，灭于宋[③]。其祖弗父何[④]始有宋而嗣让厉公。及正考父佐戴、武、宣公[⑤]，三命兹益恭[⑥]，故鼎铭[⑦]云：‘一命而偻，再命而伛，三命而俯[⑧]，循墙而走[⑨]，亦莫敢余侮[⑩]。饘于是，粥于是，以糊余口。[⑪]’其恭如是。吾闻圣人之后，虽不当世，必有达者。今孔丘年少好礼，其达者欤？吾即没，若[⑫]必师之。”及釐子卒，懿子与鲁人南宫敬叔[⑬]往学礼焉。是岁，季武子卒，平子[⑭]代立。

孔子贫且贱。及长，尝为季氏史[⑮]，料量平[⑯]；尝为司职吏[⑰]而畜蕃息。由是为司空。已而去鲁，斥乎齐，逐乎宋、卫，困于陈蔡之间，于是反鲁。[⑱]孔子长九尺有[⑲]六寸，人皆谓之“长人”而异之。鲁复善待，由是反鲁。

注释

① 孟釐子：即孟孙氏。鲁国三大贵族分别为季孙氏、孟孙氏和叔孙氏，三人同出于鲁桓公，因此被称为“三桓”。

② 嗣：嫡长子，继承人。懿(yì)子：孟懿子。

③ 灭于宋：孔子六世祖孔父嘉被宋国华督所杀，其子奔鲁。

④ 弗父何：孔父嘉的高祖，宋闵公长子，宋厉公之兄，让位给厉公。

⑤ 正考父：弗父何的曾孙。戴、武、宣公：分别为宋戴公、宋武公和宋宣公。

⑥ 三命：一命为士，二命为大夫，三命为卿，指官职越做越大。兹：通“滋”，越发。益：更加。此句意为：正考父官职升到卿位，但姿态却越来越恭敬。

⑦ 鼎铭：正考父鼎上的铭文。

⑧ 偻(lǚ)：躬身弯腰。伛(yǔ)：弯腰，较偻更低。俯：弯腰，较伛更低。

⑨ 循：沿着。循墙而走：沿着墙根行走，不敢走在大道上，以表示谨慎。

⑩ 莫敢余侮：宾语前置，不敢轻侮他。

⑪ 饘(zhān)：浓稠的粥。糊(hú)：吃。此句意为：用这个鼎来煮粥吃。

⑫ 若：你。

⑬ 南宫敬叔：孔子弟子。

⑭ 平子：季平子，季武子之孙。

⑮ 尝：曾经。季氏史：看管季氏仓库的小吏。

⑯ 料量平：粮食计算精确。

⑰ 司职吏：管理牲畜的小吏。

⑱ 这句话讲的是孔子今后数十年的经历，司马迁误将其插入此处。

⑲ 有：通“又”。周朝的一尺相当于今天的六寸，九尺六寸约等于1.9米。

鲁南宫敬叔言鲁君曰：“请与孔子适[①]周。”鲁君与之一乘车，两马，一竖子俱[②]，适周问礼，盖见老子云。辞去，而老子送之曰：“吾闻富贵者送人以财，仁人者送人以言。吾不能富贵，窃仁人之号，送子以言，曰：‘聪明深察而近于死者，好议人者也。[③]博辩广大危其身者，发人之恶者也。[④]为人子者毋以有己，为人臣者毋以有己。[⑤]’”孔子自周反于鲁，弟子稍益进[⑥]焉。

是时也，晋平公淫，六卿擅权，东伐诸侯；楚灵王兵强，陵轹中国[⑦]；齐大而近于鲁。鲁小弱，附于楚则晋怒；附于晋则楚来伐；不备[⑧]于齐，齐师侵鲁。

鲁昭公之二十年，而孔子盖年三十矣。齐景公与晏婴来适鲁，景公问孔子曰："昔秦穆公国小处辟[⑨]，其霸何也？"对曰："秦，国虽小，其志大；处虽辟，行中正。身举五羖，爵之大夫，起累绁[⑩]之中，与语三日，授之以政。以此取之，虽王可也，其霸小矣。"景公说。

孔子年三十五，而季平子与郈昭伯[⑪]以斗鸡故得罪鲁昭公，昭公率师击平子，平子与孟氏、叔孙氏三家共攻昭公，昭公师败，奔于齐，齐处昭公乾侯[⑫]。其后顷之，鲁乱。孔子适齐，为高昭子[⑬]家臣，欲以通[⑭]乎景公。与齐太师语乐，闻《韶》[⑮]音，学之，三月不知肉味[⑯]，齐人称之。

注释

① 适：前往。

② 竖子：僮仆。俱：一块。

③ 此句意为：那些聪明喜好究根问底的人容易死亡，因为他们喜好议论别人。

④ 此句意为：那些学识渊博能言善辩的人之所以常给自身带来危险，因为他们好揭露别人的丑恶。

⑤ 此句意为：做人子的不要在父母面前显示自己的存在，做臣子的人不要在君主面前显示自身的存在。

⑥ 稍：逐渐。进：增多。

⑦ 陵轹(lì)：侵陵。中国：中原各诸侯国。

⑧ 备：防备。

⑨ 辟：通“僻”，偏僻。

⑩ 累绁(léi xiè)：囚犯披戴的绳套枷锁。

⑪ 郈(hòu)昭伯：鲁国大夫。

⑫ 乾侯：地名，在今河北成安东南。

⑬ 高昭子：齐国大夫。

⑭ 通：通达，接近。

⑮《韶》：相传为舜时的乐曲。

⑯ 三月不知肉味：指孔子专心学习，心无旁骛。

景公问政孔子，孔子曰：“君君，臣臣，父父，子子。”[①]景公曰：“善哉！信如君不君，臣不臣，父不父，子不子，虽有粟，吾岂得而食诸！[②]”他日又复问政于孔子，孔子曰：“政在节财。”景公说，将欲以尼谿[③]田封孔子。晏婴进曰：“夫儒者滑稽而不可轨法[④]；倨傲[⑤]自顺，不可以为下；崇丧遂哀，破产厚葬，不可以为俗；游说乞贷[⑥]，不可以为国。自大贤之息，周室既衰，礼乐缺有间[⑦]。今孔子盛容饰[⑧]，繁登降之礼，趋详之节[⑨]，累世不能殚其学，当年不能究其礼[⑩]。君欲用之以移齐俗，非所以先细民[⑪]也。”后，景公敬见孔子，不问其礼。异日[⑫]，景公止[⑬]孔子曰：“奉子以季氏，吾不能[⑭]，以季孟之间待之[⑮]。”齐大夫欲害孔子，孔子闻之。景公曰：“吾老矣，弗能用也。”孔子遂行，反乎鲁。

注释

① 此句意为：君主要像君主，臣子要像臣子，父亲要像父亲，子女要像子女，

即每个人要严守自己的等级地位。

② 虽有粟,吾岂得而食诸:即使有粮食,我还能吃得上吗?

③ 尼谿:齐国地名。

④ 滑稽:言辞变化多端,颠倒黑白。不可轨法:不可以视为法则遵行。

⑤ 倨傲:骄傲自大。

⑥ 乞贷:乞求金钱官职。

⑦ 间:空隙。此句意为:那些大贤去世后,周王朝日渐衰微,礼乐残缺已经有一些年了。

⑧ 盛容饰:打扮成讲究礼仪的样子。

⑨ 登降:登堂下阶。趋详:行走。

⑩ 累世:几辈子。殚:尽。当年:当世。究:精通。

⑪ 先:引导。细民:平民百姓。

⑫ 异日:他日。

⑬ 止:挽留。

⑭ 此句意为:我不能像鲁国对待季氏那样对待您。季氏为鲁国的正卿。

⑮ 此句意为:用低于季氏、高于孟氏的待遇对待您。

孔子年四十二,鲁昭公卒于乾侯,定公[①]立。定公立五年,夏,季平子卒,桓子嗣立[②]。季桓子穿井得土缶[③],中若[④]羊,问仲尼,云得狗。仲尼曰:"以丘所闻,羊也。丘闻之,木石之怪夔、罔阆,水之怪龙、罔象,土之怪坟羊[⑤]。"

吴伐越,堕会稽[⑥],得骨节专车[⑦]。吴使使问仲尼:"骨何者最大?"仲尼曰:"禹致群神[⑧]于会稽山,防风氏[⑨]后至,禹杀而戮之,其节专车,此为大矣。"吴客曰:"谁为神?"仲尼曰:"山川之神,足以纲纪[⑩]天下,其守为神,社稷为公侯,皆属于王者。"客曰:"防风何守?"仲尼曰:"汪罔氏之君守封、禺之山[11]，为釐姓。在虞、夏、商为汪罔，于周为长翟，今谓之大人。”客曰：“人长几何?”仲尼曰：“僬侥氏三尺[12]，短之至也。长者不过十之[13]，数之极也。”于是吴客曰：“善哉圣人!”

桓子嬖臣[14]曰仲梁怀，与阳虎有隙[15]。阳虎欲逐怀，公山不狃[16]止之。其秋，怀益骄，阳虎执怀。桓子怒，阳虎因囚桓子，与盟而醳[17]之。阳虎由此益轻季氏。季氏亦僭于公室[18]，陪臣[19]执国政，是以鲁自大夫以下皆僭离于正道[20]。故孔子不仕，退而修诗书礼乐，弟子弥众，至自远方，莫不受业[21]焉。

定公八年，公山不狃不得意于季氏，因[22]阳虎为乱，欲废三桓之适[23]，更立其庶孽[24]阳虎素所善者，遂执季桓子。桓子诈之，得脱。定公九年，阳虎不胜，奔于齐。是时孔子年五十。

公山不狃以费[25]畔季氏，使人召孔子。孔子循道[26]弥久，温温无所试[27]，莫能己用[28]，曰：“盖周文武起丰镐[29]而王，今费虽小，傥庶几乎[30]!”欲往。子路不说，止孔子。孔子曰：“夫召我者岂徒[31]哉?如用我，其为东周乎[32]!”然亦卒不行。

其后定公以孔子为中都宰[33]，一年，四方皆则之。由中都宰为司空，由司空为大司寇[34]。

注释

① 定公：鲁定公，鲁昭公之弟。

② 桓子：季平子之子。嗣立：继承其父上卿之位。

③ 土缶：土块。

④ 若：像。

⑤ 夔(kuí)：一足兽，类人。罔阆(wǎng láng)：通“魍魉”，山精。罔象：一种

食人怪兽。坟羊：土怪。此句意为：森林高山中的怪物是夔和山精，水中的怪物是龙和罔象，土中的怪物是坟羊。

⑥ 堕(huī)：通“隳”，毁坏。会稽：地名，春秋时期越国的都城，在今浙江绍兴。

⑦ 专车：像车子那么大。

⑧ 致：召集。群神：各地诸侯。

⑨ 防风氏：古代部落名，此处指部落首领。

⑩ 纲纪：统领。

⑪ 汪罔氏：古代部落名。封、禺之山：在今浙江德清县西南。

⑫ 僬侥(jiāo yáo)氏：传说中的小人国。三尺：约为今天的70厘米。

⑬ 十之：十倍。

⑭ 嬖臣：男宠。

⑮ 阳虎：季氏家臣。隙：矛盾。

⑯ 公山不狃(niǔ)：季氏家臣。

⑰ 醳(yì)：通“释”，释放。

⑱ 僭：僭越。公室：鲁国宗室。

⑲ 陪臣：诸侯国的卿大夫对诸侯称臣，对周天子称“陪臣”。

⑳ 正道：传统的礼仪秩序。

㉑ 受业：接受教育。

㉒ 因：借助。

㉓ 适：通“嫡”，嫡长子。

㉔ 庶孽：庶子。

㉕ 费(bì)：鲁邑名，在今山东费县西南，属季氏管辖。

㉖ 循道：遵循先王之道。

㉗ 温温：郁闷。无所试：无处施展才能。

㉘ 莫能己用：宾语前置，没有人重用自己。

㉙ 丰：周文王建都于此，在今陕西西安西北。镐：周武王建都于此，在今陕西西安西。

㉚ 傥（tǎng）：或许。庶几：差不多。

㉛ 徒：平白地，没有目的地。

㉜ 其为东周乎：我将在东方建立起周王朝。

㉝ 中都：鲁国邑名，在今山东汶上县西。宰：行政长官。

㉞ 大司寇：负责诉讼司法的最高长官。

定公十年春，及齐平。夏，齐大夫黎鉏[①]言于景公曰："鲁用孔丘，其势危齐。"乃使使告鲁为好会，会于夹谷[②]。鲁定公且以乘车好往[③]。孔子摄[④]相事，曰："臣闻有文事者必有武备，有武事者必有文备。古者诸侯出疆，必具[⑤]官以从。请具左右司马[⑥]。"定公曰："诺。"具左右司马。会齐侯夹谷，为坛位[⑦]，土阶三等[⑧]，以会遇之礼[⑨]相见，揖让[⑩]而登。献酬[⑪]之礼毕，齐有司趋[⑫]而进曰："请奏四方之乐[⑬]。"景公曰："诺。"于是旍旄羽袚矛戟剑拨鼓噪而至[⑭]。孔子趋而进，历阶[⑮]而登，不尽一等[⑯]，举袂[⑰]而言曰："吾两君为好会，夷狄之乐何为于此！请命有司！"有司却[⑱]之，不去，则左右视晏子与景公。景公心怍[⑲]，麾[⑳]而去之。有顷，齐有司趋而进曰："请奏宫中之乐。"景公曰："诺。"优倡侏儒为戏而前。[㉑]孔子趋而进，历阶而登，不尽一等，曰："匹夫而营惑[㉒]诸侯者罪当诛！请命有司！"有司加法焉，手足异处。景公惧而动，知义不若[㉓]，归而大恐，告其群臣曰："鲁以君子之道辅其君，而子独以夷狄之道教寡人，使得罪于鲁君，为之奈何[㉔]？"有司进对曰："君子有过则谢以质，小人有过则谢以文[㉕]。君若悼之，则谢以质。"于是齐侯乃归所侵鲁之郓、汶阳、龟阴[㉖]之田以谢过。

注释

① 黎鉏(chú)：齐国大夫。

② 夹谷：地名，在今山东莱芜南。

③ 乘车：日常使用的车辆，与“兵车”相对。好往：没有防备地前往。

④ 摄：代行。

⑤ 具：配好。

⑥ 司马：武官名，此处指武装侍卫人员。

⑦ 为：建造。为坛位，指筑土为坛，并排列两国的位次。

⑧ 土阶三等：夯土为阶，分为三级。

⑨ 会遇之礼：两国国君平等相会的礼节。

⑩ 揖让：相互作揖推让。

⑪ 献：献酒。酬：酬谢。

⑫ 趋：小步疾走。

⑬ 四方之乐：四方少数民族的音乐。

⑭ 旍(jīng)：通“旌”，旗帜。旄(máo)：幢，其形如宝盖。羽袚(fú)：羽毛编织而成，为舞者所执。拨：盾牌。鼓噪而至：敲鼓而至。

⑮ 历阶：一步一级。

⑯ 不尽一等：还有一级没有迈完，形容情势紧急。

⑰ 袂：衣袖。

⑱ 却：使退却。

⑲ 怍(zuò)：惭愧。

⑳ 麾(huī)：通“挥”，挥手。

㉑ 此句意为：唱歌跳舞的侏儒拥上前来。

㉒ 营惑：通“荧惑”，迷惑。

㉓ 不若：不敌。

㉔ 为之奈何：该怎么办呢？

㉕ 质：指实际行动。文：指花言巧语。

㉖ 郓、汶阳、龟阴：均为鲁国被齐国侵夺的土地。

定公十三年夏，孔子言于定公曰：“臣无藏甲，大夫毋百雉[①]之城。”使仲由[②]为季氏宰，将堕三都[③]。于是叔孙氏先堕郈。季氏将堕费，公山不狃、叔孙辄率费人袭鲁。公与三子入于季氏之宫，登武子之台[④]。费人攻之，弗克，入及公侧[⑤]。孔子命申句须、乐颀[⑥]下伐之，费人北[⑦]。国人[⑧]追之，败诸姑蔑[⑨]。二子奔齐，遂堕费。将堕成，公敛处父[⑩]谓孟孙曰：“堕成，齐人必至于北门[⑪]。且成，孟氏之保鄣，无成，是无孟氏也。我将弗堕。”十二月，公围成，弗克。

定公十四年，孔子年五十六，由大司寇行摄相事，有喜色。门人曰：“闻君子祸至不惧，福至不喜。”孔子曰：“有是言也。不曰‘乐其以贵下人’[⑫]乎？”于是诛鲁大夫乱政者少正卯[⑬]。与闻国政三月，粥羔豚者弗饰贾[⑭]，男女行者别于涂[⑮]，涂不拾遗；四方之客至乎邑者不求有司，皆予之以归[⑯]。

注释

① 雉(zhì)：城高一丈，长三丈为一雉。

② 仲由：子路，孔子学生。

③ 堕：毁坏。三都：分别指叔孙氏的都城“郈”、季孙氏的都城“费”、孟孙氏的都城“成”。

④ 武子之台：季武子建造的高台。

⑤ 公侧：鲁定公的侧边。

⑥ 申句须、乐颀：两人都是鲁国大夫。

⑦ 北：败北。

⑧ 国人：鲁国公室的军队。

⑨ 诸：于。姑蔑：鲁国地名，在今山东泗水县东南。

⑩ 公敛处父：孟氏家臣，时任成邑之宰。

⑪ 北门：鲁国国都的北门。

⑫ 乐其以贵下人：君子以有了高位而能礼贤下士为乐。

⑬ 少正：官职。卯：人名。

⑭ 粥：通“鬻（yù）”，卖。羔豚：羊和猪。弗饰贾：不标虚价。

⑮ 涂：通“途”，道路。

⑯ 皆予之以归：使其各得所需而归。

齐人闻而惧，曰：“孔子为政必霸，霸则吾地近焉，我之为先并矣。盍致地焉[①]？”黎鉏曰：“请先尝沮[②]之；沮之而不可则致地，庸[③]迟乎！”于是选齐国中女子好者八十人，皆衣文衣而舞《康乐》[④]，文马三十驷[⑤]，遗鲁君。陈[⑥]女乐文马于鲁城南高门[⑦]外，季桓子微服[⑧]往观再三，将受，乃语鲁君为周道游[⑨]，往观终日，怠于政事。子路曰：“夫子可以行矣。”孔子曰：“鲁今且郊[⑩]，如致膰[⑪]乎大夫，则吾犹可以止。”桓子卒受齐女乐，三日不听政；郊，又不致膰俎[⑫]于大夫。孔子遂行，宿乎屯[⑬]。而师己[⑭]送，曰：“夫子则非罪[⑮]。”孔子曰：“吾歌可夫？”歌曰：“彼妇之口，可以出走；彼妇之谒，可以死败。盖优哉游哉，维以卒岁！[⑯]”师己反，桓子曰：“孔子亦何言？”师己以实告。桓子喟然[⑰]叹曰：“夫子罪我以群婢故也夫！”

孔子遂适卫，主于子路[⑱]妻兄颜浊邹家。卫灵公问孔子：“居鲁得禄几何?"对曰:"奉粟六万。"卫人亦致粟六万。居顷之,或谮[19]孔子于卫灵公。灵公使公孙余假一出一入[20]。孔子恐获罪焉,居十月,去卫。

注释

① 盍:何不。致地:赠送土地。

② 沮:败。

③ 庸:何。

④ 文衣:彩衣。《康乐》:舞曲名。

⑤ 文马:带有文彩装饰的马。驷:一车四马为一驷。

⑥ 陈:展示。

⑦ 高门:曲阜南门。

⑧ 微服:穿着便服。

⑨ 为周道游:绕着都城道路看一看。季氏和鲁君因不好直接去看齐国女乐,因此假装到周边转转,其目的在鲁国都南门。

⑩ 且:即将。郊:举行郊祀之礼。

⑪ 膰(fán):祭肉。按照礼制,天子或诸侯祭祀后,要将祭肉分给卿大夫,以示尊重。

⑫ 膰俎:本指盛祭肉的祭器,此处借指祭肉。

⑬ 屯:地名,在今山东曲阜南。

⑭ 师己:鲁国乐师。

⑮ 非罪:没有过错。

⑯ 谒:进言。此句意为:妇人口舌可以离间君臣关系,使贤臣出走;妇人的进言,会使人败国亡。悠然逍遥,就这样过日子吧。

⑰ 喟(kuì)然:伤心的样子。

⑱ 主：以之为主人，投奔。子路：孔子弟子。

⑲ 或：有人。谮：谗毁。

⑳ 公孙余假：卫国公室子弟。一出一入：故意进进出出捣乱。

将适陈，过匡[①]，颜刻[②]为仆，以其策[③]指之曰："昔吾入此，由彼缺[④]也。"匡人闻之，以为鲁之阳虎。阳虎尝暴[⑤]匡人，匡人于是遂止孔子。孔子状类[⑥]阳虎，拘焉五日。颜渊后，子曰："吾以汝为死矣。"颜渊曰："子在，回何敢死！"匡人拘孔子益急，弟子惧。孔子曰："文王既没，文不在兹乎？[⑦]天之将丧斯文也，后死者不得与于斯文也。[⑧]天之未丧斯文也，匡人其如予何！[⑨]"孔子使从者为宁武子[⑩]臣于卫，然后得去。

去即过蒲[⑪]。月余，反乎卫，主蘧伯玉[⑫]家。灵公夫人有南子者，使人谓孔子曰："四方之君子不辱[⑬]欲与寡君为兄弟者，必见寡小君[⑭]。寡小君愿见。"孔子辞谢，不得已而见之。夫人在绨帷[⑮]中。孔子入门，北面稽首[⑯]。夫人自帷中再拜，环珮玉声璆然[⑰]。孔子曰："吾乡[⑱]为弗见，见之礼答焉。"子路不说。孔子矢[⑲]之曰："予所不者，天厌之！天厌之！"[⑳]居卫月余，灵公与夫人同车，宦者雍渠参乘[㉑]，出，使孔子为次乘[㉒]，招摇市过之。孔子曰："吾未见好德如好色者也。"[㉓]于是丑之[㉔]，去卫，过曹。是岁，鲁定公卒。

注释

① 匡：地名，在今河南长垣西。

② 颜刻：孔子学生。

③ 策：马鞭。

④ 彼缺：这个缺口。

⑤ 暴：施暴。

⑥ 类：像。

⑦ 没：去世。文：文化。此句意为：周文王去世后，天下的文化难道不是集中在我身上吗？

⑧ 后死者：指孔子。此句意为：如果上天想让文化灭绝，那么它当初就不会让我掌握这些文化。

⑨ 此句意为：上天如果不让文化灭绝，那么匡人又能对我怎么样呢？

⑩ 宁武子：卫国大夫。

⑪ 蒲：地名，在今河南长垣，在匡之北。

⑫ 蘧(qú)伯玉：卫国大夫。

⑬ 不辱：不以为辱，谦辞。

⑭ 小君：国君的夫人被称为小君。

⑮ 絺(chī)帷：细葛布做的帷帐。

⑯ 稽首：叩首。

⑰ 璆(qiú)然：玉石撞击发出的声音。

⑱ 乡：通“向”，之前。

⑲ 矢：发誓。

⑳ 予：我。不：通“否”。厌：厌弃。此句意为：如果我说的不是真的，上天就抛弃我！上天就抛弃我！

㉑ 参乘：同车陪侍。

㉒ 次乘：第二辆车。

㉓ 此句意为：我还没有见到喜好德行像喜好美色的人。色指南子等人。

㉔ 丑之：以之为丑。

孔子去曹适宋，与弟子习礼[①]大树下。宋司马桓魋[②]欲杀孔子，拔其树。孔子去。弟子曰："可以速[③]矣。"孔子曰："天生德于予，桓魋其如予何！"[④]

孔子适郑，与弟子相失，孔子独立郭[⑤]东门。郑人或谓子贡[⑥]曰："东门有人，其颡[⑦]似尧，其项类皋陶[⑧]，其肩类子产[⑨]，然自要[⑩]以下不及禹三寸。累累[⑪]若丧家之狗。"子贡以实告孔子。孔子欣然笑曰："形状，末也。[⑫]而谓似丧家之狗，然哉[⑬]！然哉！"

注释

① 习礼：演习礼仪。

② 司马桓魋(tuí)：宋国掌管军事的大臣。

③ 速：快速离去。

④ 此句意为：上天将德行给了我，桓魋又能拿我怎么样呢？

⑤ 郭：外城。

⑥ 子贡：孔子弟子。

⑦ 颡(sǎng)：上额。

⑧ 项：脖子。类：像。皋陶(gāo yáo)：尧舜时期的贤臣。

⑨ 子产：郑国的贤臣。

⑩ 要：通"腰"。

⑪ 累累(léi léi)：垂头丧气的样子。

⑫ 此句意为：身形未必像这些圣贤。

⑬ 然哉：确实是这样。

孔子遂至陈，主于司城贞子家。岁余，吴王夫差伐陈，取三邑而去。赵鞅[①]伐朝歌。楚围蔡，蔡迁于吴。吴败越王句践会稽。

有隼集于陈廷[2]而死，楛矢贯之[3]，石砮[4]，矢长尺有咫[5]。陈湣公使使问仲尼。仲尼曰："隼来远矣，此肃慎[6]之矢也。昔武王克商，通道九夷百蛮[7]，使各以其方贿[8]来贡，使无忘职业[9]。于是肃慎贡楛矢，石砮，长尺有咫。先王欲昭其令德[10]，以肃慎矢分大姬[11]，配虞胡公[12]而封诸陈。分同姓以珍玉，展亲[13]；分异姓以远方职[14]，使无忘服[15]。故分陈以肃慎矢。"试求之故府[16]，果得之。

孔子居陈三岁，会晋楚争强，更[17]伐陈，及吴侵陈，陈常被寇[18]。孔子曰："归与，归与！吾党之小子狂简[19]，进取不忘其初[20]。"于是孔子去陈。

注释

① 赵鞅：赵简子，晋国大臣。

② 隼(sǔn)：鹰类猛禽。集：停止。陈廷：陈国的朝廷。

③ 楛(hù)矢：楛木做成的箭矢。贯：贯穿。

④ 石砮(nǔ)：石头磨成的箭。

⑤ 咫(zhǐ)：八寸。尺有咫，即一尺八寸。

⑥ 肃慎：部落名，活动于今吉林、黑龙江一带。

⑦ 通道九夷百蛮：和各地蛮夷相互往来。

⑧ 方贿：各方特产。

⑨ 职业：义务。

⑩ 昭：显示。令：美。

⑪ 大姬：长女大姬。

⑫ 虞胡公：名满，虞舜的后代。

⑬ 同姓：指姬姓诸侯。展亲：加深宗亲关系。

⑭ 异姓：指非姬姓诸侯。远方职：远方进贡的物品。

⑮ 服：服从。

⑯ 故府：典藏书籍的府库。

⑰ 更：交替。

⑱ 寇：侵犯。

⑲ 党：乡党。狂简：进取爽直。

⑳ 进取不忘其初：有进取心并且不忘他们的初心。

过蒲，会公叔氏以蒲畔[①]，蒲人止孔子。弟子有公良孺者，以私车五乘从孔子。其为人长贤，有勇力，谓曰："吾昔从夫子遇难于匡，今又遇难于此，命也已。吾与夫子再罹[②]难，宁斗而死。"斗甚疾。蒲人惧，谓孔子曰："苟毋适卫[③]，吾出子。"与之盟，出孔子东门。孔子遂适卫。子贡曰："盟可负邪[④]？"孔子曰："要盟[⑤]也，神不听。"

卫灵公闻孔子来，喜，郊迎。问曰："蒲可伐乎？"对曰："可。"灵公曰："吾大夫以为不可。今蒲，卫之所以待晋楚也，以卫伐之，无乃不可乎？"孔子曰："其男子有死之志，妇人有保西河之志[⑥]。吾所伐者不过四五人。"灵公曰："善。"然不伐蒲。

灵公老，怠于政，不用孔子。孔子喟然叹曰："苟有用我者，期月而已，三年有成[⑦]。"孔子行。

佛肸为中牟宰[⑧]。赵简子攻范、中行[⑨]，伐中牟。佛肸畔，使人召孔子。孔子欲往。子路曰："由[⑩]闻诸夫子，'其身亲为不善者，君子不入也'。今佛肸亲以中牟畔，子欲往，如之何？"孔子曰："有是言也。不曰坚乎，磨而不磷；不曰白乎，涅而不淄[⑪]。我岂匏瓜也哉，焉能系而不食？[⑫]"

孔子击磬[⑬]。有荷蒉[⑭]而过门者，曰："有心哉，击磬乎！硁硁[⑮]乎，莫己知也夫而已矣[⑯]！"

注释

① 会：恰逢。公叔氏：卫国大夫。畔：通“叛”，叛乱。

② 罹(lí)：遭遇。

③ 苟：如果。适：前往。

④ 盟：盟誓。负：不遵守。

⑤ 要盟：要挟签订的盟约。

⑥ 西河：指流经卫国的黄河。此句意为：妇人发誓不离开西河故土。

⑦ 期(jī)：一年。此句意为：一年初见效果，三年大成。

⑧ 佛肸(bì xī)：晋国大夫。中牟宰：中牟县的长官。

⑨ 赵简子：晋国正卿。范：范氏。中行：中行氏。二人均为晋国卿大夫。

⑩ 由：子路，字仲由。

⑪ 磷：烂。涅(niè)：黑染料。淄(zī)：黑。此句意为：真正坚硬的东西是磨不烂的，真正白的东西是染不黑的。

⑫ 匏(páo)瓜：葫芦。此句意为：我又不是葫芦，怎么可能只挂着让人看，不让人吃呢。

⑬ 磬(qìng)：石头制成的乐器。

⑭ 荷(hè)：背着。蒉(kuì)：草筐。

⑮ 硁硁(kēng kēng)：击打磬发出的声音。

⑯ 莫己知也夫而已矣：没有人知道自己那就算了吧。这位荷蒉者听出了孔子击磬的音外之意。

孔子学鼓琴师襄子①，十日不进②。师襄子曰：“可以益矣。”孔子曰：“丘已习其曲矣，未得其数③也。”有间④，曰：“已习其数，可以益矣。”孔子曰："丘未得其志[5]也。"有间，曰："已习其志，可以益矣。"孔子曰："丘未得其为人[6]也。"有间，曰有所穆然深思焉，有所怡然高望而远志焉。曰："丘得其为人，黯然而黑，几然而长，眼如望羊[7]，如王四国，非文王其谁能为此也！"师襄子辟席[8]再拜，曰："师盖云《文王操》[9]也。"

孔子既不得用于卫，将西见赵简子。至于河而闻窦鸣犊、舜华[10]之死也，临河而叹曰："美哉水，洋洋[11]乎！丘之不济[12]此，命也夫！"子贡趋而进曰："敢问何谓也？"孔子曰："窦鸣犊、舜华，晋国之贤大夫也。赵简子未得志之时，须[13]此两人而后从政；及其已得志，杀之乃从政。丘闻之也，刳胎杀夭则麒麟[14]不至郊，竭泽涸渔则蛟龙不合阴阳[15]，覆巢毁卵则凤皇[16]不翔。何则？君子讳[17]伤其类也。夫鸟兽之于不义也尚知辟之，而况乎丘哉！"乃还息乎陬乡，作为《陬操》[18]以哀之。而反乎卫，入主蘧伯玉家。

注释

① 师襄子：鲁国乐师。

② 不进：不学习新的曲子。

③ 数：节奏之数。

④ 有间：过了一段时间。

⑤ 志：思想。

⑥ 人：作曲家的形象。

⑦ 黯然：黝黑的样子。几：通"颀"，身材高大。望羊：通"望洋"，望着远方的样子。

⑧ 辟席：避席，起身离席，以示对人尊重。

⑨《文王操》：曲名，据说为周文王所作。

⑩ 窦鸣犊、舜华：二人为赵简子所杀。

⑪ 洋洋：水势盛大的样子。

⑫ 济：渡过。

⑬ 须：靠着。

⑭ 刳：剖开。夭：小兽。麒麟：一种瑞兽。

⑮ 不合阴阳：指不会下雨。

⑯ 覆巢：捅翻鸟巢。凤皇：凤凰。

⑰ 讳：忌讳。

⑱《陬操》：曲名。

他日，灵公问兵陈[①]。孔子曰："俎豆之事[②]则尝闻之，军旅之事未之学也。"明日，与孔子语，见蜚[③]雁，仰视之，色不在孔子。孔子遂行，复如陈。

夏，卫灵公卒，立孙辄，是为卫出公。六月，赵鞅内太子蒯聩[④]于戚。阳虎使太子絻[⑤]，八人衰绖[⑥]，伪自卫迎者，哭而入，遂居焉。冬，蔡迁于州来。是岁鲁哀公三年，而孔子年六十矣。齐助卫围戚，以卫太子蒯聩在故也。

夏，鲁桓釐庙燔[⑦]，南宫敬叔救火。孔子在陈，闻之，曰："灾必于桓釐庙乎?"已而果然。

秋，季桓子病，辇而见[⑧]鲁城，喟然叹曰："昔此国几兴[⑨]矣，以吾获罪于孔子，故不兴也。"顾[⑩]谓其嗣康子曰："我即[⑪]死，若[⑫]必相鲁；相鲁，必召仲尼。"后数日，桓子卒，康子代立。已葬，欲召仲尼。公之鱼[⑬]曰："昔吾先君用之不终[⑭]，终为诸侯笑。今又用之，不能终，是再为诸侯笑。"康子曰："则谁召而可?"曰："必召冉求[⑮]。"于是使使召冉求。冉求将行，孔子曰："鲁人召求，非小用之，将大用之也。"是日，孔子曰："归乎归乎！吾党之小子狂简，斐然成章[⑯]，吾不知所以裁之[⑰]。"子赣知孔子思归，送冉求，因诫曰“即用，以孔子为招”云。

冉求既去，明年，孔子自陈迁于蔡。蔡昭公将如吴，吴召之也。前昭公欺其臣迁州来，后将往，大夫惧复迁，公孙翩[18]射杀昭公。楚侵蔡。秋，齐景公卒。

注释

① 兵陈：行军打仗之事。

② 俎豆之事：祭祀礼仪之事。

③ 蜚：通“飞”。

④ 赵鞅：赵简子。内：通“纳”。蒯聩（kuǎi kuì）：卫灵公太子，因谋杀卫灵公夫人南子被发觉，逃往晋国。

⑤ 阳虎：曾为鲁国季氏家臣，后逃往晋国，依赵氏。絻（wèn）：古代丧服之一，去冠，用布包裹发髻。阳虎让太子蒯聩乔装打扮成服丧者，企图逃回卫国。

⑥ 衰绖：披麻戴孝。

⑦ 鲁桓釐庙：祭祀鲁桓公和鲁僖公的宗庙。燔：起火。

⑧ 辇：用轿子抬着。见：巡视。

⑨ 几兴：几乎兴盛。

⑩ 顾：回过头。

⑪ 即：如果。

⑫ 若：你。

⑬ 公之鱼：季氏家臣。

⑭ 用之不终：没有坚持重用孔子。

⑮ 冉求：孔子弟子。

⑯ 斐然成章：文采繁盛，下笔成章。

⑰ 吾不知所以裁之：我不知道该怎么教育他们。孔子以裁制衣服为比喻。

⑱ 公孙翩：蔡国大夫。

明年，孔子自蔡如叶[①]。叶公问政，孔子曰："政在来远附迩[②]。"他日，叶公问孔子于子路，子路不对。孔子闻之，曰："由，尔何不对曰'其为人也，学道不倦，诲[③]人不厌，发愤忘食[④]，乐以忘忧，不知老之将至云尔'？"

去叶，反于蔡。长沮、桀溺耦[⑤]而耕，孔子以为隐者，使子路问津[⑥]焉。长沮曰："彼执舆[⑦]者为谁？"子路曰："为孔丘。"曰："是鲁孔丘与？"曰："然。"曰："是知津矣。"桀溺谓子路曰："子为谁？"曰："为仲由。"曰："子，孔丘之徒与？"曰："然。"桀溺曰："悠悠者天下皆是也，而谁以易之？[⑧]且与其从辟人之士，岂若从辟世之士哉！[⑨]"耰而不辍[⑩]。子路以告孔子，孔子怃[⑪]然曰："鸟兽不可与同群。[⑫]天下有道，丘不与易也。[⑬]"

他日，子路行，遇荷蓧丈人[⑭]，曰："子见夫子乎？"丈人曰："四体不勤，五谷不分，孰为夫子！"植其杖而芸[⑮]。子路以告，孔子曰："隐者也。"复往，则亡。

注释

① 叶：地名，在今河南叶县西南。

② 来远：使远者来。迩(ěr)：近。附迩：使近者依附。

③ 诲：教育。

④ 发愤忘食：发愤读书，以至于忘记饮食。

⑤ 耦：合伙。长沮和桀溺都是隐者。

⑥ 津：渡口。

⑦ 执舆：驾车。

⑧ 易：改变。此句意为：社会的黑暗混乱到处都是一样的，谁又能改变呢？

⑨ 此句意为：况且与其跟着那种躲避坏人的人，还不如跟从躲开这个乱世的人。

⑩ 耰（yōu）：耕种。辍（chuò）：停止。

⑪ 怃（wǔ）：伤心失意。

⑫ 此句意为：人是不能与鸟兽为群的。

⑬ 此句意为：如果天下已经太平，我就不会参与变革了。

⑭ 荷蓧（diào）丈人：背着草筐的老人，隐者。

⑮ 芸：除草。

孔子迁于蔡三岁，吴伐陈。楚救陈，军于城父[①]。闻孔子在陈蔡之间，楚使人聘[②]孔子。孔子将往拜礼[③]，陈蔡大夫谋曰："孔子贤者，所刺讥皆中诸侯之疾。今者久留陈蔡之间，诸大夫所设行[④]皆非仲尼之意。今楚，大国也，来聘孔子。孔子用于楚，则陈蔡用事大夫危矣。"于是乃相与发徒役[⑤]围孔子于野。不得行，绝粮。从者病[⑥]，莫能兴[⑦]。孔子讲诵弦歌不衰。子路愠[⑧]，见曰："君子亦有穷[⑨]乎？"孔子曰："君子固穷，小人穷斯滥矣[⑩]。"

子贡色作[⑪]。孔子曰："赐[⑫]，尔以予为多学而识之者与？"曰："然，非与？"孔子曰："非也。予一以贯之。[⑬]"

注释

① 城父：地名，在今河南宝丰县东。

② 聘：以财物邀请。

③ 拜礼：接受聘礼，并去拜谢。

④ 设行：施行的制度。

⑤ 徒役：士兵。

⑥ 病：躺倒。

⑦ 兴：站起来。

⑧ 愠(yùn)：不悦。

⑨ 穷：困窘。

⑩ 滥：不能克制自己。此句意为：小人困窘时便不能克制自己，胡作非为。

⑪ 色：怒色。作：发作。

⑫ 赐：子贡，也称端木赐。

⑬ 一以贯之：此句意谓孔子的学说有核心宗旨，并非以博杂为事。

孔子知弟子有愠心，乃召子路而问曰："《诗》云'匪兕匪虎，率彼旷野'①。吾道非邪？吾何为于此？②"子路曰："意者③吾未仁邪？人之不我信也。意者吾未知④邪？人之不我行⑤也。"孔子曰："有是乎！由，譬使仁者而必信，安有伯夷、叔齐⑥？使知者而必行，安有王子比干⑦？"

子路出，子贡入见。孔子曰："赐，《诗》云'匪兕匪虎，率彼旷野'。吾道非邪？吾何为于此？"子贡曰："夫子之道至大也，故天下莫能容夫子。夫子盖少贬⑧焉？"孔子曰："赐，良农能稼而不能为穑⑨，良工能巧而不能为顺⑩。君子能修其道，纲而纪之，统而理之，而不能为容⑪。今尔不修尔道而求为容。赐，而志不远矣！"

子贡出，颜回入见。孔子曰："回，《诗》云'匪兕匪虎，率彼旷野'。吾道非邪？吾何为于此？"颜回曰："夫子之道至大，故天下莫能容。虽然，夫子推而行之，不容何病？不容然后见君子⑫！夫道之不修也，是吾丑也。夫道既已大修而不用，是有国者之丑也。不容何病？不容然后见君子！"

孔子欣然而笑曰:“有是哉颜氏之子！使尔多财，吾为尔宰[13]。”

于是使子贡至楚。楚昭王兴师迎孔子，然后得免。

昭王将以书社地七百里封孔子。[14]楚令尹[15]子西曰:“王之使使诸侯有如子贡者乎?”曰:“无有。”“王之辅相有如颜回者乎?”曰:“无有。”“王之将率有如子路者乎?”曰:“无有。”“王之官尹[16]有如宰予[17]者乎?”曰:“无有。”“且楚之祖封于周，号为子男[18]五十里。今孔丘述三五之法[19]，明周、召之业[20]，王若用之，则楚安得世世堂堂方数千里乎？夫文王在丰，武王在镐，百里之君，卒王天下。今孔丘得据土壤，贤弟子为佐，非楚之福也。”昭王乃止。其秋，楚昭王卒于城父。

楚狂接舆[21]歌而过孔子，曰:“凤兮凤兮，何德之衰！往者不可谏兮，来者犹可追也！[22]已而已而，今之从政者殆[23]而！”孔子下，欲与之言。趋[24]而去，弗得与之言。

于是孔子自楚反乎卫。是岁也，孔子年六十三，而鲁哀公六年也。

其明年，吴与鲁会缯[25]，征百牢[26]。太宰嚭[27]召季康子。康子使子贡往，然后得已。

注释

① 兕(sì)：野牛。率：沿着。此句出自《诗经·小雅·何草不黄》，意为：我们不是野牛也不是老虎，为什么要沿着旷野奔跑呢？这原是役夫怨恨统治者的诗，孔子用来比喻自己到处奔波之艰辛。

② 此句意为：我奉行的道难道错了吗？我为什么会落到这个地步？孔子以此试探学生。

③ 意者：莫非是，推测之辞。

④ 知：通“智”。

⑤ 不我行：不遵行我们的道。

⑥ 伯夷、叔齐：商朝末期孤竹国君之二子，周武王灭商后，二人不食周粟，饿死于首阳山。

⑦ 王子比干：商朝的贤臣，因劝谏商纣而被剖心。

⑧ 盖，通“盍”，何不。少贬：稍微降低点。

⑨ 稼：耕种。穑：收获。

⑩ 为顺：让人满意。

⑪ 为容：被人接受。

⑫ 见君子：体现我们是君子。

⑬ 使：如果。宰：家宰。

⑭ 书社：里社之民书名于户籍。此句意为：昭王将带有居民户籍的七百里地封给孔子。

⑮ 令尹：楚国官名，相当于宰相。

⑯ 尹：主管。

⑰ 宰予：孔子学生。

⑱ 子男：公侯伯子男之最末等。楚国的先祖为鬻熊，曾事周文王，其五世孙熊绎被周成王封于楚地，为男爵，封地为五十里。

⑲ 述：阐发。三五之法：三皇五帝之法。

⑳ 明：发扬。周、召：指周公、召公。

㉑ 楚狂接舆：楚国的狂人，名接舆。

㉒ 往者：已经过去的事。谏：挽回。追：补救。此句意为：已经过去的事没法挽回，今后的事还可以补救。接舆劝孔子立刻归隐，不要坚守自身之道。

㉓ 殆：腐坏，不可救药。

㉔ 趋：快步走。

㉕ 缯：古诸侯国名，在今山东兰陵县。缯国在何处有争议，另有一说在河南方城县。此处据上下文意推断应在兰陵县。

㉖ 牢：牛羊豕各一头为一牢。根据周朝礼制，诸侯给天子为十二牢。吴国征百牢，过于无礼。

㉗ 太宰嚭：吴国太宰伯嚭。

孔子曰："鲁卫之政，兄弟也。"[①]是时，卫君辄父[②]不得立，在外，诸侯数以为让。而孔子弟子多仕于卫，卫君欲得孔子为政。子路曰："卫君待子而为政，子将奚[③]先？"孔子曰："必也正名[④]乎！"子路曰："有是哉，子之迂[⑤]也！何其正也？[⑥]"孔子曰："野[⑦]哉由也！夫名不正则言不顺，言不顺则事不成，事不成则礼乐不兴，礼乐不兴则刑罚不中[⑧]，刑罚不中则民无所错手足[⑨]矣。夫君子为之必可名，言之必可行。君子于其言，无所苟[⑩]而已矣。"

其明年，冉有[⑪]为季氏将师，与齐战于郎[⑫]，克之。季康子曰："子之于军旅，学之乎？性之乎[⑬]？"冉有曰："学之于孔子。"季康子曰："孔子何如人哉？"对曰："用之有名；播之百姓、质诸鬼神而无憾。[⑭]求之至于此道，虽累千社[⑮]，夫子不利也。"康子曰："我欲召之，可乎？"对曰："欲召之，则毋以小人固[⑯]之，则可矣。"而卫孔文子[⑰]将攻太叔[⑱]，问策于仲尼。仲尼辞不知，退而命载[⑲]而行，曰："鸟能择木，木岂能择鸟乎！"文子固止[⑳]。会季康子逐公华、公宾、公林，以币[㉑]迎孔子，孔子归鲁。

注释

① 此句意为：鲁国和卫国为周王室宗亲，故两国为兄弟之国。

② 卫君辄父：太子蒯聩。

③ 奚：何。

④ 正名：纠正古代礼制、名分上的用词不当现象。

⑤ 迂：迂腐。

⑥ 此句意为：有什么可正的？

⑦ 野：粗野。

⑧ 不中：不公正。

⑨ 错：通“措”，放置。民无所错手足：民众将无所适从。

⑩ 苟：苟且，马虎。

⑪ 冉有：孔子弟子。

⑫ 郎：地名，在今山东鱼台县东。

⑬ 性之乎：天生就会。

⑭ 播：传布。质：对质。此句意为：任用他要符合名分，他的学说不论是传布给百姓，还是对质于鬼神，都是没有遗憾的。

⑮ 社：古代二十五家为一社。

⑯ 固：限制，约束。

⑰ 孔文子：卫国大夫。

⑱ 太叔：卫国大夫。

⑲ 载：准备车辆。

⑳ 固止：坚决阻止。

㉑ 币：礼品。

孔子之去鲁凡十四岁而反乎鲁。

鲁哀公问政，对曰：“政在选臣。”季康子问政，曰：“举直错诸枉，则枉者直。”[①]康子患盗，孔子曰：“苟子之不欲，虽赏之不窃。”[②]然鲁终不能用孔子，孔子亦不求仕。

孔子之时，周室微而礼乐废，《诗》《书》缺[3]。追迹三代之礼[4]，序《书传》[5]，上纪唐虞之际，下至秦缪，编次其事[6]。曰："夏礼吾能言之，杞不足征也。[7]殷礼吾能言之，宋不足征也。[8]足，则吾能征之矣。"观殷夏所损益[9]，曰："后虽百世可知也，以一文一质。[10]周监二代，郁郁乎文哉。[11]吾从周。"故《书传》《礼记》自孔氏。

孔子语鲁大师[12]："乐其可知也。始作翕如，纵之纯如，皦如，绎如也，以成[13]。""吾自卫反鲁，然后乐正，《雅》《颂》各得其所[14]。"

古者《诗》三千余篇，及至孔子，去其重[15]，取可施于礼义[16]，上采契后稷[17]，中述殷周之盛[18]，至幽厉之缺[19]，始于衽席[20]，故曰"《关雎》之乱以为《风》始，《鹿鸣》为《小雅》始，《文王》为《大雅》始，《清庙》为《颂》始"[21]。三百五篇孔子皆弦歌之[22]，以求合《韶》《武》《雅》《颂》之音[23]。礼乐自此可得而述，以备王道，成六艺[24]。

注释

① 错：通"措"。此句意为：选拔好人去管理坏人，那么坏人就变好了。

② 苟：如果。此句意为：如果你自己不贪婪，即使你鼓励他人偷盗，别人也不去。

③《诗》《书》缺：《诗》和《尚书》有残缺。

④ 追迹三代之礼：考察夏、商、周三代之礼。

⑤ 序《书传》：编订《尚书》。

⑥ 次：编排。上纪唐虞之际，下至秦缪，编次其事：他把上起唐尧、虞舜，下至秦穆公的《尚书》篇章，按次序编排。

⑦ 杞：周初所封诸侯国，夏朝后裔。此句意为：夏朝的礼我能讲，但杞国所存文献已经不能证明我的说法了。

⑧ 宋：周初所封诸侯国，殷商之后。此句意为：殷商的礼我能讲，但宋国所存文献已经不能证明了。

⑨ 损：删减。益：增添。此句意为：看到了殷朝对夏朝典章制度的删减和增添。

⑩ 文：文采，指提倡、讲究礼乐等各种典章制度。质：质朴，指不讲究礼乐制度。此句意为：即使一百辈子后的情况我也知道了，它是一文一质相互交替的。

⑪ 监：借鉴。此句意为：周朝借鉴了夏、商二代的典章制度，它的文采最繁盛。

⑫ 大：通“太”。大师即乐师。

⑬ 翕（xī）如：平和的样子。纵之：展开。纯如：和谐的样子。皦（jiǎo）如：清晰的样子。绎如：连绵不绝的样子。以成：就这样演奏完。“成”表示乐曲结束。

⑭ 乐正：音乐得到整理。《雅》《颂》各得其所：《雅》和《颂》归到了各自的门类。

⑮ 去其重：删除其中重复的。

⑯ 礼义：礼仪，典礼仪式。

⑰ 上采契、后稷：《诗经》叙事最早的是关于契和后稷的篇章。

⑱ 中述殷周之盛：《诗经》中《商颂·长发》《周颂·清庙》《大雅·大明》等为叙述殷周开国帝王功业的篇章。

⑲ 至幽厉之缺：《诗经》中反映周厉王、周幽王政治黑暗的篇章，如《正月》《十月之交》等。

⑳ 衽（rèn）席：床席，指夫妻生活。始于衽席：古代君王的政治好坏，常与他们的婚姻生活有关。

㉑ 此句意为：《关雎》是《国风》的第一篇，《鹿鸣》是《小雅》的第一篇，《文王》

是《大雅》的第一篇,《清庙》是《颂》的第一篇。

㉒ 三百五篇:《诗经》共三百零五篇。皆弦歌之:都配乐演奏。

㉓《韶》:相传为虞舜时期的乐曲。《武》:相传为周武王的乐曲。《雅》:用于朝会宴享的乐曲。《颂》:为祭祀时使用的乐曲。

㉔ 六艺:指《诗》《书》《礼》《易》《乐》《春秋》。

孔子晚而喜《易》[①],序《彖》《系》《象》《说卦》《文言》。[②]读《易》,韦编三绝[③]。曰:"假[④]我数年,若是,我于《易》则彬彬[⑤]矣。"

孔子以诗书礼乐教,弟子盖三千焉,身通六艺者七十有二人。如颜浊邹之徒,颇[⑥]受业者甚众。

孔子以四教:文,行,忠,信[⑦]。绝四:毋意,毋必,毋固,毋我[⑧]。所慎:齐[⑨],战,疾。子罕言利与命与仁。不愤不启[⑩],举一隅不以三隅反,则弗复也[⑪]。

其于乡党[⑫],恂恂[⑬]似不能言者。其于宗庙朝廷,辩辩言[⑭],唯谨尔。朝,与上大夫言,訚訚如也[⑮];与下大夫言,侃侃如也[⑯]。

入公门,鞠躬如也;趋进,翼如也[⑰]。君召使傧,色勃如也[⑱]。君命召,不俟[⑲]驾行矣。

注释

①《易》:《周易》。

②《彖》《系》《象》《说卦》《文言》这五种都是解释《周易》的传。

③ 三:多次。绝:断。韦编三绝:指孔子把串联简策的牛皮都翻断了多次。可见孔子读《周易》次数之多。

④ 假:借。

⑤ 彬彬：有学问修养的样子，此处指对《周易》理解之深。

⑥ 颇：略微，稍。

⑦ 文：典籍的内容和义理。行：道德品行。忠：忠恕之道。信：信义。

⑧ 绝四：根绝四种毛病。毋意：不凭空揣测。毋必：不武断。毋固：不固执。毋我：不自我。

⑨ 齐：通“斋”，斋戒。

⑩ 愤：苦思不得其解。启：启发。

⑪ 隅(yú)：角落。举一隅不以三隅反，则弗复也：举一端说教，如果学生不能联想到其他，则不再重教了。

⑫ 乡党：乡里。

⑬ 恂恂(xún)：温和恭敬的样子。

⑭ 辩辩言：能言善辩。

⑮ 訚訚(yín)如也：中正耿直的样子。

⑯ 侃侃如也：和蔼亲切的样子。

⑰ 趋：小步疾走。翼如也：恭敬的样子。

⑱ 傧：迎接宾客。色勃如也：突然变色的样子。

⑲ 俟：等待。

鱼馁，肉败，割不正[①]，不食。席不正，不坐。食于有丧者之侧，未尝饱也。

是日哭[②]，则不歌。见齐衰、瞽者，虽童子必变。[③]

“三人行，必得我师。”“德之不修，学之不讲，闻义不能徙[④]，不善不能改，是吾忧也。”使人歌，善，则使复[⑤]之，然后和之。

子不语：怪、力、乱、神[⑥]。

子贡曰：“夫子之文章，可得闻也；夫子言天道与性命，弗可得闻也已。”颜渊喟然叹曰：“仰之弥高，钻之弥坚。瞻之在前，忽焉在后。[7]夫子循循然善诱人，博我以文[8]，约我以礼，欲罢不能。既竭我才，如有所立，卓尔。虽欲从之，蔑由也已。[9]”达巷党人[10]曰：“大哉孔子，博学而无所成名[11]。”子闻之曰：“我何执[12]？执御[13]乎？执射乎？我执御矣。”牢[14]曰：“子云‘不试，故艺[15]’。”

鲁哀公十四年春，狩[16]大野。叔孙氏车子鉏商[17]获兽，以为不祥。仲尼视之，曰：“麟也。”取之。曰：“河不出图，雒不出书，吾已矣夫！”[18]颜渊死，孔子曰：“天丧予！”及西狩见麟，曰：“吾道穷矣！”喟然叹曰：“莫知我夫！”子贡曰：“何为莫知子？”子曰：“不怨天，不尤[19]人，下学而上达[20]，知我者其天乎！”

注释

① 馁：腐烂。割不正：切割方法不对。

② 是日哭：某一天哭泣吊唁他人。

③ 齐衰：丧服的一种。瞽：盲人。此句意为：见到穿丧服和目盲者，虽然是小孩，孔子也会表现出怜悯同情的样子。

④ 徙：改变。

⑤ 复：重复，再演奏一遍。

⑥ 怪：怪异。力：暴力。乱：叛乱。神：鬼神。

⑦ 此句用来形容孔子学说的博大精深，人格修养之不可企及。

⑧ 博我以文：以文化教导我，使我得到提高。

⑨ 此二句意为：已经用尽我的才华，而孔子卓越伟岸的身影还是耸立在我们面前。想要靠近他，却无法做到。

⑩ 达巷党人：达巷，乡党名。

⑪ 博学：学识渊博，无所不通。无所成名：无法说出他是哪一方面的名家。

⑫ 何执：掌握什么。

⑬ 御：驾车。

⑭ 牢：子牢，孔子弟子。

⑮ 不试：没有被国君重用。艺：学习了很多技艺。

⑯ 狩：狩猎。

⑰ 车子：车士，车上的武士。鉏商：武士名。

⑱ 传说伏羲氏时代有龙马背着图出于黄河，伏羲据此画出八卦；大禹时代灵龟背着书出于雒水，禹据此作了《九畴》。后世常以“河出图，洛出书”形容太平盛世。孔子感慨身逢乱世。

⑲ 尤：抱怨，责备。

⑳ 下学而上达：从最基础学起，越学越深。

“不降其志，不辱其身，伯夷、叔齐乎！”谓“柳下惠、少连[①]降志辱身矣”。谓“虞仲、夷逸隐居放言，行中清，废中权[②]”。“我则异于是，无可无不可[③]。”

子曰：“弗乎弗乎，君子病没世而名不称焉[④]。吾道不行矣，吾何以自见于后世哉？”乃因史记[⑤]作《春秋》，上至隐公，下讫[⑥]哀公十四年，十二公。据鲁，亲周，故殷，运之三代[⑦]。约其文辞而指博[⑧]。故吴楚之君自称王[⑨]，而《春秋》贬之曰“子”；践土之会实召周天子，而《春秋》讳之曰“天王狩于河阳”：推此类以绳[⑩]当世。贬损之义，后有王者举而开[⑪]之。《春秋》之义行，则天下乱臣贼子惧焉。[⑫]

孔子在位听讼，文辞有可与人共者，弗独有也[⑬]。至于为《春秋》，笔则笔，削则削，子夏之徒不能赞一辞。[⑭]弟子受《春秋》，孔子曰：“后世知丘者以《春秋》，而罪丘者亦以《春秋》。”

明岁，子路死于卫。孔子病，子贡请见。孔子方负杖逍遥于门，曰：“赐，汝来何其晚也？”孔子因叹，歌曰：“太山[15]坏乎！梁柱摧[16]乎！哲人萎乎[17]！”因以涕下。谓子贡曰：“天下无道久矣，莫能宗予。夏人殡于东阶，周人于西阶，殷人两柱间[18]。昨暮予梦坐奠[19]两柱之间，予始，殷人也[20]。”后七日卒。

孔子年七十三，以鲁哀公十六年四月己丑卒。

注释

① 柳下惠：鲁国人。少连：以善居丧著称，其他事迹不详。

② 虞仲、夷逸：二人均为隐者。放言：信口开河。行中清：行事廉洁。废中权：废身不仕合于居乱世的权变之道。

③ 无可无不可：不必进，也不必退，唯义所在。

④ 病：以之为病，害怕。称：被人称道。

⑤ 因：借助。史记：鲁国的史书，并非司马迁的《史记》。

⑥ 讫：截止。

⑦ 据鲁：以鲁国为纲领。亲周：尊崇周天子。故殷：以殷商事为借鉴。运之三代：融会贯通夏、商、周三代的经验。

⑧ 约：简约。指：通“旨”。

⑨ 故吴楚之君自称王：春秋时期唯独周天子称王，诸侯最高只能称公，但吴国和楚国自称为王。

⑩ 绳：标准，尺度，此处指褒贬。

⑪ 开：发扬光大。

⑫ 此句出自《孟子·滕文公》，意为：《春秋》之义如果得到推行，那么天下的乱臣贼子就要害怕了。

⑬ 文辞：判词。与人共者：应与人商量的地方。独有：断。

⑭ 子夏：孔子弟子。赞：添加。此句意为：至于编写《春秋》，要写就写，要删就删，子夏这些人不能改动一个字。

⑮ 太山：泰山。

⑯ 摧：折断。

⑰ 哲人：明智的人，指孔子自己。萎：枯萎，去世。

⑱ 殡：停棺。东阶：古代厅堂分三道，西阶供客人行走，东阶供主人行走。两柱间：正堂的两柱间。

⑲ 奠：祭祀。

⑳ 予始，殷人也：孔子的先祖为宋国人，宋国为殷商之后。

哀公诔[①]之曰："旻天不吊[②]，不慭[③]遗一老，俾屏[④]余一人以在位，茕茕[⑤]余在疚。呜呼哀哉！尼父[⑥]，毋自律[⑦]！"子贡曰："君其不没于鲁乎！夫子之言曰：'礼失则昏，名失则愆。[⑧]失志为昏，失所为愆。'生不能用，死而诔之，非礼也。称'余一人'[⑨]，非名也。"

孔子葬鲁城北泗上，弟子皆服[⑩]三年。三年心丧毕，相诀[⑪]而去，则哭，各复尽哀；或复留。唯子赣庐[⑫]于冢上，凡六年，然后去。弟子及鲁人往从冢而家者百有余室，因命曰孔里。鲁世世相传以岁时奉祠孔子冢，而诸儒亦讲礼乡饮大射[⑬]于孔子冢。孔子冢大一顷。故所居堂、弟子内，后世因庙，藏孔子衣冠琴车书，至于汉二百余年不绝[⑭]。高皇帝[⑮]过鲁，以太牢祠焉。诸侯卿相至，常先谒[⑯]，然后从政。

孔子生鲤，字伯鱼。伯鱼年五十，先孔子死。

伯鱼生伋，字子思，年六十二。尝困于宋。子思作《中庸》[⑰]。

子思生白，字子上，年四十七。子上生求，字子家，年四十五。子家生箕，字子京，年四十六。子京生穿，字子高，年五十一。子高生子慎，年五十七，尝为魏相。

子慎生鲋，年五十七，为陈王涉博士，死于陈下。

鲋弟子襄，年五十七。尝为孝惠皇帝博士，迁为长沙太守。长九尺六寸。

子襄生忠，年五十七。忠生武，武生延年及安国。安国为今皇帝[18]博士，至临淮太守，蚤[19]卒。安国生卬，卬生驩。

太史公曰：诗有之："高山仰止，景行行止。"[20]虽不能至，然心乡[21]往之。余读孔氏书，想见其为人。适鲁，观仲尼庙堂车服礼器，诸生以时习礼其家，余祗回[22]留之不能去云。天下君王至于贤人众矣，当时则荣，没[23]则已焉。孔子布衣，传十余世，学者宗之。自天子王侯，中国言六艺者折中于夫子，可谓至圣矣！

注释

① 诔(lěi)：吊唁死者的诔文。

② 旻天：上天。不吊：不体恤我。

③ 不慭(yìn)：不肯。

④ 俾：使。屏(bǐng)：通"摒"，摒弃。

⑤ 茕茕(qióng)：孤独的样子。

⑥ 尼父：孔夫子。

⑦ 毋：通"无"。毋自律：自己无法树立法度。鲁哀公感叹孔子去世，自己失去楷模。

⑧ 愆(qiān)：罪过。此句意为：如果一个人不懂得礼，那就要糊涂；如果一个人不懂得名分，那他就要犯罪。

⑨ 余一人：只有周天子可以称"余一人"，诸侯国君用此属僭越。

⑩ 服：服丧。

⑪ 诀：告别。

⑫ 庐：名词作动词，建造草庐。

⑬ 讲：演练。礼乡饮：乡饮酒礼，古代诸侯有乡学，学有所成者作为人才被推荐给诸侯，每过三年的正月，乡大夫举行乡饮酒礼，招待乡学的贤能之士和乡里德高望重的人，这便是乡饮酒礼。大射：诸侯在祭祀前和臣下举行的射箭礼。

⑭ 至于汉二百余年不绝：从孔子去世到刘邦称帝，为二百七十七年。

⑮ 高皇帝：汉高祖刘邦。

⑯ 谒：拜谒。

⑰《中庸》：《礼记》的一篇，宋代朱熹将它和《大学》从《礼记》抽出，与《论语》《孟子》合称“四书”。

⑱ 今皇帝：指汉武帝。

⑲ 蚤：通“早”。

⑳ 景行(háng)：大道。此句出自《诗经・小雅・车舝(xiá)》，意为：高山让我仰望，大道让我行走。

㉑ 乡：通“向”。

㉒ 祇回：通“低回”，徘徊。

㉓ 没：去世。

评析

春秋战国是中国历史上的第一个大分裂时期，也是思想的大爆发时期。西周建立的贵族政治在这时逐渐瓦解，一大批士人开始崛起，尤其是战国时期，诸子百家如雨后春笋般纷纷涌现，他们针对当时的混乱局势和社会困境提出了各种各样的学说,并相互论难、争辩,形成众多影响深远的思想理念。在这片璀璨的星空中,孔子无疑是其中最为明亮的那颗星。

孔子是司马迁最为崇敬、钦慕的一位历史人物,他依据《左传》《论语》《礼记》《孟子》等书,编排整合,撰成中国历史上第一篇孔子的传记——《孔子世家》。历史上多有人批评《史记》"体例不精",认为司马迁不应将孔子列入"世家",如王安石曰:"太史公叙帝王则曰'本纪',公侯传国则曰'世家',公卿特起则曰'列传',此其例也。其列孔子为世家,奚其进退无所据耶?孔子,旅人也,栖栖衰季之世,无尺土之柄,此列之于传宜矣,曷为世家哉?"(《孔子世家议》)这一质疑看似有理,其实是不明司马迁之意。《史记》本就不乏"破例"之处,如项羽便被列入"本纪"。司马迁之所以将孔子列入"世家",是因为他要以此方式表达对孔子的崇敬之情。正如唐人张守节《史记正义》所言:"孔子无侯伯之位,而称世家者,太史公以孔子布衣传十余世,学者宗之,自天子王侯,中国言六艺者宗于夫子,可谓至圣,故为世家。"司马迁将孔子拔擢到"世家",正体现了他的大见识。

《孔子世家》以孔子的生平为序进行编排,大致可分为四个阶段:

第一阶段,从孔子出生到担任中都宰前,主要记载孔子的出生、好学、求仕、授徒等事迹。在这一时期,孔子积极寻求参与鲁国政治的机会,但毫无所获。其后前往齐国,齐景公不能用,又返回鲁国。在参政无路的情况下,他转而教授弟子,孔子最早的一批学生便在此时跟随他求学。

第二阶段,从孔子为中都宰到孔子周游列国前。这一阶段孔子开始在鲁国执政,从中都宰做到大司寇。孔子为政期间做了三件大事:其一为辅佐鲁定公与齐景公会于夹谷,并使齐国归还侵鲁之地;其二为隳三都;其三为诛少正卯。

第三阶段,周游列国的十四年。虽然不过短短数年孔子便使鲁国大治,但因齐国的反间计,他被迫离开鲁国。孔子带领他的弟子们共在外周游十四年，先后经过卫、陈、曹、宋、郑、蔡等多个国家，汲汲于求仕进，期望能在这些国家推行他的治国之道，但屡屡受挫，甚至连生命都多次受到威胁。孔子并没有因此气馁，而是知其不可而为之。在遭受众多挫折和苦难后，孔子始终没有得到各诸侯的重用，后应季康子之召返回鲁国。

第四阶段，从孔子返鲁至其去世。在这段时期，孔子的主要工作是整理《诗》《书》《礼》《易》等典籍，并以这些经典教授弟子。他在这时撰作的《春秋》意义最为重大，寄托了孔子未能实现的政治理想。

司马迁塑造了一位坎坷一生、屡遭困顿、郁郁不得志，但又百折不挠、知其不可而为之的孔子形象。他对这位伟大的人物既表达了无限的崇敬和赞佩，也对孔子多舛的命运、坎坷的人生有着深深的同情。孔子仿佛是他相隔着久远岁月的知音，孔子"厄而作《春秋》"的精神，更给予了司马迁无穷的力量。

《老子韩非列传》（节选）

老子者，楚苦县[①]厉乡曲仁里人也，姓李氏，名耳，字聃[②]，周守藏室[③]之史也。

孔子适周，将问礼于老子[④]。老子曰："子所言者[⑤]，其人与骨皆已朽矣，独其言在耳。且君子得其时则驾[⑥]，不得其时则蓬累而行[⑦]。吾闻之，良贾深藏若虚[⑧]，君子盛德，容貌若愚[⑨]。去子之骄气与多欲，态色与淫[⑩]志，是皆无益于子之身。[⑪]吾所以告子，若是而已。"孔子去，谓弟子曰："鸟，吾知其能飞；鱼，吾知其能游；兽，吾知其能走。走者可以为罔[⑫]，游者可以为纶[⑬]，飞者可以为矰[⑭]。至于龙吾不能知，其乘风云而上天。吾今日见老子，其犹龙邪！"

老子修道德[15]，其学以自隐无名为务。居周久之，见周之衰，乃遂去。至关[16]，关令尹喜[17]曰："子将隐矣，强[18]为我著书。"于是老子乃著书上下篇，言道德之意五千余言而去[19]，莫知其所终。

或曰：老莱子亦楚人也，著书十五篇[20]，言道家之用[21]，与孔子同时云。

盖老子百有六十余岁，或言二百余岁，以其修道而养寿也。

自孔子死之后百二十九年，而史记周太史儋[22]见秦献公曰："始秦与周合，合五百岁而离，离七十岁而霸王者出焉。"[23]或曰儋即老子，或曰非也，世莫知其然否。老子，隐君子也。

老子之子名宗，宗为魏将，封于段干。宗子注，注子宫，宫玄孙假，假仕于汉孝文帝。而假之子解为胶西王卬太傅[24]，因家于齐焉。

世之学老子者则绌[25]儒学，儒学亦绌老子。"道不同不相为谋"，岂谓是邪？李耳[26]无为自化，清静自正。

注释

① 苦县：在今河南鹿邑县。

② 聃(dān)：老子为李姓，字聃，所以也称"老聃"。

③ 守藏室：藏书之所。

④ "孔子向老子问礼"事亦见《孔子世家》。

⑤ 子所言者：指孔子所称述的尧、舜、禹、汤、文、武等人。

⑥ 时：时机。驾：乘车，指做官。

⑦ 蓬：蓬草。累：随行。不得其时则蓬累而行：没有遇到好的时机，那就像蓬草一样随风流转。

⑧ 贾(gǔ)：商人。深藏若虚：将货宝隐藏起来，就跟没有一样。

⑨ 盛德：良好的品德。容貌若愚：看起来很愚钝。

⑩ 淫：过度。

⑪ 道家思想与儒家并不同，道家讲究清静无为，并不认可儒家的积极入世思想。

⑫ 罔：通“网”。

⑬ 纶（lún）：本指钓竿上的细线，此处用作动词，意为钓。

⑭ 矰（zēng）：射鸟用的拴着绳子的短箭，此处指射鸟。

⑮ 修道德：《老子》分为“德”和“道”两部分，故又称《道德经》。

⑯ 关：函谷关，在今河南灵宝东北。

⑰ 关令尹喜：守函谷关的令，姓尹，名喜。

⑱ 强：勉强。

⑲ 此书即《老子》，共五千余字。

⑳ 著书十五篇：《汉书·艺文志》“道家类”载，《老莱子》有十六篇。

㉑ 用：应用。

㉒ 史记：史书记载。周太史儋（dān）：周的太史，名儋。

㉓ 霸王：指秦始皇。这段话在《史记》中共出现四次，大意为：秦朝与周朝是合一的，合过五百年就要分离，分离七十年后秦国就会有霸主出现。这则预言应为战国秦汉人编造，预言秦始皇会统一天下。

㉔ 胶西王卬（áng）：刘卬，刘邦之孙。太傅：帝王或太子的教导官，秩二千石。

㉕ 绌（chù）：贬黜。

㉖ 李耳：老子。

庄子者，蒙[①]人也，名周。周尝为蒙漆园吏[②]，与梁惠王、齐宣王同时。其学无所不窥[③]，然其要本归于老子之言[④]。故其著书十余万言[⑤]，大抵率寓言[6]也。作《渔父》《盗跖》《胠箧》[7]，以诋訾[8]孔子之徒，以明老子之术。《畏累虚》《亢桑子》[9]之属，皆空语无事实。然善属书离辞[10]，指事类情[11]，用剽剥[12]儒、墨，虽当世宿学[13]不能自解免也。其言洸洋自恣以适己[14]，故自王公大人不能器[15]之。

楚威王闻庄周贤，使使厚币[16]迎之，许以为相。庄周笑谓楚使者曰："千金，重利；卿相，尊位也。子独不见郊祭之牺牛[17]乎？养食之数岁，衣以文绣，以入大庙[18]。当是之时，虽欲为孤豚[19]，岂可得乎？子亟[20]去，无污我。我宁游戏污渎之中自快，无为有国者所羁[21]，终身不仕，以快吾志[22]焉。"

注释

① 蒙：战国时期宋国的县名，在今河南商丘东北。

② 漆园吏：管理漆树园的小吏。

③ 窥：窥视。指庄子无所不学。

④ 要本：根本宗旨。

⑤ 著书十余万言：《庄子》全书共三十三篇，其中"内篇"七为庄子所作，"外篇"十五、"杂篇"十一，学者多认为是庄子及道家学派所作。

⑥ 寓言：文体名，以故事的方式表达人生哲理。

⑦《渔父》《盗跖(zhí)》《胠箧(qū qiè)》：均为《庄子》的篇名。

⑧ 诋訾(zǐ)：攻击，诽谤。

⑨《畏累虚》《亢桑子》：《庄子》的篇名，其中《畏累虚》今已亡佚，《亢桑子》即今本的《庚桑楚》。

⑩ 属：连缀。离：同"丽"。属书离辞，即善写文章。

⑪ 指事：描写事物。类情：传达感情。

⑫ 剽剥：攻击。

⑬ 宿学：年高而博学之人，如孔子、墨子等。

⑭ 洸（wàng）洋：汪洋，无边无际的样子。恣（zì）：放纵，肆意。适己：使自己舒适。

⑮ 器：重用。

⑯ 使使：派遣使者。厚币：贵重的礼物。

⑰ 郊祭：古代帝王在郊外举行的祭祀活动。牺：牺牲，祭祀时作为贡品的牛、羊、猪等。

⑱ 大庙：帝王的祖庙。

⑲ 孤豚：小猪。肥硕的猪用于祭祀，小猪可幸免于难。

⑳ 亟（jí）：赶紧。

㉑ 污渎：臭水沟。羁：羁绊，束缚。我宁游戏污渎之中自快，无为有国者所羁：我宁愿在臭水沟中游戏自乐，也不愿受帝王们的束缚。

㉒ 以快吾志：使自己轻松愉快。

申不害者，京[①]人也，故郑之贱臣[②]。学术以干韩昭侯[③]，昭侯用为相。内修政教，外应[④]诸侯，十五年。终申子[⑤]之身，国治兵强，无侵韩者。

申子之学本于黄老[⑥]而主刑名[⑦]。著书二篇，号曰《申子》[⑧]。

韩非者，韩之诸公子[⑨]也。喜刑名法术之学[⑩]，而其归本于黄老[⑪]。非为人口吃，不能道说，而善著书。与李斯俱事荀卿[⑫]，斯自以为不如非。

非见韩之削弱，数以书谏韩王[⑬]，韩王不能用。于是韩非疾治国不务修明[⑭]其法制，执势以御其臣下[⑮]，富国强兵而以求人任贤，反举浮淫之蠹而加之于功实[⑯]之上。以为儒者用文乱法[⑰]，而侠者以武犯禁[⑱]。宽则宠名誉之人[⑲]，急则用介胄[⑳]之士。今者所养非所用，所用非所养。悲廉直不容于邪枉[㉑]之臣，观往者得失之变，故作《孤愤》《五蠹》《内外储》《说林》

《说难》[22]十余万言。

然韩非知说之难，为《说难》书甚具[23]，终死于秦，不能自脱。……

注释

① 京：地名，在今河南荥阳东南。

② 故郑：春秋时期的郑国，战国初期被韩国所灭。贱臣：奴仆。

③ 学术：学习法家之术。干：干谒，求见。

④ 应：应对。

⑤ 申子：申不害。

⑥ 黄老：假托黄帝，吸收老子“虚静”“物极必反”等思想而形成的一种学说，流行于战国和汉初期。

⑦ 刑名：讲究循名责实，是法家思想的重要组成部分。

⑧《申子》：《汉书・艺文志》有《申子》六篇，今多已失传，唐朝编纂的《群书治要》保存其《大体》篇。

⑨ 诸公子：韩王除太子外的其他儿子。

⑩ 刑名法术之学：《韩非子・定法》曰：“申不害言术，而公孙鞅为法。术者，因任而授官，循名而责实，操杀生之柄，课群臣之能者也，此人主之所执也。法者，宪令著于官府，刑罚必于民心，赏存乎慎法，而罚加乎奸令者也，此臣之所师也。”韩非子继承和发展了商鞅的“法”、申不害的“术”。

⑪ 其归本于黄老：《韩非子》中有《解老》《喻老》篇，并多次引用《老子》，与道家关系密切。道家和法家的最终目标都是“无为而治”，但手段和途径不同。

⑫ 李斯：辅佐嬴政统一六国，事见《李斯列传》。荀卿：战国末期最为重要的儒家学者，事见《孟子荀卿列传》。

⑬ 韩王：韩王安，韩国的末代君主。

⑭ 疾：痛恨。不务：不追求。修明：严明。

⑮ 势：君主的权威。御：驾驭。法家讲究治民有“法”，驾驭臣下有“术”，还要君主善于巩固、加强和运用自己的“势”，这就是法、术、势。

⑯ 浮淫之蠹(dù)：浮夸的蠹虫，此处指儒生、纵横家、游侠等人。功实：军功与实绩，指为国打仗和从事农业生产有实效的人。

⑰ 用文：舞文弄墨。乱法：破坏国家法治。

⑱ 禁：禁令。

⑲ 名誉之人：沽名钓誉之人。

⑳ 介胄：铠甲和头盔，此处指士兵。

㉑ 廉直：廉直的忠臣。邪枉：奸邪。

㉒《孤愤》：愤孤直不容于时。《五蠹》：对政治有害者有五。《内外储》：指《内储说》和《外储说》。《说林》：广说多事，其多若林。《说(shuì)难》：向执政者进说辞之难。以上皆为《韩非子》篇名。

㉓ 具：全面。

人或传其书至秦。秦王见《孤愤》《五蠹》之书，曰：“嗟乎，寡人得见此人与之游，死不恨[①]矣！”李斯曰：“此韩非之所著书也。”秦因急攻韩。韩王始不用非，及急[②]，乃遣非使秦。秦王悦之，未信用[③]。李斯、姚贾害之[④]，毁[⑤]之曰：“韩非，韩之诸公子也。今王欲并诸侯，非终为韩不为秦，此人之情也。今王不用，久留而归之，此自遗患也，不如以过法[⑥]诛之。”秦王以为然，下吏治非[⑦]。李斯使人遗非药[⑧]，使自杀。韩非欲自陈[⑨]，不得见。秦王后悔之，使人赦之，非已死矣。

申子、韩子皆著书，传于后世，学者多有。余独悲韩子为《说难》而不能自脱耳。

太史公曰：老子所贵道，虚无，因应[⑩]变化于无为，故著书辞称微妙难识[11]。庄子散[12]道德，放论[13]，要[14]亦归之自然。申子卑卑[15]，施之于名实[16]。韩子引绳墨[17]，切事情[18]，明是非，其极惨礉少恩[19]，皆原于道德之意[20]，而老子深远矣[21]。

注释

① 恨：遗憾。

② 急：事情紧急。

③ 信用：信任重用。

④ 李斯：时为秦廷尉，主管司法。姚贾：秦国的上卿。害之：以之为害，担心韩非被秦王重用，威胁到自己的地位。

⑤ 毁：诋毁。

⑥ 过法：触犯法律。

⑦ 下吏：交给官吏。治：处置。

⑧ 遗(wèi)：给。药：毒药。

⑨ 自陈：向秦王当面陈述。

⑩ 因应：同“因循”，指世间万物的变化。

⑪ 微妙难识：言辞恍惚，不易读懂。

⑫ 散：推衍。

⑬ 放论：语言汪洋恣肆。

⑭ 要：根本，核心。

⑮ 卑卑：格调不高。

⑯ 施：用。名实：循名责实。

⑰ 绳墨：原指墨工的墨斗和墨线，此处指法律规章。

⑱ 切事情：与社会生活紧密相扣。

⑲ 极：极端。礉(hé)：苛刻。少恩：缺少人情。

⑳ 皆原于道德之意：法家的理论从道家发展而来。

㉑ 老子深远矣：老子的学说最悠久，对后世的影响也最深远。

评析

《老子韩非列传》是老子、庄子、申不害、韩非子四人的合传。战国时期，百家争鸣，汉代刘歆《七略》将这一时期的学术流派归纳为“九流十家”，分别为儒家、道家、阴阳家、墨家、法家、名家、纵横家、杂家、农家、小说家。除小说家外，其他九家被称为“九流”。老子和庄子是道家的代表人物，申不害和韩非子则属于法家，历代对于司马迁为什么将这四人合在一篇传记有许多争论。据司马迁本人所说，申不害和韩非子两人的学说“皆原于道德之意”，这是极具识见的。老子讲究“将欲翕之，必固张之；将欲弱之，必固强之”，与法家的权谋之术有相通之处；庄子齐生死，一哀乐，毁情灭性，与法家的刻薄少恩也有相通之处。司马迁将这四人合传，便是因为看出了法家源出道家的特点。但我们也可以看出，司马迁对老子、庄子较为推崇，而称申不害、韩非子的学说“极惨礉少恩”，不合人情，可见他对法家是持批判态度的。

《老子韩非列传》的另一大争议之处是老子究竟为谁的问题。司马迁提供了三种说法：其一为老聃，其二是老莱子，其三是周太史儋。郭沫若曰：“关于老子的存在，司马迁竟提出了三种解说来，一个是老聃，一个是老莱子，一个是太史儋。而关于老子的年代，则前两说以为是和孔子同时，后一说直在孔子死后百二十九年。看他引了好几个‘或曰’，便可以知道这些问题在汉时是怎样的异说纷纭莫衷一是的。司马迁很想把三种主张都调和起来。”(见罗根泽编《古史辨》第四册)郭沫若认为司马迁是想调和关于老子的不同说法，但倒不如说这是司马迁身为史官而采取的审慎态度。他之所以将老聃、老莱子、周太史儋的事迹列入此传中，是因为他无法完全确定何者为真，因此只能采取这种方式，留给读者自行判断。

在这四人中，司马迁对庄子、申不害的叙述相对简洁，而记韩非子则颇为详细，尤其是司马迁将韩非子的《说难》不厌其烦地载入本篇。汤谐《史记半解》曰："叙庄子、申子，简洁有致，而独韩子颇详，悲之也！非直为死于说难，意中言外犹有深悲焉，悲馋人之罔极也，韩子之智而不能自脱于馋也。"这是极有见地的。司马迁对于韩非子是有所批评的，称他刻薄少恩，但又对韩非子因遭李斯之妒而被杀害的悲惨结局表达了同情。

《孟子荀卿列传》

太史公曰[①]：余读孟子书[②]，至梁惠王[③]问"何以利吾国"[④]，未尝不废[⑤]书而叹也。曰：嗟乎，利诚乱之始也[⑥]！夫子[⑦]罕言利者，常防其原[⑧]也。故曰"放于利而行，多怨"[⑨]。自天子至于庶人，好利之毙[⑩]何以异哉！

孟轲[⑪]，驺[⑫]人也。受业子思[⑬]之门人。道既通，游事齐宣王[⑭]，宣王不能用。适梁，梁惠王不果所言[⑮]，则见以为迂远而阔于事情[⑯]。当是之时，秦用商君[⑰]，富国强兵；楚、魏用吴起[⑱]，战胜弱敌；齐威王、宣王用孙子、田忌[⑲]之徒，而诸侯东面朝齐[⑳]。天下方务于合从[㉑]连衡，以攻伐为贤，而孟轲乃述唐、虞、三代之德，是以所如[㉒]者不合。退而与万章[㉓]之徒序《诗》《书》[㉔]，述仲尼之意，作《孟子》七篇[㉕]。其后有驺子之属。

注释

① 司马迁一般将"太史公曰"放在篇末，但也有放于篇头者，如《儒林列传》

《货殖列传》以及本篇。

② 孟子书：指《孟子》。

③ 梁惠王：魏惠王。魏国后迁都大梁，所以也被称为梁国，魏惠王也称“梁惠王”。

④ 此事见《孟子·梁惠王上》。

⑤ 废：放下。

⑥ 利：利益。诚：确实。

⑦ 夫子：孔子。

⑧ 原：通“源”。从源头予以防止。

⑨ 放：依据。此句意为：依据利己的原则而行事，会招致许多人怨恨。

⑩ 毙：通“弊”，弊端。

⑪ 孟轲：孟子，名轲。

⑫ 驺：古国名，周代时称“邾”，后改称“邹”，在今山东邹城东南。

⑬ 子思：孔子之孙。

⑭ 游事：游说服事。齐宣王：齐威王之子，名辟疆。

⑮ 不果所言：空口称赞孟子的学说，但不施行。

⑯ 见：被。迂远：迂腐偏离实际。阔于事情：不切合实际。

⑰ 商君：商鞅，辅佐秦孝公变法而使秦国富强。

⑱ 吴起：卫人，曾入魏为魏文侯、魏武侯将，后辅佐楚悼王变法。

⑲ 孙子、田忌：孙膑和田忌，二人均为齐国著名的大将。

⑳ 诸侯东面朝齐：战国早期魏国最为强盛，齐国自齐威王时开始强盛起来，两次打败魏国后，齐国取代了魏国的霸主地位。

㉑ 务：追求，热衷。合从：合纵。

㉒ 如：到，前往。

㉓ 万章：孟子的学生。

㉔ 序《诗》《书》：对《诗经》《尚书》作叙述和阐释。

㉕《孟子》七篇：分别为《梁惠王》《公孙丑》《滕文公》《离娄》《万章》《告子》《尽心》。

齐有三驺子[①]。其前驺忌[②]，以鼓琴干[③]威王，因及国政[④]，封为成侯而受相印[⑤]，先孟子。

其次驺衍[⑥]，后孟子。驺衍睹有国者[⑦]益淫侈不能尚[⑧]德，若《大雅》整之于身，施及黎庶矣[⑨]，乃深观阴阳消息而作怪迂之变[⑩]，《终始》《大圣》之篇十余万言[⑪]。其语闳大不经[⑫]，必先验小物，推而大之，至于无垠[⑬]。先序今以上至黄帝[⑭]，学者所共术，大并世盛衰[⑮]，因载其禨祥度制，推而远之，至天地未生，窈冥不可考而原也[⑯]。先列中国名山大川通谷禽兽水土所殖[⑰]、物类所珍，因而推之，及海外人之所不能睹[⑱]。称引天地剖判[⑲]以来，五德[⑳]转移，治各有宜[㉑]，而符应若兹[㉒]。以为儒者所谓中国者，于天下乃八十一分居其一分耳。中国名曰赤县神州。赤县神州内自有九州，禹之序九州是也，不得为州数[㉓]。中国外如赤县神州者九，乃所谓九州也。于是有裨海[㉔]环之，人民禽兽莫能相通者，如一区中者，乃为一州。如此者九，乃有大瀛海环其外[㉕]，天地之际[㉖]焉。其术皆此类也。然要其归[㉗]，必止乎仁义节俭、君臣上下、六亲之施，始也滥[㉘]耳。王公大人初见其术，惧然顾化[㉙]，其后不能行之[㉚]。

注释

① 三驺子：驺忌、驺衍、驺奭。以下除原文外，三驺子统一用"邹"。

② 驺忌：也即邹忌，最有名的故事为"邹忌讽齐王纳谏"。

③ 干：干谒，求见。

④ 因：趁机。及国政：谈到治国理政的方法。

⑤ 受相印：接受相印，成为宰相。

⑥ 驺衍：也即邹衍，战国时期阴阳学家。

⑦ 有国者：统治者。

⑧ 尚：推崇。

⑨《大雅》：《诗经》的部类名，共三十一篇，多为对周朝祖先的颂歌，此处指《大雅·思齐》的"刑于寡妻，至于兄弟，以御于家邦"句。施（yì）：延伸。黎庶：黎民百姓。此句意为：像《大雅·思齐》所说的那样，自己做好榜样，而后推广到家庭，再扩大到黎民百姓。

⑩ 消息：消长。怪迂：怪诞。此句意为：邹衍深刻观察阴阳的消长变化，而后提出一种怪诞的学说。

⑪《终始》《大圣》：邹衍著作的篇名。《汉书·艺文志》"阴阳家"中有《邹子》四十九篇，《邹子终始》五十六篇，今已亡佚。

⑫ 闳：宏大。不经：不合常理。

⑬ 垠：边际。此句意为：他常在一些小的事物上做实验，然后推而广之，一直推到无限大。

⑭ 上至黄帝：一直上溯至黄帝。

⑮ 大并世盛衰：大体依照朝代兴亡而说其盛衰。

⑯ 禨（jī）祥：由鬼神导致的人世吉凶。窈冥：昏暗不明。此句意为：因此记载关于人世吉凶的判断，推而广之，一直推衍到开天辟地以前，有很多是渺茫不可考察的事情。

⑰ 殖：繁殖。

⑱ 睹：看到。

⑲ 天地剖判：开天辟地。

⑳ 五德：也称"五行"，指金、木、水、火、土五种元素。邹衍将五者的相克相生

与人世的吉凶祸福联系在一起，形成“五德终始”学说。

㉑ 治各有宜：与“五德”某一德相对应的王朝（如周朝为“火德”），必须有一套相对应的礼仪制度。

㉒ 符应若兹：人类社会有什么问题，上天就会降下祥瑞或灾异，二者之间像符契一样准确无误。

㉓ 禹之序九州：大禹治水后，将天下分为九州，见《夏本纪》。不得为州数：不是邹衍所说的全部州数。

㉔ 裨（pí）海：小海。古人认为中国四周都有海。

㉕ 有大瀛（yíng）海环其外：在“大九州”之外有更大的海围绕着。

㉖ 际：分界。

㉗ 要：关键，根本。归：指归。

㉘ 滥：虚辞滥说。

㉙ 顾：正视，关注。惧然顾化：惊奇地注意其说法，被其言语打动。

㉚ 其后不能行之：因邹衍的学说最终归于仁义，所以统治者不能奉行。

是以驺子重于齐。适梁，惠王郊迎，执宾主之礼。适赵，平原君侧行撇席①。如燕，昭王拥彗先驱②，请列弟子之座而受业，筑碣石宫，身亲往师之。作《主运》③。其游诸侯见④尊礼如此，岂与仲尼菜色⑤陈蔡，孟轲困于齐梁⑥同乎哉！故武王以仁义伐纣而王，伯夷饿不食周粟⑦；卫灵公问陈⑧，而孔子不答；梁惠王谋欲攻赵，孟轲称大王去邠⑨。此岂有意阿世俗苟合而已哉！持方枘欲内圜凿⑩，其能入乎？或曰，伊尹负鼎而勉汤以王⑪，百里奚饭牛车下而缪公用霸⑫，作先合，然后引之大道⑬。驺衍其言虽不轨⑭，傥亦有牛鼎之意乎⑮？

自驺衍与齐之稷下先生⑯，如淳于髡、慎到、环渊、接子、田骈、驺奭之徒，各著书言治乱之事，以干世主⑰，岂可胜道哉！

注释

① 平原君：赵胜，赵惠文王之弟，战国四公子之一。侧行：侧身引路。撇席：以袖子挥掸坐席，以示尊重。

② 昭王：燕昭王。彗：扫帚。先驱：在前面引路。

③《主运》：邹衍书的篇名。

④ 见：被。

⑤ 菜色：饥饿的面色。孔子行至陈、蔡之间时，被困绝粮数日，事见《孔子世家》。

⑥ 梁：战国时期的魏国。孟子在齐国和魏国多年，始终未得到重用。

⑦ 伯夷饿不食周粟：伯夷、叔齐以周武王伐商为不义，故不食周粟而死。

⑧ 陈：通"阵"，行军打仗。此事见《论语·卫灵公》，也见《孔子世家》。

⑨ 大王：周文王祖父古公亶父。邠(bīn)：通"豳"，地名，在今陕西彬州东北。

⑩ 方枘(ruì)：方形的榫。内，通"纳"，入。圜：通"圆"。凿：孔槽。此句意为：将方形的榫放入圆形的孔槽。

⑪ 伊尹：商汤大臣。负鼎：背着煮食物的鼎。王：称王。

⑫ 百里奚：秦穆公大臣。饭牛车下：在车下喂牛。用：因此。

⑬ 大道：仁义之道。

⑭ 不轨：不合大道。

⑮ 傥：通"倘"，或许。牛鼎之意：指像伊尹负鼎、百里奚饭牛以求见君主。

⑯ 稷下：齐国国都城门，齐国君主在此营造学宫，招徕学士，这些人便是"稷下先生"。

⑰ 干：干谒。世主：当世君主。

淳于髡[①]，齐人也。博闻强记，学无所主[②]。其谏说，慕晏婴[③]之为人也，然而承意观色为务[④]。客有见[⑤]髡于梁惠王，惠王屏[⑥]左右，独坐而再[⑦]见之，终无言也。惠王怪之，以让[⑧]客曰："子之称淳于先生，管、晏[⑨]不及，及见寡人，寡人未有得也。岂寡人不足为言邪？何故哉？"客以谓髡。髡曰："固[⑩]也。吾前见王，王志在驱逐[⑪]；后复见王，王志在音声：吾是以默然。"客具以报王，王大骇[⑫]，曰："嗟乎，淳于先生诚圣人也！前淳于先生之来，人有献善马者，寡人未及视，会先生至。后先生之来，人有献讴[⑬]者，未及试，亦会先生来。寡人虽屏人，然私心在彼，有之。"后淳于髡见，一语连三日三夜无倦。惠王欲以卿相位待之，髡因谢去。于是送以安车驾驷[⑭]，束帛加璧[⑮]，黄金百镒[⑯]。终身不仕。

注释

① 淳于髡(kūn)：齐人，战国时期齐国俳优、思想家，以博学著称。

② 主：主要。

③ 晏婴：春秋时期齐国贤臣。

④ 承：顺从。务：追求。

⑤ 见：引荐。

⑥ 屏：屏退。

⑦ 再：第二次。

⑧ 让：责怪。

⑨ 管、晏：管仲和晏婴，二人为齐国名臣。

⑩ 固：本来。

⑪ 驱逐：骑马打猎。

⑫ 骇：惊。

⑬ 讴(ōu)：歌。

⑭ 安车驾驷：以四匹马拉的平稳安适的车子。

⑮ 束帛加璧：十匹帛卷成一卷，再加玉璧。

⑯ 镒：战国时期一镒为一金。

慎到，赵人。田骈、接子，齐人。环渊，楚人。皆学黄老道德之术[①]，因发明序其指意。故慎到著十二论[②]，环渊著上下篇[③]，而田骈、接子皆有所论焉。

驺奭[④]者，齐诸驺子[⑤]，亦颇采驺衍之术以纪文[⑥]。

于是齐王嘉之，自如淳于髡以下，皆命曰列大夫，为开第康庄之衢[⑦]，高门大屋，尊宠之。览[⑧]天下诸侯宾客，言齐能致天下贤士也。

荀卿，赵人。年五十始来游学于齐。驺衍之术迂大而闳辩；奭也文具难施；淳于髡久与处，时有得善言。故齐人颂曰："谈天衍，雕龙奭，炙毂过髡。"[⑨]田骈之属皆已死。齐襄王时，而荀卿最为老师[⑩]。齐尚修列大夫之缺[⑪]，而荀卿三为祭酒[⑫]焉。齐人或谗荀卿，荀卿乃适楚，而春申君[⑬]以为兰陵[⑭]令。春申君死而荀卿废，因家兰陵。李斯[⑮]尝为弟子，已而相秦。荀卿嫉浊世之政，亡国乱君相属[⑯]，不遂大道而营于巫祝[⑰]，信禨祥，鄙儒小拘[⑱]，如庄周等又滑稽乱俗[⑲]，于是推儒、墨、道德之行事兴坏，序列著数万言[⑳]而卒。因葬兰陵。

而赵亦有公孙龙为坚白同异之辩[㉑]，剧子[㉒]之言；魏有李悝[㉓]，尽地力之教[㉔]；楚有尸子、长卢[㉕]；阿之吁子[㉖]焉。自如孟子至于吁子，世多有其书，故不论其传云。

盖墨翟[㉗]，宋之大夫，善守御[㉘]，为节用[㉙]。或曰并孔子时，或曰在其后。

注释

① 黄：黄帝。老：老子。黄老道德之术：指西汉初期的黄老学派，该学派以

黄帝、老子为祖师，讲究道、德和清静无为。

② 慎到著十二论：《汉书·艺文志》有《慎子》四十二篇。

③ 环渊著上下篇：《汉书·艺文志》有《蜎子》十三篇。蜎，通“渊”。

④ 驺奭：也即邹奭，善于辩说，亦称“雕龙奭”。

⑤ 诸驺子：诸多驺(邹)氏的一个。

⑥ 纪文：撰写文章。

⑦ 开第：建造府第。衢：大道。

⑧ 览：展示。

⑨ 谈天衍：邹衍言五德终始，天地广大，尽言天事，故曰“谈天”。雕龙奭：邹奭之文像雕镂龙文，故曰“雕龙”。炙毂(gǔ)过髡：过，通“輠”，车上盛放膏油之器。炙毂輠，即车轮转动，輠经热流出膏油润泽毂轴。借指淳于髡善于议论。此句是齐人称颂三人善言辞之语。

⑩ 最为老师：在齐国的稷下学派中年纪和学问最大。

⑪ 修：完善，增补。此句意为：齐国享受大夫待遇的学者一旦空缺，就立刻增补。

⑫ 祭酒：官名，一般由尊者担任。

⑬ 春申君：黄歇，楚顷襄王之弟，战国四公子之一。

⑭ 兰陵：楚国县名，在今山东枣庄东。

⑮ 李斯：荀卿弟子，曾协助秦始皇统一六国。

⑯ 相属：连续不断。

⑰ 营：通“荧”，迷惑。此句意为：不按儒家的大道而行，而被鬼神邪说所迷惑。

⑱ 鄙：浅陋。小拘：拘泥于细枝末节。

⑲ 庄周：庄子。滑稽乱俗：指《庄子》中的人物故事多荒诞奇特，与儒家背道而驰。

⑳ 序列著数万言：编撰数万字著述，今本《荀子》有三十二篇。

㉑ 公孙龙：《汉书·艺文志》载有《公孙龙子》十六篇。坚白同异之辩：有关“坚石”“白马”的辨析。

㉒ 剧子：剧孟、剧辛。

㉓ 李悝(kuī)：法家代表人物，著有《法经》六篇。

㉔ 尽地力：尽力发挥土地的效力。教：教导。

㉕ 尸子、长卢：二人分别著有《尸子》和《长卢子》。

㉖ 阿：地名，在今山东东阿县西南。吁子：芈(mǐ)子，《汉书·艺文志》有《芈子》十八篇。

㉗ 墨翟：墨子，墨家的创始人。

㉘ 善守御：《墨子》有《备城门》《备高临》等专门讲防守的篇章。

㉙ 为节用：《墨子》有《节用》篇，强调节俭用度。

评析

《孟子荀卿列传》是继《老子韩非列传》后的又一篇学术合传，本篇简要记载了孟子、邹衍、淳于髡、慎到、田骈、邹奭、接子、环渊、公孙龙、李悝、墨翟等人的事迹。历代多有讥议本篇驳杂者，但如果阅读细致，可看出司马迁将这些人记在同一篇传记的线索：《孟子荀卿列传》其实是以诸子的活动区域为主要线索叙述的。从孟子到荀子，都与齐国的稷下学宫有密切关系。稷下学宫位于齐国国都的稷门附近，是齐国设立的一处高等学府。许多著名学者都曾在稷下活动过，如孟子、邹衍、淳于髡、荀子等，形成蔚为壮观的百家争鸣场景。司马迁以齐国的稷下学宫为线索，记载了稷下先生的事迹和学说，构成本篇的主体部分。此外，本篇还记载了赵国的公孙龙、剧子，魏国的李悝，楚国的尸子、长庐，阿的吁子，宋国的墨子等人之事。

《孟子荀卿列传》的写法颇为特别，《史记》中的“太史公曰”一般放在全篇之尾，但在本篇却放在开头。司马迁一开篇便大发感慨："余读孟子书，至梁惠王问'何以利吾国'，未尝不废书而叹也。"他感慨的是战国以来，从天子到庶人只知追求利益的社会现实，这是司马迁极为痛心之处。

孟子继承孔子仁义之道，不以"利"干谒君主，因此他屡受挫折，"游事齐宣王，宣王不能用。适梁，梁惠王不果所言，则见以为迂远而阔于事情"。在这个追求富国强兵的时代，法家、兵家、纵横家动辄为国君的座上宾，但孟子"述唐、虞、三代之德，是以所如者不合"，他与孔子一样，与他们所处的时代格格不入。与之相反，齐国的其他稷下先生，邹忌"以鼓琴干威王，因及国政，封为成侯而受相印"；邹衍"深观阴阳消息而作怪迂之变"，大重于齐，"适梁，惠王郊迎，执宾主之礼。适赵，平原君侧行撇席。如燕，昭王拥彗先驱，请列弟子之座而受业，筑碣石宫，身亲往师之"，深受各国国君的欢迎；淳于髡以"承意观色为务"，梁惠王"欲以卿相位待之"。至于慎到、田骈、接子等人，皆被命为"列大夫"，齐王"开第康庄之衢，高门大屋，尊宠之"。

司马迁对其他人与孟子在待遇方面的巨大反差深为感慨："其游诸侯见尊礼如此，岂与仲尼菜色陈蔡，孟轲困于齐梁同乎哉！"正如焦竑《焦氏笔乘》所言："太史公叹孟子所如不合，而驺子、淳于髡之流，棼棼焉尊礼于世，正以见碔砆轻售，而璞玉不剖，汗血空良，而驽马竞逐，其寄慨深矣。"司马迁将孟子放在篇首，并陈述好利的弊端，其实是以这种方式，对孟子的落落不合而又能坚守自身之道，表示深深的敬佩。

《孙子吴起列传》

孙子武者，齐人也。以兵法见于吴王阖庐①。阖庐曰："子之十三篇②，吾尽观之矣，可以小试勒兵③乎？"对曰："可。"阖庐曰："可试以妇人乎?”曰:“可。”于是许之,出宫中美女,得百八十人。孙子分为二队,以王之宠姬二人各为队长,皆令持戟。令之曰:“汝知而[④]心与左右手背乎?”妇人曰:“知之。”孙子曰:“前,则视心;左,视左手;右,视右手;后,即视背。”妇人曰:“诺。”约束[⑤]既布,乃设铁钺[⑥],即三令五申之[⑦]。于是鼓之右,妇人大笑。孙子曰:“约束不明,申令不熟,将之罪也。”复三令五申而鼓之左,妇人复大笑。孙子曰:“约束不明,申令不熟,将之罪也;既已明而不如法者,吏士之罪也。”乃欲斩左右队长。吴王从台上观,见且[⑧]斩爱姬,大骇[⑨]。趣使使[⑩]下令曰:“寡人已知将军能用兵矣。寡人非此二姬,食不甘味,愿勿斩也。”孙子曰:“臣既已受命为将,将在军,君命有所不受。”遂斩队长二人以徇[⑪]。用其次为队长,于是复鼓之。妇人左右前后跪起皆中规矩绳墨[⑫],无敢出声。于是孙子使使报王曰:“兵既整齐,王可试下观之,唯王所欲用之,虽赴水火犹可也。”吴王曰:“将军罢休就舍,寡人不愿下观。”孙子曰:“王徒好其言,不能用其实。”于是阖庐知孙子能用兵,卒以为将。西破强楚,入郢[⑬],北威齐晋,显名诸侯,孙子与有力[⑭]焉。

孙武既死,后百余岁有孙膑。膑生阿鄄之间,膑亦孙武之后世子孙也。孙膑尝与庞涓[⑮]俱学兵法。庞涓既事魏,得为惠王将军,而自以为能不及孙膑,乃阴使[⑯]召孙膑。膑至,庞涓恐其贤于己,疾[⑰]之,则以法刑断其两足而黥[⑱]之,欲隐勿见[⑲]。

注释

① 阖庐:春秋末期吴国的国君。

② 十三篇:指《孙子兵法》。

③ 勒兵:操练部队。

④ 而:你们。

⑤ 约束：规则。

⑥ 𫓧(fū)钺：斧钺。

⑦ 三令五申之：再三申明。

⑧ 且：将要。

⑨ 骇：惊。

⑩ 趣：通“促”。使使：派遣使者。

⑪ 徇：巡行示众。

⑫ 中：符合。规矩绳墨：章程规定。

⑬ 郢(yǐng)：楚国国都，在今湖北荆州江陵西北之纪南城。

⑭ 与有力：起到了很大作用。

⑮ 庞涓：战国初期魏国名将。

⑯ 阴：暗中。使：派遣使者。

⑰ 疾：嫉妒。

⑱ 黥：用刀在犯人脸上刺字、涂墨的一种刑罚。

⑲ 见：使他出头。

齐使者如[①]梁，孙膑以刑徒阴见[②]，说齐使。齐使以为奇，窃[③]载与之齐。齐将田忌善而客待之。忌数与齐诸公子驰逐重射[④]。孙子见其马足[⑤]不甚相远，马有上、中、下辈。于是孙子谓田忌曰：“君弟[⑥]重射，臣能令君胜。”田忌信然之，与王及诸公子逐射千金。及临质[⑦]，孙子曰：“今以君之下驷[⑧]与彼上驷，取君上驷与彼中驷，取君中驷与彼下驷。”既驰三辈[⑨]毕，而田忌一不胜而再[⑩]胜，卒得王千金。于是忌进孙子于威王[⑪]。威王问兵法，遂以为师。

其后魏伐赵，赵急，请救于齐。齐威王欲将[⑫]孙膑，膑辞谢曰：“刑余之人[⑬]不可。”于是乃以田忌为将，而孙子为师[⑭]，居辎车[⑮]中，坐为计谋。

田忌欲引兵之[16]赵，孙子曰："夫解杂乱纷纠者不控卷[17]，救斗者不搏撠[18]，批亢捣虚[19]，形格势禁[20]，则自为解耳。今梁赵相攻，轻兵锐卒必竭[21]于外，老弱罢[22]于内。君不若引兵疾走大梁，据其街路，冲其方虚[23]，彼必释[24]赵而自救。是我一举解赵之围而收毙[25]于魏也。"田忌从之，魏果去[26]邯郸，与齐战于桂陵[27]，大破梁军[28]。

注释

① 如：往。

② 阴见：暗中求见。

③ 窃：偷偷地。

④ 数：屡次。诸公子：国君除太子外的诸多子嗣。射：猜，押。驰逐重射：指下大赌注来赌马。

⑤ 马足：马的奔跑能力。

⑥ 弟：通"第"，尽管。

⑦ 质：箭靶，此处以赛射比喻赛马。

⑧ 驷：原指四马一车，这里专指马。

⑨ 三辈：三场比赛。

⑩ 再：两次。

⑪ 威王：齐威王。

⑫ 将：使动用法，使孙膑为将。

⑬ 刑余之人：指被刖足事。

⑭ 师：军师。

⑮ 辎车：有篷盖的车。

⑯ 之：前往。

⑰ 卷(quán)：通“拳”，拳头。此句意为：乱丝只能慢慢解，不可用拳头乱打。

⑱ 救：止。撠(jǐ)：用手击刺人。此句意为：遇到打斗的，不可以手相搏击，参与进去。

⑲ 批：撇，避开。亢：喉咙，此处指要害。批亢捣虚：避实就虚。

⑳ 格、禁：均为停止意。

㉑ 竭：尽，全部。

㉒ 罢：通“疲”，疲惫。

㉓ 冲其方虚：攻打它空虚之处。

㉔ 释：放下。

㉕ 罷：通“敝”，疲敝。

㉖ 去：离开。

㉗ 桂陵：魏国县名，在今河南长垣西北。

㉘ 梁军：魏军，因魏国国都为大梁，所以称“梁军”。

后十三岁，魏与赵攻韩，韩告急于齐。齐使田忌将而往，直走大梁。魏将庞涓闻之，去韩而归，齐军既已过而西[①]矣。孙子谓田忌曰：“彼三晋[②]之兵素悍勇而轻齐，齐号为怯，善战者因[③]其势而利导之。兵法，百里而趣利者蹶[④]上将，五十里而趣利者军半至[⑤]。使齐军入魏地为十万灶[⑥]，明日为五万灶，又明日为三万灶。”庞涓行三日，大喜，曰：“我固知齐军怯，入吾地三日，士卒亡[⑦]者过半矣。”乃弃其步军，与其轻锐倍日并行[⑧]逐之。孙子度[⑨]其行，暮当至马陵[⑩]。马陵道陕，而旁多阻隘，可伏兵，乃斫[⑪]大树白而书之曰：“庞涓死于此树之下。”于是令齐军善射者万弩，夹道而伏，期[⑫]曰“暮见火举而俱发”。庞涓果夜至斫木下，见白书，乃钻火烛之[⑬]。读其书未毕，齐军万弩俱发，魏军大乱相失。庞涓自知智穷兵败，乃自刭，曰：“遂成竖子[⑭]之名！”齐因乘胜尽破其军，虏魏太子申[⑮]以归。孙膑以此名显天下，世传其兵法。

注释

① 西：往西。

② 三晋：指由春秋时期晋国分裂而出的赵、魏、韩三个国家。

③ 因：借助。

④ 趣：通“趋”，奔赴。蹶：失败，损失。

⑤ 军半至：只有一半的军队人数到达。

⑥ 为十万灶：建造十万人用的灶台。

⑦ 亡：逃亡。

⑧ 倍日并行：一日作两日，日夜兼行。

⑨ 度：估计。

⑩ 马陵：魏国地名，在今河南范县西南。

⑪ 斫(zhuó)：砍削。

⑫ 期：约定。

⑬ 烛之：点亮火烛。

⑭ 竖子：小子，骂人语，指孙膑。

⑮ 魏太子申：魏惠王太子，名申。

吴起者，卫人也，好用兵。尝学于曾子[①]，事鲁君[②]。齐人攻鲁，鲁欲将吴起[③]，吴起取齐女为妻，而鲁疑之。吴起于是欲就名[④]，遂杀其妻，以明不与[⑤]齐也。鲁卒以为将。将而攻齐，大破之。

鲁人或恶[⑥]吴起曰："起之为人，猜忍[⑦]人也。其少时，家累千金，游仕不遂[⑧]，遂破[⑨]其家，乡党[⑩]笑之，吴起杀其谤[⑪]己者三十余人，而东出卫郭[12]门。与其母诀[13]，啮[14]臂而盟曰：'起不为卿相，不复入卫。'遂事曾子。居顷之，其母死，起终不归。曾子薄[15]之，而与起绝[16]。起乃之鲁，学兵法以事鲁君。鲁君疑之，起杀妻以求将。夫鲁小国，而有战胜之名，则诸侯图[17]鲁矣。且鲁、卫兄弟之国[18]也，而君用起，则是弃卫。"鲁君疑之，谢[19]吴起。

吴起于是闻魏文侯[20]贤，欲事之。文侯问李克[21]曰："吴起何如人哉？"李克曰："起贪而好色，然用兵司马穰苴[22]不能过也。"于是魏文侯以为将，击秦，拔五城。

注释

① 曾子：名申，孔子弟子曾参之子。

② 鲁君：鲁穆公。

③ 将吴起：使吴起为将。

④ 就名：成就他的名声。

⑤ 不与：不帮助。

⑥ 或：有的人。恶（wù）：诋毁。

⑦ 猜忍：猜疑残忍。

⑧ 游仕：周游各国寻求仕进。不遂：没成功。

⑨ 破：使动用法，使其家破落。

⑩ 乡党：乡里之人。

⑪ 谤：毁谤。

⑫ 郭：外城。

⑬ 诀：诀别。

⑭ 啮：咬。

⑮ 薄：看不起。

⑯ 绝：断绝关系。

⑰ 图：图谋。

⑱ 鲁、卫兄弟之国：鲁国的始封君为周公，卫国的始封君为康叔，周公与康叔为兄弟，所以称鲁、卫为兄弟之国。

⑲ 谢：辞退。

⑳ 魏文侯：名斯，战国初期魏国国君。

㉑ 李克：魏国名臣，协助魏文侯改革，使魏国富强。

㉒ 司马穰苴（ráng jū）：春秋后期齐国名将，事见《司马穰苴列传》。

起之为将，与士卒最下者同衣食。卧不设席，行不骑乘，亲裹赢粮[①]，与士卒分劳苦。卒有病疽[②]者，起为吮[③]之。卒母闻而哭之。人曰："子卒也，而将军自吮其疽，何哭为[④]？"母曰："非然也。往年吴公吮其父，其父战不旋踵[⑤]，遂死于敌。吴公今又吮其子，妾不知其死所矣。是以哭之。"

文侯以吴起善用兵，廉平[⑥]，尽能得士心，乃以为西河守[⑦]，以拒秦、韩。

魏文侯既卒，起事其子武侯。武侯浮[⑧]西河而下，中流，顾[⑨]而谓吴起曰："美哉乎山河之固，此魏国之宝也！"起对曰："在德不在险[⑩]。昔三苗氏左洞庭[⑪]，右彭蠡[⑫]，德义不修，禹灭之。夏桀之居，左河济[⑬]，右泰华[⑭]，伊阙[⑮]在其南，羊肠[⑯]在其北，修政不仁，汤放之。殷纣之国，左孟门[⑰]，右太行[⑱]，常山[⑲]在其北，大河[⑳]经其南，修政不德，武王杀之。由此观之，在德不在险。若君不修德，舟中之人尽为敌国也。"武侯曰："善。"

注释

① 裹：包扎。羸：背。

② 疽(jū)：毒疮。

③ 吮：用嘴吸。

④ 何哭为：为何要哭。

⑤ 踵：脚后跟。战不旋踵：战斗时不回身，一往无前。

⑥ 廉：廉洁。平：公平。

⑦ 西河：魏国郡名，在今陕西东部黄河沿岸。守：郡守。

⑧ 浮：乘船。

⑨ 顾：回头。

⑩ 险：险要的地势。

⑪ 三苗氏：古代南方部落名。左洞庭：以洞庭湖为左边边界。

⑫ 彭蠡(lǐ)：湖名，即鄱阳湖。

⑬ 河济：指黄河和济水。

⑭ 泰华：指泰山和华山。

⑮ 伊阙：山名，即龙门山，在今河南洛阳南。

⑯ 羊肠：羊肠坂，太行山的通道，以其弯曲如羊肠，故名。

⑰ 孟门：山名，孟门山，在今河南辉县。

⑱ 太行：太行山，在今山西、河北和河南交界处。

⑲ 常山：本名恒山，西汉避文帝刘恒讳改名，在今山西浑源县。

⑳ 大河：指黄河。

吴起为西河守，甚有声名。魏置相，相田文[①]。吴起不悦，谓田文曰：

“请与子论功,可乎?”田文曰:“可。”起曰:“将三军,使士卒乐死,敌国不敢谋,子孰与起?”文曰:“不如子。”起曰:“治百官,亲万民,实府库,子孰与起?”文曰:“不如子。”起曰:“守西河而秦兵不敢东乡[②],韩赵宾从[③],子孰与起?”文曰:“不如子。”起曰:“此三者,子皆出吾下,而位加吾上[④],何也?”文曰:“主少国疑,大臣未附,百姓不信,方是之时,属[⑤]之于子乎?属之于我乎?”起默然良久,曰:“属之子矣。”文曰:“此乃吾所以居子之上也。”吴起乃自知弗如田文。

田文既死,公叔为相,尚[⑥]魏公主,而害吴起。公叔之仆曰:“起易去也。”公叔曰:“奈何?”其仆曰:“吴起为人节廉而自喜名也。君因先与武侯言曰:‘夫吴起贤人也,而侯之国小[⑦],又与强秦壤界[⑧],臣窃恐起之无留心也。’武侯即曰:‘奈何?’君因谓武侯曰:‘试延以公主[⑨],起有留心则必受之。无留心则必辞矣。以此卜[⑩]之。’君因召吴起而与归,即令公主怒而轻君。吴起见公主之贱君也,则必辞。”于是吴起见公主之贱魏相,果辞魏武侯。武侯疑之而弗信也。吴起惧得罪,遂去,即之楚。

楚悼王素闻起贤,至则相楚[⑪]。明法审令[⑫],捐不急之官[⑬],废公族[⑭]疏远者,以抚养战斗之士。要在强兵[⑮],破驰说之言从横者[⑯]。于是南平百越[⑰];北并陈蔡[⑱],却[⑲]三晋;西伐秦。诸侯患楚之强。故楚之贵戚尽欲害吴起。及悼王死,宗室大臣作乱而攻吴起,吴起走之[⑳]王尸而伏之。击起之徒因射刺吴起,并中悼王。悼王既葬,太子立,乃使令尹[㉑]尽诛射吴起而并中王尸者。坐[㉒]射起而夷宗[㉓]死者七十余家。

太史公曰:世俗所称师旅[㉔],皆道《孙子》十三篇、《吴起兵法》[㉕],世多有,故弗论,论其行事所施设[㉖]者。语曰:“能行之者未必能言,能言之者未必能行。”孙子筹策[㉗]庞涓明矣,然不能蚤[㉘]救患于被刑。吴起说武侯以形势不如德,然行之于楚,以刻暴少恩[㉙]亡其躯。悲夫!

注释

① 相田文：以田文为相。

② 乡：通“向”。

③ 宾从：服从。

④ 位加吾上：职位在我之上。

⑤ 属：通“瞩”，瞩目。

⑥ 尚：上配，古代对娶帝王之女的敬称。

⑦ 侯之国小：指吴起管辖的地界小。

⑧ 壤界：西河与秦国接壤。

⑨ 延：招纳。此句指以公主招亲的方式招纳他。

⑩ 卜：试探。

⑪ 相楚：担任楚国之相。

⑫ 明法：使法律严明。审：确，必。审令，使令出必行。

⑬ 捐：撤除。不急之官：不急需的官职。

⑭ 废：废除。公族：国君的同族。

⑮ 要：核心。强兵：加强军队。

⑯ 驰说：到处奔走游说。此句意为：排斥那些到处奔走游说、大谈合纵连横的人。

⑰ 百越：居住在福建、广东等地的少数民族。

⑱ 陈蔡：陈国和蔡国。

⑲ 却：打败。

⑳ 走：跑。之：往。

㉑ 令尹：楚国官名，位同丞相。

㉒ 坐：因。

㉓ 夷：灭。宗：宗族。

㉔ 师旅：行军打仗。

㉕《吴起兵法》：《汉书·艺文志》："《吴起》，四十八篇。"

㉖ 所施设：所作所为。

㉗ 筹策：谋划。

㉘ 蚤：通"早"。

㉙ 刻暴少恩：残暴缺少人情。

评析

春秋战国时期，各诸侯国为了争夺土地，经常和民众爆发大规模的战争。频繁的战争，催生了众多卓越的军事家，如司马穰苴、孙武、孙膑、吴起等。他们总结以往的战争经验，撰写出众多的兵法典籍，如《太公兵法》《司马兵法》等，其中最著名者为《孙子兵法》。《孙子吴起列传》是孙武、孙膑和吴起三人的合传，司马迁将三人合为一篇，以记述春秋战国时期这些伟大军事家的事迹。

"兵法""用兵"始终是司马迁结撰本篇的重点。如司马迁描写孙武，说他"以兵法见于吴王阖庐"，并选取孙武训练阖庐之妃的故事具体展现孙武的军事才能。在孙膑的故事中，司马迁称孙膑"尝与庞涓俱学兵法"，并选用"田忌赛马"和"马陵之战"两个故事，以体现孙膑出色的军事能力。尤其是后一个故事，细节生动，情节精彩，形象地表现出孙膑高过庞涓的军事才能。凌稚隆《史记评林》对本篇的写法有一评论："通篇以'兵法'二字作骨。首次武以兵法见吴王，卒斩二姬，为名将，后次膑与庞涓俱学兵法，而膑以兵法为齐威王师，及死，庞涓显，当时传后世者皆兵法也。篇终结'兵法'二字，与首句相应。”此言为是。

司马迁对吴起军事能力的描写，是通过他人之口道出的。魏文侯问李克：“吴起何如人哉?”李克曰：“起贪而好色，然用兵司马穰苴不能过也。”司马穰苴是春秋晚期齐国著名的军事家。司马迁将吴起与之对比，以衬托吴起的用兵能力。吴起善用兵的根本原因，是他善待士卒，与底层士兵同甘共苦。司马迁如此记载：“起之为将，与士卒最下者同衣食。卧不设席，行不骑乘，亲裹赢粮，与士卒分劳苦。卒有病疽者，起为吮之。”

孙膑是司马迁重点赞颂的对象，因军事才能高于庞涓而被后者妒忌，最终被断双足。在这种逆境中，孙膑忍辱负重，逃到齐国，终一雪前耻，名显天下。司马迁的人生遭遇与孙膑有一定的相通之处，所以他对这种忍一时之耻而成就显赫声名的人物有着特殊的情感。他在《太史公自序》和《报任安书》中多次提到“孙子膑脚，兵法修列”，从孙膑身上汲取精神力量。司马迁对吴起的态度颇为复杂，他既选择了“吴起杀妻”和“母死不归”两个故事以体现吴起的刻薄少恩，也对吴起因在楚国推行改革，最终被乱箭射死的悲剧结局表达了同情。

本篇还有一点值得注意，因传世者只有《孙子兵法》，所以以往学者多怀疑《孙子吴起列传》的记载，认为司马迁对孙武、孙膑的记载并不准确。如南宋叶适认为孙武在历史上根本不存在，其书为战国纵横家所伪作；也有学者认为《孙子兵法》源出孙武而完成于孙膑；还有人认为孙武和孙膑为同一人，孙子名武，膑是他的绰号，司马迁误以为是两个人。1972年山东临沂银雀山的西汉墓葬中出土了大批竹简，其中便有《孙子兵法》和《孙膑兵法》，这有力地证明司马迁《孙子吴起列传》的记载是正确的。

第五编
秦汉帝国

《秦始皇本纪》(节选)

秦始皇帝者,秦庄襄王子也。庄襄王为秦质[1]子于赵,见吕不韦姬,悦而取之,生始皇。以秦昭王四十八年[2]正月生于邯郸。及生,名为政,姓赵氏。年十三岁,庄襄王死,政代立为秦王。……

二十六年,齐王建[3]与其相后胜发兵守其西界,不通秦[4]。秦使将军王贲从燕南攻齐,得齐王建。

秦初并天下[5],令丞相、御史曰:"异日[6]韩王纳地效玺[7],请为藩臣,已而倍约,与赵、魏合从畔[8]秦,故兴兵诛之,虏其王。寡人以为善,庶几息兵革。赵王使其相李牧来约盟,故归其质子。已而倍盟,反我太原,故兴兵诛之,得其王。赵公子嘉乃自立为代王,故举兵击灭之。魏王始约服入秦,已而与韩、赵谋袭秦,秦兵吏诛,遂破之。荆[9]王献青阳以西,已而畔约,击我南郡,故发兵诛,得其王,遂定其荆地。燕王昏乱,其太子丹乃阴令荆轲为贼[10],兵吏诛,灭其国。齐王用后胜计,绝秦使,欲为乱,兵吏诛,虏其王,平齐地。寡人以眇眇[11]之身,兴兵诛暴乱,赖宗庙之灵,六王咸伏其辜[12],天下大定。今名号不更,无以称成功[13],传后世。其议帝号。"丞相绾、御史大夫劫、廷尉斯[14]等皆曰:"昔者五帝地方千里,其外侯服夷服[15],诸侯或朝或否,天子不能制。今陛下兴义兵,诛残贼,平定天下,海内为郡县,法令由一统,自上古以来未尝有,五帝所不及。臣等谨与博士议曰:'古有天皇,有地皇,有泰皇,泰皇最贵。'臣等昧死上尊号,王为'泰皇'。命为'制',令为'诏',天子自称曰'朕'[16]。"王曰:"去'泰',著'皇',采上古'帝'位号,号曰'皇帝'。他如议。"制曰:"可。"追尊庄襄王为太上皇。制曰:"朕闻太古有号毋谥,中古有号,死而以行为谥[17]。如此,则子议父,臣议君也,甚无谓[18],朕弗取焉。自今已来,除谥法。朕为始皇帝。后世以计数,二世三世至于万世,传之无穷。"

注释

① 质：人质。

② 秦昭王四十八年：公元前259年。

③ 齐王建：田齐的末代君主。

④ 不通秦：与秦断交。

⑤ 初并天下：统一天下。

⑥ 异日：昔日。

⑦ 纳：交，献。效：献，呈上。

⑧ 畔：通“叛”。

⑨ 荆：楚国。

⑩ 令荆轲为贼：指荆轲刺秦王事，见《刺客列传》。

⑪ 眇眇：卑小，谦辞。

⑫ 咸：都。伏其辜：服罪。

⑬ 名号：指以前的“秦王”等称号。更：改变。称：相称。

⑭ 丞相绾、御史大夫劫、廷尉斯：分别为王绾、冯劫、李斯。

⑮ 侯服夷服：据《周礼·夏官·职方氏》，自天子的都城向外辐射，千里之内为王畿，再向外五百里为侯服，依次向外辐射。每五百里为一服，依次有甸服、男服、采服、卫服、蛮服、夷服、镇服、藩服。

⑯ 朕：秦始皇改名号前，人人都可称“朕”，其之后只能皇帝使用。

⑰ 谥：帝王去世后，群臣用一字或多字，以评价其生前的行为，如“文”“武”“灵”等便是谥号。

⑱ 无谓：没道理，没意义。

始皇推终始五德之传[①]，以为周得火德，秦代周德，从所不胜[②]。方今水德之始，改年始，朝贺皆自十月朔[③]。衣服旄旌节旗皆上黑[④]。数以六为纪[⑤]，符、法冠[⑥]皆六寸，而舆六尺，六尺为步，乘六马。更名河曰德水，以为水德之始。刚毅戾深[⑦]，事皆决于法，刻削毋仁恩和义，然后合五德之数[⑧]。于是急法，久者不赦。

丞相绾等言："诸侯初破，燕、齐、荆地远，不为置王，毋以填[⑨]之。请立诸子，唯上幸许。"始皇下其议于群臣，群臣皆以为便[⑩]。廷尉李斯议曰："周文武所封子弟同姓甚众，然后属[⑪]疏远，相攻击如仇雠，诸侯更相诛伐，周天子弗能禁止。今海内赖陛下神灵一统，皆为郡县，诸子功臣以公赋税[⑫]重赏赐之，甚足易制。天下无异意，则安宁之术也。置诸侯不便。"始皇曰："天下共苦战斗不休，以有侯王。赖宗庙，天下初定，又复立国，是树兵[⑬]也，而求其宁息，岂不难哉！廷尉议是。"

分天下以为三十六郡，郡置守、尉、监[⑭]。更名民曰"黔首"[⑮]。大酺[⑯]。收天下兵，聚之咸阳，销以为钟鐻[⑰]，金人十二，重各千石，置[⑱]廷宫中。一法度衡石丈尺[⑲]。车同轨[⑳]。书同文字[㉑]。地东至海暨朝鲜，西至临洮羌中，南至北乡户，北据河为塞，并阴山至辽东。徙天下豪富于咸阳十二万户。诸庙及章台、上林皆在渭南。秦每破诸侯，写放[㉒]其宫室，作之咸阳北阪上，南临渭，自雍门以东至泾、渭，殿屋复道周阁[㉓]相属。所得诸侯美人钟鼓，以充入之。

注释

① 终始五德之传：将金、木、水、火、土的相生相克与朝代的更迭联系起来，这便是"五德终始"学说，邹衍是这一学说的代表人物，见《孟子荀卿列传》。

② 从所不胜：前一个朝代不能战胜的那种“德”，便是下一个朝代的“德”。秦人认为周是火德，能灭火的为水，因此秦是水德。

③ 朔：指每月的头一天。

④ 衣服：帝王在祭祀、朝会时所穿的礼服。旄：饰有羽毛的旗帜。旌：编羽所成的旗帜。节：信物。上：崇尚。阴阳五行家将五行与五方、五色相配，秦为水德，其方位在北，颜色主黑，所以秦的服饰、旄旗都用黑色。

⑤ 数以六为纪：以六为计算单位。

⑥ 符：符节。法冠：祭祀等隆重场合戴的帽子。

⑦ 戾：暴戾。深：苛刻。

⑧ 合五德之数：秦的行政司法与“水德”相合。

⑨ 填：通“镇”，镇压。

⑩ 便：合适。

⑪ 后属：后来的亲缘关系。

⑫ 公赋税：国家收缴的赋税。

⑬ 树兵：埋下战争的种子。

⑭ 守：太守，郡最高长官。尉：郡尉，武官，主管治安。监：皇帝派驻郡的监察官员。

⑮ 黔首：黎民百姓。

⑯ 大酺：让天下人聚会饮酒以示庆贺。

⑰ 鐻(jù)：夹钟，钟的一种。

⑱ 置：放置。

⑲ 一：统一。衡：秤砣。石：重量单位。丈尺：均为长度单位。

⑳ 车同轨：车辆两轮的间距一致，为六尺。

㉑ 书同文字：战国文字不一，秦始皇规定刻石一律用小篆，官方文件用隶书书写。

㉒ 写：仿效。放：通“仿”，仿照。
㉓ 复道：楼阁间的空中通道。周阁：楼台四周的廊道。

二十七年，始皇巡陇西、北地，出鸡头山，过回中。焉作信宫[①]渭南，已更命信宫为极庙，象天极[②]。自极庙道通郦山。作甘泉前殿，筑甬道[③]，自咸阳属之。是岁，赐爵一级。治驰道[④]。

二十八年，始皇东行[⑤]郡县，上邹峄山[⑥]。立石，与鲁诸儒生议刻石颂秦德，议封禅望祭[⑦]山川之事。乃遂上泰山，立石，封，祠祀。下，风雨暴至，休于树下，因封其树为五大夫[⑧]。禅梁父[⑨]。刻所立石。……

……三十四年，适治狱吏不直者[⑩]，筑长城，及南越地。

始皇置酒咸阳宫，博士七十人前为寿。仆射[⑪]周青臣进颂曰："他时秦地不过千里，赖陛下神灵明圣，平定海内，放逐蛮夷，日月所照，莫不宾服。以诸侯为郡县，人人自安乐，无战争之患，传之万世。自上古不及陛下威德。"始皇悦。博士齐人淳于越进曰："臣闻殷周之王[⑫]千余岁，封子弟功臣，自为枝辅[⑬]。今陛下有海内，而子弟为匹夫[⑭]，卒有田常、六卿之臣[⑮]，无辅拂，何以相救哉？事不师古而能长久者，非所闻也。今青臣又面谀以重陛下之过，非忠臣。"始皇下其议。丞相李斯曰："五帝不相复[⑯]，三代不相袭，各以治，非其相反[⑰]，时变异也。今陛下创大业，建万世之功，固非愚儒所知。且越言乃三代之事，何足法也？异时诸侯并争，厚招游学[⑱]。今天下已定，法令出一，百姓当家则力农工，士则学习法令辟禁[⑲]。今诸生不师今而学古，以非当世，惑乱黔首。丞相臣斯昧死言：古者天下散乱，莫之能一，是以诸侯并作，语皆道古以害今，饰虚言[⑳]以乱实，人善其所私学，以非上之所建立。今皇帝并有天下，别黑白而定一尊。私学而相与非法教，人闻令下，则各以其学议之，入则心非，出则巷议，夸主以为名[㉑]，异取以为高[㉒]，率群下以造谤。如此弗禁，则主势降乎上，党与[23]成乎下。禁之便。臣请史官非秦记[24]皆烧之。非博士官所职[25]，天下敢有藏《诗》、《书》、百家语[26]者，悉诣守、尉杂烧之。有敢偶语[27]《诗》《书》者弃市，以古非今者族。吏见知不举[28]者与同罪。令下三十日不烧，黥为城旦[29]。所不去者，医药卜筮种树之书。若欲有学法令，以吏为师[30]。”制曰：“可。”

注释

① 信宫：秦始皇举行重大朝会的宫殿。

② 天极：古人将天上的星座分为五个区域，称作五宫，天极为中宫的中心星座。

③ 甬道：两侧有高墙的通道。

④ 驰道：驰骋马车的宽广道路。

⑤ 行：巡视。

⑥ 邹峄山：邹城的峄山，在今山东邹城东南。

⑦ 望祭：古代的一种祭祀方式，遥望而祭祀。

⑧ 五大夫：秦二十等爵中的第九级。

⑨ 梁父：泰山东南的小山。

⑩ 适：通“谪”。不直：不公正。

⑪ 仆射：官名，周青臣为博士仆射，为诸博士之长。

⑫ 王：称王，即统治国家。

⑬ 枝辅：支撑和辅助者。

⑭ 匹夫：普通人。

⑮ 卒：通“猝”。田常：春秋后期齐国的权臣，发动政变杀害了齐简公，为田氏子孙代齐奠定了基础。六卿：指晋国范氏、中行氏、智氏、赵氏、魏氏、韩

氏等六大贵族。

⑯ 复：重复。

⑰ 非其相反：并不是要标新立异。

⑱ 游学：指持各种学说而到处奔走游说的人。

⑲ 辟：法令。禁：禁令。

⑳ 饰虚言：编造空话。

㉑ 以为名：以博取名声。

㉒ 异取：故意和君主唱反调。以为高：以抬高自己。

㉓ 党与：党羽。

㉔ 秦记：秦国史书。

㉕ 职：掌管。

㉖ 百家语：指诸子百家之书。

㉗ 偶语：两人聚在一起谈论。

㉘ 见知：看见或知道。举：举报。

㉙ 城旦：修筑工事的罪刑。

㉚ 以吏为师：拜官吏为师。

三十五年，除①道，道九原抵云阳，堑山堙谷②，直通之。于是始皇以为咸阳人多，先王之宫廷小，吾闻周文王都丰，武王都镐，丰镐之间，帝王之都也。乃营作朝宫③渭南上林苑中。先作前殿阿房，东西五百步，南北五十丈，上可以坐万人，下可以建④五丈旗。周驰为阁道⑤，自殿下直抵南山⑥。表⑦南山之颠以为阙。为复道，自阿房渡渭，属之咸阳，以象天极阁道绝汉抵营室⑧也。阿房宫未成；成，欲更择令⑨名名之。作宫阿房，故天下谓之阿房宫。隐宫⑩徒刑者七十余万人，乃分作阿房宫，或作丽山。发北山石椁，乃写⑪蜀、荆地材皆至。关中⑫计宫三百，关外四百余。于是立石东海上朐界中[13]，以为秦东门。因徙三万家丽邑，五万家云阳，皆复不事十岁[14]。

注释

① 除：整治修理。

② 堑：挖沟，此处指开山。堙：填。

③ 朝宫：接受朝见之宫殿。

④ 建：树立。

⑤ 周驰为阁道：宫殿四周都有阁道与远处其他的建筑相连通。

⑥ 南山：终南山，在今陕西西安南。

⑦ 表：树立标志。

⑧ 绝汉：横绝天河。营室：星宿名，与天极隔着天河。

⑨ 令：美好。

⑩ 隐宫：遭受宫刑之人。

⑪ 写：输送。

⑫ 关中：函谷关内。

⑬ 东海：秦郡名，在今山东郯城县。朐（qú）：秦县名，在今江苏连云港西南。

⑭ 复不事十岁：免除十年的赋税。

卢生说始皇曰："臣等求芝奇药仙者常弗遇，类物有害之者。方中[1]，人主时为微行以辟恶鬼，恶鬼辟，真人[2]至。人主所居而人臣知之，则害[3]于神。真人者，入水不濡[4]，入火不爇[5]，陵云气，与天地久长。今上治天下，未能恬倓[6]。愿上所居宫毋令人知，然后不死之药殆可得也。"于是始皇曰："吾慕真人，自谓'真人'，不称'朕'。"乃令咸阳之旁二百里内宫观二百七十复道甬道相连，帷帐钟鼓美人充之，各案署[7]不移徙。行所幸，有言其处者，罪死。始皇帝幸梁山宫[8]，从山上见丞相车骑众，弗善也。中人或告丞相，丞相后损车骑。始皇怒曰："此中人泄吾语。"案问莫服[9]。当是时，诏捕诸时在旁者，皆杀之。自是后莫知行之所在。听事，群臣受决事，悉于咸阳宫。

侯生、卢生相与谋曰："始皇为人，天性刚戾自用，起诸侯，并天下，意得欲从，以为自古莫及己。专任狱吏，狱吏得亲幸。博士虽七十人，特备员[10]弗用。丞相诸大臣皆受成事[11]，倚辨于上[12]。上乐以刑杀为威，天下畏罪持禄[13]，莫敢尽忠。上不闻过而日骄，下慑伏谩欺以取容。秦法，不得兼方，不验，辄死。[14]然候星气者[15]至三百人，皆良士，畏忌讳谀，不敢端言其过。天下之事无小大皆决于上，上至以衡石量书[16]，日夜有呈[17]，不中呈不得休息。贪于权势至如此，未可为求仙药。"于是乃亡去。始皇闻亡，乃大怒曰："吾前收天下书不中用者尽去之，悉召文学方术士甚众，欲以兴太平。方士欲练以求奇药，今闻韩众去不报[18]，徐市等费以巨万计，终不得药，徒奸利相告日闻。卢生等吾尊赐之甚厚，今乃诽谤我，以重吾不德也。诸生在咸阳者，吾使人廉问[19]，或为訞言[20]以乱黔首。"于是使御史悉案问诸生，诸生传相告引[21]，乃自除[22]。犯禁者四百六十余人，皆坑之咸阳，使天下知之，以惩后。益发谪徙边[23]。始皇长子扶苏谏曰："天下初定，远方黔首未集[24]，诸生皆诵法孔子，今上皆重法绳之，臣恐天下不安。唯上察之。"始皇怒，使扶苏北监蒙恬于上郡[25]。

注释

① 方中：仙方中记载。

② 真人：仙人。

③ 害：妨害。

④ 濡(rú)：用水淹。

⑤ 爇(ruò):用火烧。

⑥ 恬倓:通“恬淡”,清心寡欲。

⑦ 各案署:各居其位。

⑧ 梁山宫:秦的离宫,在今陕西乾县的梁山脚下。

⑨ 案:通“按”,审查。服:服罪。

⑩ 备员:充数,当摆设。

⑪ 成事:已制定好的命令。

⑫ 辨:通“办”。倚辨于上,指任何事情都倚靠皇上。

⑬ 持:保持。禄:官禄。

⑭ 方:方伎。此句意为:秦法规定,每人不能兼学两种方伎,一旦不灵验,就会被杀。

⑮ 候:观测。候星气者,即观测天文气象以预测吉凶的人。

⑯ 衡:秤杆。石:秤砣。书:文书。此句意为:用秤称出一定分量的文书。

⑰ 呈:通“程”,指标。日夜有呈,即每天都有规定的批阅文书分量。

⑱ 报:回复。

⑲ 廉问:察问。

⑳ 訞(yāo)言:妖言。

㉑ 传:通“转”,辗转。相:相互。告引:告发、牵引。

㉒ 自除:秦始皇自己圈定、挑出。

㉓ 益:更多地。谪:发配。徙边:迁徙到边疆。

㉔ 黔首:百姓。集:安定。

㉕ 扶苏:秦始皇长子。蒙恬:秦始皇的大将。上郡:秦郡名,郡治在今陕西榆林东南。

三十六年,荧惑守心[①]。有坠星下东郡,至地为石,黔首或刻其石曰

“始皇帝死而地分”。始皇闻之,遣御史逐问,莫服,尽取石旁居人诛之,因燔销其石。始皇不乐,使博士为《仙真人诗》,及行所游天下,传令乐人歌弦之。秋,使者从关东夜过华阴平舒道,有人持璧遮②使者曰:“为吾遗滈池君③。”因言曰:“今年祖龙④死。”使者问其故,因忽不见,置其璧去。使者奉璧具以闻。始皇默然良久,曰:“山鬼固不过知一岁事也。”退言曰:“祖龙者,人之先也。”使御府⑤视璧,乃二十八年行渡江所沉璧也。于是始皇卜之,卦得游徙⑥吉。迁北河、榆中三万家,拜爵一级。

三十七年十月癸丑,始皇出游。左丞相斯从,右丞相去疾守⑦。少子胡亥爱慕请从,上许之。十一月,行至云梦,望祀⑧虞舜于九疑山⑨。浮江下⑩,观籍柯⑪,渡海渚⑫。过丹阳,至钱唐。临浙江,水波恶,乃西百二十里从狭中渡。上会稽,祭大禹,望于南海,而立石刻颂秦德。……

还过吴,从江乘渡。并海上⑬,北至琅邪。方士徐市等入海求神药,数岁不得,费多,恐谴⑭,乃诈曰:“蓬莱药可得,然常为大鲛鱼所苦,故不得至,愿请善射与俱,见则以连弩射之。”始皇梦与海神战,如人状。问占梦⑮,博士曰:“水神不可见,以大鱼蛟龙为候⑯。今上祷祠备谨,而有此恶神,当除去,而善神可致。”乃令入海者赍⑰捕巨鱼具,而自以连弩候大鱼出,射之。自琅邪北至荣成山,弗见。至之罘,见巨鱼,射杀一鱼。遂并海西⑱。

注释

① 荧惑:火星。心:心宿。荧惑守心,即火星运行到心宿,古人认为这是天下大乱的征兆。

② 遮:拦路。

③ 滈池君:滈池的水神。

④ 祖龙：指秦始皇。

⑤ 御府：皇家仓库，此处指仓库的管理者。

⑥ 游：出游。徙：迁徙百姓。

⑦ 去疾：人名，冯去疾。守：留守。

⑧ 望祀：古代祭祀的一种，遥望而祭祀。

⑨ 九疑山：也作“九嶷山”，传说舜在此去世，在今湖南宁远县南。

⑩ 浮：乘船。江：长江。

⑪ 籍柯：也作“籍河”，庐山瀑布。

⑫ 海渚：“海”为“江”之误，江渚即今安徽马鞍山长江中的采石矶。

⑬ 并：沿着。海上：东海边北上。

⑭ 费：花费。谴：责备。

⑮ 占梦：主管占梦的人员。

⑯ 候：征兆。

⑰ 赍(jī)：携带。

⑱ 并海西：沿着海岸线西行。

至平原津[①]而病。始皇恶言死，群臣莫敢言死事。上病益甚，乃为玺书赐公子扶苏曰：“与丧会咸阳而葬。”书已封，在中车府令赵高行符玺事[②]所，未授使者。七月丙寅，始皇崩于沙丘平台。丞相斯为上崩在外，恐诸公子及天下有变，乃秘之，不发丧。棺载辒凉车[③]中，故幸宦者参乘[④]，所至上食、百官奏事如故，宦者辄从辒凉车中可其奏事。独子胡亥、赵高及所幸宦者五六人知上死。赵高故尝教胡亥书及狱律令法事[⑤]，胡亥私幸之。高乃与公子胡亥、丞相斯阴谋破去始皇所封书赐公子扶苏者，而更诈为丞相斯受始皇遗诏沙丘，立子胡亥为太子。更为书赐公子扶苏、蒙恬，数以罪，其赐死。语具在《李斯传》中。行，遂从井陉抵九原。会暑，上辒车臭，乃诏从官令车载一石[⑥]鲍鱼，以乱其臭。

行从直道至咸阳，发丧。太子胡亥袭位，为二世皇帝。九月，葬始皇郦山。始皇初即位，穿治郦山，及并天下，天下徒送诣七十余万人，穿三泉[⑦]，下铜而致椁[⑧]，宫观百官奇器珍怪徙臧[⑨]满之。令匠作机弩矢，有所穿近者，辄射之。以水银为百川江河大海，机相灌输[⑩]，上具天文，下具地理。以人鱼膏为烛，度不灭者久之。二世曰："先帝后宫非有子者，出焉不宜。"皆令从死，死者甚众。葬既已下，或言工匠为机，臧皆知之，臧重即泄。大事毕，已臧，闭中羡[⑪]，下外羡门，尽闭工匠臧者，无复出者。树草木以象山。……

太史公曰：秦之先伯翳[⑫]，尝有勋于唐虞之际，受土赐姓。及殷夏之间微散[⑬]。至周之衰，秦兴，邑于西垂。自缪公以来，稍蚕食诸侯，竟成始皇。始皇自以为功过五帝，地广三王，而羞与之侔[⑭]。善哉乎贾生推言之也！[⑮]

注释

① 津：渡口，在今山东平原县西南。

② 符：符节。玺：印玺。行符玺事，指管理皇帝的符节印玺。

③ 辒（wēn）凉车：有窗户的车，关闭则温暖，开窗则凉快。

④ 参乘：站在车上主座的右侧，充当警卫。

⑤ 书：写字、认字。狱律令法：法令条文。

⑥ 石：计量单位，相当于今之一百二十斤。

⑦ 三泉：三层泉水以下，可见地宫之深。

⑧ 下铜：用铜汁堵塞地宫的缝隙。致椁（guǒ）：放置棺椁。

⑨ 臧：通"藏"。

⑩ 机相灌输：用机关控制，使之回环往复流个不停。

⑪ 中羡：墓道的中门。

⑫ 伯翳：秦人先祖。《五帝本纪》作“伯益”。

⑬ 微：衰微。散：离散。

⑭ 侔：相等。

⑮ 此句指贾谊的《过秦论》。

评析

《秦本纪》记载了秦从一个与戎狄杂居的小国，逐渐发展壮大，成为战国后期雄踞西方、对东方六国虎视眈眈的大国的历史。《秦始皇本纪》是《秦本纪》的续篇，详细记载了秦始皇嬴政自十三岁即位为秦王，至三十九岁统一六国，建立起中国历史上第一个中央集权帝国的历史。但这个庞大帝国，在其去世后短短数年就灭亡了，其中含有深刻的历史兴亡教训。

秦始皇在用武力统一天下后，推行了一系列措施以使帝国实现真正的统一。其一是更改名号。他将以往君主的称号“王”改为“皇帝”，并将过去任何人都可使用的“朕”，规定为只能由皇帝专用；他还更改了皇帝命书的称号，将“命”改为“制”、“令”改为“诏”，并废除了谥法制度。改名号的根本目的是尊崇皇帝，正如秦始皇诏令所言：“今名号不更，则无以称成功。”其二是更改历法。秦始皇将十月确定为岁首，并依据战国流行的五行终始学说，将秦确立为水德。其三是废除周代的封建制，改为推行郡县制，并将天下分为三十六郡。其四是统一度量衡、文字和车轨。这一系列措施极大地促进了天下的统一，并对后世产生了深远的影响。秦始皇的这些举措在当时是有积极意义的，司马迁对此也颇为肯定，如《六国年表》中便说：“秦取天下多暴，然世异变，成功大。”

然而，这样一个前所未有的帝国却在建立后的十余年内便灭亡了。司马迁对此作了深刻的剖析。其一是秦所推行的严苛法令。秦自商鞅变法后，以施行严法峻令著称，百姓但凡稍有过失，轻者刑，重者死。这种制度也被秦始皇沿用，司马迁如此评价："（始皇）刚毅戾深，事皆决于法，刻削毋仁恩和义，然后合五德之数。于是急法，久者不赦。"施行酷法而缺乏仁义，可以说是秦灭亡的最直接原因。陈胜、刘邦等人的起义，均缘于此。其二是秦始皇的骄奢淫逸、好大喜功。他在统一天下后，修驰道，建信宫，并大兴徒役，营建奢华庞大的阿房宫。在巡行天下的过程中，多次刻石颂扬自己的功德。这对经历过战国乱争而刚安定下来的百姓造成了巨大的负担，极大地损耗了国力，为此后大规模的农民起义埋下了导火索。

《秦始皇本纪》记载的"焚书坑儒"事影响很大，历代有很多争论，值得辨析。"焚书"之事，实由李斯提倡。李斯认为民间私学造成人人异说，无法有效推行皇帝的命令，树立皇帝的权威。于是他建议："臣请史官非秦记皆烧之。非博士官所职，天下敢有藏《诗》、《书》、百家语者，悉诣守、尉杂烧之。有敢偶语《诗》《书》者弃市，以古非今者族……所不去者，医药卜筮种树之书。若欲有学法令，以吏为师。"这一建议得到秦始皇的肯定，并被有效地推行。从发掘的出土文献看，秦墓里出土的简牍确实没有《诗》《书》等典籍，而法令文书极为繁多。与"焚书"紧密联系的是"坑儒"事。秦始皇晚年恶言死，求长生，令方士侯生、卢生等人求长生之药。此事未成，侯生等人因惧怕而逃亡，秦始皇大怒，"犯禁者四百六十余人，皆坑之咸阳"。有学者认为此时坑杀的是"方士"而不是"儒生"，也有学者认为"坑儒"之事实为秦末汉初人所编造，用以抹黑秦始皇，孰真孰假，难以分辨。总之，"焚书"与"坑儒"实为两事，后者的可信性无法与前者相比。

此外，据《秦始皇本纪》，秦始皇去世前，留遗诏立太子扶苏为继承人，但胡亥与赵高、李斯等人篡改了始皇遗诏，令扶苏自杀，最终胡亥登上帝位。但据新近发现的北大汉简《赵正书》记载，秦始皇遗诏确立的继承人本就是胡亥，并不存在篡改诏书之事。这两个故事孰真孰假，目前难以确定，只能寄希望于未来发现更为详细具体的史料。

《陈涉世家》

陈胜者，阳城[①]人也，字涉。吴广者，阳夏[②]人也，字叔。陈涉少时，尝与人佣耕[③]，辍耕之垄上[④]，怅恨久之，曰："苟[⑤]富贵，无相忘。"庸[⑥]者笑而应曰："若[⑦]为庸耕，何富贵也？"陈涉太息[⑧]曰："嗟乎，燕雀安知鸿鹄[⑨]之志哉！"

注释

① 阳城：秦县名，县治在今河南方城县东。

② 阳夏：秦县名，县治在今河南太康县。

③ 佣耕：受人雇佣，替人耕田。

④ 辍：停下。之：到。垄上：田埂。

⑤ 苟：如果。

⑥ 庸：通"佣"。

⑦ 若：你。

⑧ 太息：叹息。

⑨ 鸿鹄(hú)：大雁。

二世[①]元年七月，发闾左适戍渔阳[②]九百人，屯大泽乡[③]。陈胜、吴广皆次[4]当行，为屯长。会[5]天大雨，道不通，度已失期[6]。失期，法[7]皆斩。陈胜、吴广乃谋曰："今亡[8]亦死，举大计[9]亦死，等死，死国[10]可乎？"陈胜曰："天下苦秦久矣。吾闻二世少子也，不当立，当立者乃公子扶苏[11]。扶苏以数[12]谏故，上使外将兵[13]。今或闻无罪，二世杀之。百姓多闻其贤，未知其死也。项燕[14]为楚将，数有功，爱士卒，楚人怜之。或以为死，或以为亡。今诚以吾众诈自称公子扶苏、项燕，为天下唱[15]，宜多应者。"吴广以为然。乃行卜[16]。卜者知其指[17]意，曰："足下事皆成，有功。然足下卜之鬼乎！[18]"陈胜、吴广喜，念鬼[19]，曰："此教我先威众[20]耳。"乃丹[21]书帛曰"陈胜王"，置人所罾[22]鱼腹中。卒买鱼烹食，得鱼腹中书，固以怪之矣。又间[23]令吴广之次所旁丛祠中[24]，夜篝火，狐鸣呼曰[25]"大楚兴，陈胜王"。卒皆夜惊恐。旦日[26]，卒中往往语[27]，皆指目[28]陈胜。

注释

① 二世：秦始皇幼子胡亥，秦二世皇帝。

② 闾：里巷。适：通"谪"。戍：戍守。渔阳：秦县名，县治在今北京密云区西南。

③ 屯：停驻。大泽乡：属蕲县，古代为沼泽地，故称大泽乡，在今安徽宿州。

④ 次：按次序。

⑤ 会：恰逢。

⑥ 度：估计。失期：超过规定时间。

⑦ 法：按照法律规定。

⑧ 亡：逃亡。

⑨ 举大计：指造反。

⑩ 死国：为建立自己的王国而拼死。

⑪ 扶苏：秦始皇长子。

⑫ 数：多次。

⑬ 将兵：率领军队。

⑭ 项燕：项羽祖父，战国末期楚国将领。

⑮ 唱：通“倡”，倡导。

⑯ 行卜：前去占卜。

⑰ 指：通“旨”。

⑱ 然足下卜之鬼乎：提醒陈胜、吴广借鬼神号召群众。

⑲ 念鬼：心里想着卜者所说“卜之鬼”是什么意思。

⑳ 威众：在群众间树立威信。

㉑ 丹：红色。

㉒ 罾（zēng）：渔网，此处指捕捞。

㉓ 间：暗中。

㉔ 次所：驻扎之地。丛祠：树木掩映的野庙。

㉕ 狐鸣呼曰：像狐狸一样呼叫。

㉖ 旦日：第二天早上。

㉗ 往往语：来往议论。

㉘ 指目：指点斜看。可见戍卒对陈涉的敬畏。

吴广素爱人，士卒多为用者。将尉[①]醉，广故数言欲亡[②]，忿恚尉[③]，令辱之[④]，以激怒其众。尉果笞[⑤]广。尉剑挺[⑥]，广起，夺而杀尉。陈胜佐之，并杀两尉。召令徒属曰：“公等遇雨，皆已失期，失期当斩。藉弟令[⑦]毋斩，而戍死者固十六七[⑧]。且壮士不死即已，死即举大名[⑨]耳，王侯将相宁有种乎[⑩]！”徒属皆曰：“敬受命。”乃诈称公子扶苏、项燕，从民欲也。袒右[⑪]，称大楚。为坛[⑫]而盟，祭以尉首。陈胜自立为将军，吴广为都尉。攻大泽乡，收而攻蕲[⑬]。蕲下，乃令符离[⑭]人葛婴将兵徇[⑮]蕲以东。攻铚、酂、苦、柘、谯[⑯]，皆下之。行收兵。比至陈[17],车六七百乘,骑千余,卒数万人。攻陈,陈守令皆不在,独守丞与战谯门中[18]。弗胜,守丞死,乃入据陈。数日,号令召三老、豪杰[19]与皆来会计[20]事。三老、豪杰皆曰:“将军身被坚执锐[21],伐无道,诛暴秦,复立楚国之社稷,功宜为王。”陈涉乃立为王,号为“张楚”[22]。

注释

① 将尉:统领戍卒的县尉。

② 数:多次。亡:逃亡。

③ 忿恚(huì):使动用法,使尉恼怒。

④ 令辱之:使将尉侮辱他。

⑤ 笞(chī):鞭打。

⑥ 挺:拔出。

⑦ 藉:假令。弟:通“第”,尽管。令:但,尽管。

⑧ 固:本。此句意为:守边而死的人,十个里头本就有六七个。

⑨ 举大名:成就大名。

⑩ 宁:难道。此句意为:王侯将相难道是天生的吗?

⑪ 袒右:褪下右边衣袖。

⑫ 坛:祭坛。

⑬ 蕲(qí):秦县名,县治在今安徽宿州南。

⑭ 符离:秦县名,县治在今安徽宿州东北。

⑮ 徇:巡行。

⑯ 铚(zhì):秦县名,县治在今安徽宿州西南。酂(cuó):秦县名,县治在今河南永城西。苦(gǔ):秦县名,县治在今河南鹿邑县。柘(zhè):秦县名,县治在今河南柘城县西北。谯(qiáo):秦县名,县治在今安徽亳州。

⑰ 比：等到。陈：古陈国，此时为秦县，县治在今河南周口淮阳区。

⑱ 守丞：郡守的副官。谯门：有高楼可以远望的城门。

⑲ 三老：乡里官职，负责教化百姓。豪杰：有名望的豪族。

⑳ 会计：会谋。

㉑ 被：通“披”。坚：形容词作名词，铠甲。锐：形容词作名词，利刃。

㉒ 张楚：国号，“张大楚国”意。

当此时，诸郡县苦秦吏者，皆刑[①]其长吏，杀之以应陈涉。乃以吴叔为假王[②]，监诸将以西击荥阳[③]。令陈人武臣、张耳、陈余徇赵地[④]，令汝阴[⑤]人邓宗徇九江郡[⑥]。当此时，楚兵数千人为聚者，不可胜数。

葛婴至东城[⑦]，立襄强为楚王。婴后闻陈王已立，因杀襄强还报。至陈，陈王诛杀葛婴。陈王令魏人周市北徇魏地[⑧]。吴广围荥阳。李由为三川守[⑨]，守荥阳，吴叔[⑩]弗能下。陈王征国之豪杰与计[⑪]，以上蔡人房君蔡赐为上柱国[⑫]。

周文，陈之贤人也，尝为项燕军视日[⑬]，事春申君[⑭]，自言习兵[⑮]，陈王与之将军印，西击秦。行收兵至关[⑯]，车千乘，卒数十万，至戏[⑰]，军焉。秦令少府章邯免郦山徒[⑱]、人奴产子生[⑲]，悉发以击楚大军，尽败之。周文败，走出关，止次曹阳[⑳]二三月。章邯追败之，复走次渑池十余日。章邯击，大破之。周文自刭，军遂不战。

注释

① 刑：杀。

② 假王：指暂行王事，非实授。

③ 荥阳：地名，在今河南荥阳。

④ 赵地：战国时期赵国的国土，在今河北南部一带。

⑤ 汝阴：秦县名，县治在今安徽阜阳。

⑥ 九江郡：秦郡名，郡治寿春，在今安徽寿县。

⑦ 东城：秦县名，县治在今安徽定远县东南。

⑧ 魏地：梁地，在今河南开封一带。

⑨ 李由：李斯子。三川：秦郡名，郡治在今河南洛阳。

⑩ 吴叔：吴广。

⑪ 与：参与。计：谋划。

⑫ 上蔡：秦县名，县治在今河南上蔡县西南。房君蔡赐：房君为封号，蔡赐为姓名。上柱国：战国时楚国官名。

⑬ 视日：占测时日吉凶。

⑭ 春申君：黄歇，战国四公子之一。

⑮ 习：精通。兵：行军打仗。

⑯ 关：函谷关，在今河南灵宝东北、三门峡西南。

⑰ 戏：戏亭，在今陕西西安临潼区东，有戏水流经其下，因以为名。

⑱ 少府：九卿之一，掌管山海池泽收入，以供皇室用。章邯：秦将。郦山徒：为秦始皇修筑陵墓的苦役犯。

⑲ 人奴产子生："人""生"两字疑为衍文。奴产子，家奴所生之子。

⑳ 次：驻扎。曹阳：亭名，在今河南灵宝东。

武臣到邯郸[①]，自立为赵王，陈余为大将军，张耳、召骚为左右丞相。陈王怒，捕系武臣等家室，欲诛之。柱国[②]曰："秦未亡而诛赵王将相家属，此生一秦也。不如因而立之。"陈王乃遣使者贺赵，而徙系武臣等家属宫中，而封耳子张敖为成都君[③]，趣[④]赵兵亟入关。赵王将相相与谋曰："王王[⑤]赵，非楚意也。楚已诛秦，必加兵[⑥]于赵。计莫如毋西兵[⑦]，使使北徇燕地[8]以自广也。赵南据大河[9]，北有燕、代[10]，楚虽胜秦，不敢制赵。若楚不胜秦，必重赵。赵乘秦之毙，可以得志于天下[11]。”赵王以为然，因不西兵，而遣故上谷卒史[12]韩广将兵北徇燕地。

燕故贵人豪杰谓韩广曰：“楚已立王，赵又已立王。燕虽小，亦万乘之国[13]也，愿将军立为燕王。”韩广曰：“广母在赵，不可。”燕人曰：“赵方西忧秦，南忧楚，其力不能禁我。且以楚之强，不敢害赵王将相之家，赵独安敢害将军之家！”韩广以为然，乃自立为燕王。居数月，赵奉燕王母及家属归之燕。

当此之时，诸将之徇地者，不可胜数。周市北徇地至狄[14]，狄人田儋杀狄令，自立为齐王，以齐反，击周市。市军散，还至魏地，欲立魏后故宁陵君咎[15]为魏王。时咎在陈王所，不得之魏。魏地已定，欲相与立周市为魏王，周市不肯。使者五反，陈王乃立宁陵君咎为魏王，遣之国[16]。周市卒为相。

注释

① 邯郸：赵国都城，在今河北邯郸西南之赵王城。

② 柱国：上文之房君蔡赐。

③ 成都君：封号。

④ 趣：通“促”，催促。

⑤ 王：称王。

⑥ 加兵：派遣军队。

⑦ 毋西兵：不如不率军西下。

⑧ 燕地：战国时燕国之地，在今河北北部及辽宁部分地区。

⑨ 大河：黄河。

⑩ 代：古郡名，赵武灵王所置，秦统一天下后，代郡为秦三十六郡之一，郡治在今河北蔚县代王城。

⑪ 得志于天下：号令天下。

⑫ 上谷：秦郡名，郡治沮阳，在今河北怀来县东南。卒史：郡守手下小吏。

⑬ 万乘之国：指燕国亦曾拥有兵车万乘，非小国。

⑭ 狄：秦县名，县治在今山东高青县东南。

⑮ 魏后：战国时期魏国诸公子。宁陵君：封号，封地为宁陵县，在今河南宁陵县东南。

⑯ 遣：遣送。之：前往。国：魏国。

将军田臧[①]等相与谋曰："周章军已破矣，秦兵旦暮至，我围荥阳城弗能下，秦军至，必大败。不如少遗[②]兵，足以守荥阳，悉[③]精兵迎秦军。今假王[④]骄，不知兵权[⑤]，不可与计，非诛之，事恐败。"因相与矫[⑥]王令以诛吴叔，献其首于陈王。陈王使使赐田臧楚令尹[⑦]印，使为上将。田臧乃使诸将李归等守荥阳城，自以精兵西迎秦军于敖仓[⑧]。与战，田臧死，军破。章邯进兵击李归等荥阳下，破之，李归等死。

阳城人邓说将兵居郯[⑨]，章邯别将击破之，邓说军散走陈。铚人伍徐将兵居许，章邯击破之，伍徐军皆散走陈。陈王诛邓说。

陈王初立时，陵[⑩]人秦嘉、铚人董绁、符离人朱鸡石、取虑[⑪]人郑布、徐[⑫]人丁疾等皆特起[⑬]，将兵围东海[⑭]守庆于郯。陈王闻，乃使武平君畔为将军，监郯下军。秦嘉不受命，嘉自立为大司马[⑮]，恶属武平君[⑯]。告军吏曰："武平君年少，不知兵事，勿听！"因矫以王命杀武平君畔。

注释

① 田臧：吴广部下。

② 遗：留下。

③ 悉：全部。

④ 假王：指吴广。

⑤ 兵：行军打仗。权：随机应变之术。

⑥ 矫：假托。

⑦ 令尹：战国时楚国官名，相当于丞相。

⑧ 敖仓：秦朝储藏粮食的大仓库，在荥阳城北的敖山上。

⑨ 郯：唐司马贞《史记索隐》认为此字为“郏”之误，郯在今山东郯城县，东去陈郡甚远，章邯之兵不能突然至此。郏在今河南郏县，地理形势相合。

⑩ 陵：也作“凌”，秦县名，县治在今江苏泗阳县西北。

⑪ 取虑：秦县名，县治在今江苏睢宁县西南。

⑫ 徐：秦县名，县治在今安徽泗县南。

⑬ 特起：自成一军，不归他人管辖。

⑭ 东海：秦郡名，郡治在郯，今山东郯城县北。

⑮ 大司马：官名，掌管军事。

⑯ 恶属武平君：以属武平君统领为恶。

章邯已破伍徐，击陈，柱国房君死。章邯又进兵击陈西张贺军[①]。陈王出监战，军破，张贺死。腊月，陈王之汝阴，还至下城父[②]，其御[③]庄贾杀以降秦。陈胜葬砀[④]，谥曰隐王[⑤]。

陈王故涓人[⑥]将军吕臣为仓头军[⑦]，起新阳[⑧]，攻陈，下之，杀庄贾，复以陈为楚。

初，陈王至陈，令铚人宋留将兵定南阳[⑨]，入武关[⑩]。留已徇南阳，闻陈王死，南阳复为秦。宋留不能入武关，乃东至新蔡[⑪]，遇秦军，宋留以军降秦。秦传[⑫]留至咸阳，车裂留以徇[⑬]。

秦嘉等闻陈王军破出走，乃立景驹[14]为楚王，引兵之方与[15]，欲击秦军定陶[16]下。使公孙庆使齐王，欲与并力俱进。齐王曰："闻陈王战败，不知其死生，楚安得不请[17]而立王！"公孙庆曰："齐不请楚而立王，楚何故请齐而立王！且楚首事[18]，当令于天下。"田儋诛杀公孙庆。

秦左右校[19]复攻陈，下之。吕将军走，收兵复聚。鄱盗当阳君黥布之兵相收[20]，复击秦左右校，破之青波[21]，复以陈为楚。会项梁立怀王孙心[22]为楚王。

注释

① 陈西张贺军：驻扎在陈西边的张贺军队。张贺为陈涉部下。

② 下城父：古邑名，今安徽涡（guō）阳县东南。

③ 御：驾车的车夫。

④ 砀：秦县名，县治在今河南永城北。

⑤ 谥：谥号。隐王：陈涉首事反秦，但不久即失败，故称。

⑥ 涓人：负责洒扫、洗涤之人，往往是君主的亲信。

⑦ 仓：通"苍"。仓头军：头戴青帽，时人对敢死队的称呼。

⑧ 新阳：秦县名，县治在今安徽界首北。

⑨ 南阳：秦郡名，郡治宛县，在今河南南阳。

⑩ 武关：关隘名，在今陕西丹凤县东南，是河南南部进入陕西的交通要道。

⑪ 新蔡：地名，即今河南新蔡县。

⑫ 传（zhuàn）：以驿车押解。

⑬ 车裂：一种酷刑。徇：巡行示众。

⑭ 景驹：战国时楚国贵族的后代。

⑮ 方与：秦县名，县治在今山东鱼台县西。

⑯ 定陶：秦县名，县治在今山东菏泽定陶区西北。

⑰ 不请：不向我请示。

⑱ 首事：首先起义反抗秦国。

⑲ 左右校：左右校尉，章邯的部下。

⑳ 鄱盗：鄱阳湖边的盗寇。当阳君：封号。黥布：本名英布，因受黥刑，而称“黥布”。相收：合聚在一起。

㉑ 青波：秦县名，县治在今河南新蔡县西南。

㉒ 项梁：项燕之子，项羽的叔父。怀王孙心：楚怀王的孙子，名心。

陈胜王凡六月。已为王，王陈。其故人尝与庸耕者闻之，之陈，扣宫门曰：“吾欲见涉。”宫门令欲缚[①]之。自辩数[②]，乃置[③]，不肯为通[④]。陈王出，遮道[⑤]而呼涉。陈王闻之，乃召见，载与俱归。入宫，见殿屋帷帐，客曰：“夥颐[⑥]！涉之为王沉沉者[⑦]！”楚人谓多为夥，故天下传之，夥涉[⑧]为王，由陈涉始。客出入愈益发舒，言陈王故情。或说陈王曰：“客愚无知，颛妄言，轻威[⑨]。”陈王斩之。诸陈王故人皆自引去，由是无亲陈王者。陈王以朱房为中正[⑩]，胡武为司过[⑪]，主司群臣。诸将徇地，至，令之不是者，系而罪之，以苛察为忠。其所不善者，弗下吏，辄自治之。陈王信用之。诸将以其故不亲附，此其所以败也。

陈胜虽已死，其所置遣侯王将相竟[⑫]亡秦，由涉首事也。高祖时为陈涉置守冢三十家[⑬]砀，至今血食[⑭]。

注释

① 缚：绑。

② 辩数：分辩数说。

③ 置：放下不管。

④ 通：通报。

⑤ 遮道：拦道。

⑥ 夥(huǒ)颐：感叹词，感慨陈涉宫殿之豪华。

⑦ 沉沉者：富丽深邃的样子。

⑧ 夥涉：夥为外号，冠在陈涉名前。

⑨ 颛(zhuān)：通“专”。颛妄言，即一味地妄言。轻威：降低威信。

⑩ 中正：官名，负责官吏考核升迁。

⑪ 司过：官名，负责纠察官员过错。

⑫ 竟：最终。

⑬ 置：安置。家：安家。

⑭ 血食：享受祭祀，祭祀时要杀牛、羊等牲畜，故称。

评析

《陈涉世家》详细记述了陈胜等人在秦二世元年七月，因谪戍渔阳遇雨失期而起义反秦，六个月后起义失败被杀之事。本篇以陈胜为主要线索，描绘了秦末大乱之际众多的反秦英雄群貌。诸多与陈胜一道起义但又不能被立传之人，司马迁皆将之列入此篇中，以赞颂这些人的首事反秦之功。

经过漫长的群雄战争和天下分裂，秦始皇先后消灭东方六国，在公元前221年统一天下，建立起一个超越往古的庞大帝国。秦信奉法家思想，推行严酷的法令制度，民众始终生活在高压统治之下。尤其在秦二世皇帝时，法令日严，民不聊生。此时，因谪戍渔阳遇雨失期的陈胜发出了反抗的声音：“公等遇雨，皆已失期，失期当斩。藉弟令毋斩，而戍死者固十六七。且壮士不死即已，死即举大名耳，王侯将相宁有种乎！”这是司马迁所激赏之处。既然人的生命皆有尽时，那么我们该以何种方式面对死亡？是轻于鸿毛，还是重于泰山？司马迁显然更赞同后者。当陈胜喊出“今亡亦死，举大计亦死，等死，死国可乎”的时候，想必激起了司马迁极大的共鸣，所以他在《太史公自序》曰：“桀、纣失其道而汤、武作，周失其道而《春秋》作。秦失其政，而陈涉发迹，诸侯作难，风起云蒸，卒亡秦族。天下之端，自涉发难。作《陈涉世家》第十八。”将陈胜与商汤、周武王、孔子相提并论，赞誉有加。

同时，司马迁也并没有一味赞颂陈胜，他对陈胜短短六月便兵败被杀的结局作了深刻的分析。陈胜在起义稍有成就时便贪图享受。司马迁借陈胜客人之口道出：“夥颐！涉之为王沉沉者！”陈胜无法摆脱他个人见识的局限性，反秦事业还没有成功，便已染上秦二世崇尚奢华的陋习。此外，他还严苛地对待部下，步秦之后尘。司马迁分析道：“陈王以朱房为中正，胡武为司过，主司群臣。诸将徇地，至，令之不是者，系而罪之，以苛察为忠。其所不善者，弗下吏，辄自治之。陈王信用之。诸将以其故不亲附，此其所以败也。”司马迁既赞赏陈胜的首事之功，又对他不吸取秦的教训而终致败亡有着深深的遗憾。

关于司马迁为什么将陈胜列为世家，历代有许多讨论，以李景星《史记评议》的解释最为得当：“升项羽于本纪，列陈涉于世家，俱属太史公破格文字。……陈涉未成，能为汉驱除，是当时极关系事，列之‘世家’，盖所以重之，而不与寻常等也。”即司马迁之所以将陈胜列入“世家”，是因为陈涉首起反秦，为秦的灭亡和汉帝国的建立奠定了重要基础，这是极有见地的。

《项羽本纪》（节选）

项籍者，下相[①]人也，字羽。初起时，年二十四。其季父[②]项梁，梁父即楚将项燕，为秦将王翦[③]所戮者也。项氏世世为楚将，封于项[④]，故姓项氏。

项籍少时，学书不成，去[5]；学剑，又不成。项梁怒之。籍曰："书足以记名姓而已。剑一人敌，不足学，学万人敌[6]。"于是项梁乃教籍兵法，籍大喜，略知其意，又不肯竟[7]学。项梁尝有栎阳逮[8]，乃请蕲狱掾曹咎书抵栎阳狱掾司马欣[9]，以故事得已。项梁杀人，与籍避仇于吴中。吴中贤士大夫皆出项梁下。每吴中有大繇役[10]及丧，项梁常为主办，阴以兵法部勒[11]宾客及子弟，以是知其能。秦始皇帝游会稽，渡浙江，梁与籍俱观。籍曰："彼可取而代也。"梁掩其口，曰："毋妄言，族[12]矣！"梁以此奇籍。籍长八尺余，力能扛[13]鼎，才气过人，虽吴中子弟皆已惮籍矣。

秦二世元年七月，陈胜等起大泽中。其九月，会稽守通谓梁曰："江西[14]皆反，此亦天亡秦之时也。吾闻先即制人，后则为人所制。吾欲发兵，使公及桓楚将。"是时桓楚亡在泽中。梁曰："桓楚亡，人莫知其处，独籍知之耳。"梁乃出，诫籍持剑居外待。梁复入，与守坐，曰："请召籍，使受命召桓楚。"守曰："诺。"梁召籍入。须臾，梁眴[15]籍曰："可行矣！"于是籍遂拔剑斩守头。项梁持守头，佩其印绶[16]。门下大惊，扰乱，籍所击杀数十百人。一府中皆慴伏，莫敢起。梁乃召故所知豪吏，谕以所为起大事，遂举吴中兵。使人收下县[17]，得精兵八千人。梁部署吴中豪杰为校尉、候、司马[18]。有一人不得用，自言于梁。梁曰："前时某丧使公主某事，不能办，以此不任用公。"众乃皆伏。……

注释

① 下相：秦县名，县治在今江苏宿迁西南。

② 季父：小叔父。

③ 王翦：秦始皇时期的名将。

④ 项：地名，在今河南沈丘县南。

⑤ 去：放弃。

⑥ 学万人敌：指学习兵法。

⑦ 竟：完成。

⑧ 栎阳逮：因罪被栎阳县逮捕。

⑨ 蕲：秦县名。狱掾：主管监狱的官吏。此句意为：于是请曹咎给司马欣写了一封信，代为说情。

⑩ 繇役：徭役，为国家劳作。

⑪ 部勒：部署组织。

⑫ 族：被灭族。

⑬ 扛：举。

⑭ 江西：指长江自九江到南京的一段，古人习惯称为“江西”。

⑮ 眴（shùn）：使眼色。

⑯ 印：玺印。绶：系在印纽上的丝带。

⑰ 下县：会稽郡下属的县。

⑱ 校尉、候：古代军制，将军军营下分部，部设校尉；部下分曲，曲设军候。司马：军中掌管司法的官吏。

项羽已杀卿子冠军①，威震楚国，名闻诸侯。乃遣当阳君、蒲将军将卒二万渡河，救钜鹿。战少利②，陈余复请兵。项羽乃悉引兵渡河，皆沉船，破釜甑③，烧庐舍，持三日粮，以示士卒必死，无一还心。于是至则围王离，与秦军遇，九战，绝其甬道，大破之，杀苏角，虏王离。涉间不降楚，自烧杀。当是时，楚兵冠诸侯。诸侯军救钜鹿下者十余壁④，莫敢纵兵。及楚击秦，诸将皆从壁上观。楚战士无不一以当十，楚兵呼声动天，诸侯军无不人人惴恐。于是已破秦军，项羽召见诸侯将，入辕门⑤，无不膝行而前，莫敢仰视。项羽由是始为诸侯上将军，诸侯皆属焉。……

行[6]略定秦地。函谷关有兵守关，不得入。又闻沛公已破咸阳，项羽大怒，使当阳君等击关。项羽遂入，至于戏西[7]。沛公军霸上[8]，未得与项羽相见。沛公左司马曹无伤使人言于项羽曰："沛公欲王关中，使子婴[9]为相，珍宝尽有之。"项羽大怒，曰："旦日[10]飨士卒，为击破沛公军！"当是时，项羽兵四十万，在新丰鸿门[11]，沛公兵十万，在霸上。范增说项羽曰："沛公居山东[12]时，贪于财货，好美姬。今入关，财物无所取，妇女无所幸，此其志不在小。吾令人望其气[13]，皆为龙虎，成五采，此天子气也。急击勿失。"

注释

① 卿子：时人对男子的敬称。冠军：最高统帅，此处指宋义。

② 少利：取得稍许胜利。

③ 釜：锅。甑(zèng)：蒸饭的瓦罐。

④ 壁：营垒。

⑤ 辕门：战车组成战阵，车辕相向为门，故曰辕门。

⑥ 行：将要。

⑦ 戏西：戏水之西，戏水流经今陕西西安临潼区，注入渭水。

⑧ 霸上：霸水之西的白鹿原，在今陕西西安东南。

⑨ 子婴：秦二世三年(前 207)，赵高杀掉胡亥，立子婴为秦王。

⑩ 旦日：第二天早上。

⑪ 新丰：地名，在今陕西西安临潼区东北。鸿门：地名，在临潼区东之鸿门堡村。

⑫ 山东：崤山以东，泛指东方六国之地。

⑬ 望其气：古代一种通过观测云气判断福凶的占卜方法。

楚左尹[①]项伯者，项羽季父也，素善留侯张良。张良是时从沛公，项伯乃夜驰之沛公军，私见张良，具告以事，欲呼张良与俱去。曰："毋从俱死也。"张良曰："臣为韩王送沛公[②]，沛公今事有急，亡去不义，不可不语。"良乃入，具告沛公。沛公大惊，曰："为之奈何？"[③]张良曰："谁为大王为此计者？"曰："鲰生[④]说我曰'距关，毋内诸侯[⑤]，秦地可尽王[⑥]也'。故听之。"良曰："料大王士卒足以当项王乎？"沛公默然，曰："固不如也，且为之奈何？"张良曰："请往谓项伯，言沛公不敢背项王也。"沛公曰："君安与项伯有故？"张良曰："秦时与臣游，项伯杀人，臣活之。今事有急，故幸来告良。"沛公曰："孰与君少长？"良曰："长于臣。"沛公曰："君为我呼入，吾得兄事之[⑦]。"张良出，要[⑧]项伯。项伯即入见沛公。沛公奉卮酒为寿[⑨]，约为婚姻[⑩]，曰："吾入关，秋豪[⑪]不敢有所近，籍[⑫]吏民，封府库，而待将军。所以遣将守关者，备他盗之出入与非常[⑬]也。日夜望将军至，岂敢反乎！愿伯具言臣之不敢倍德也。"项伯许诺。谓沛公曰："旦日不可不蚤[⑭]自来谢项王。"沛公曰："诺。"于是项伯复夜去，至军中，具以沛公言报项王。因言曰："沛公不先破关中，公岂敢入乎？今人有大功而击之，不义也，不如因善遇之。"项王许诺。

注释

① 左尹：楚国称丞相为令尹，左尹即左相。

② 张良本为韩国的贵族，反秦起义后，项梁立韩成为韩王，张良为韩国司徒。刘邦率军西下，韩成留守阳翟，张良随刘邦入关。

③ 为之奈何：该怎么办？

④ 鲰(zōu)生：骂人语，无知小人。

⑤ 距：通"拒"。内：通"纳"。

⑥ 王：称王。

⑦ 兄：像兄长一样。事之：对待他。

⑧ 要：通“邀”，邀请。

⑨ 卮：酒杯。寿：祝福长寿。

⑩ 约：约定。为婚姻：做儿女亲家。

⑪ 豪：通“毫”，动物新长出的茸毛，比喻细微之事物。

⑫ 籍：登记。

⑬ 非常：意外的事故。

⑭ 蚤：通“早”。

沛公旦日从百余骑[①]来见项王，至鸿门，谢曰：“臣与将军戮力而攻秦，将军战河北，臣战河南，然不自意[②]能先入关破秦，得复见将军于此。今者有小人之言，令将军与臣有郤[③]。”项王曰：“此沛公左司马曹无伤言之；不然，籍何以至此。”项王即日因留沛公与饮。项王、项伯东向坐[④]，亚父南向坐。亚父者，范增也。沛公北向坐，张良西向侍。范增数目项王，举所佩玉玦[⑤]以示之者三，项王默然不应。范增起，出召项庄，谓曰：“君王为人不忍，若入前为寿，寿毕，请以剑舞，因[⑥]击沛公于坐，杀之。不者，若属[⑦]皆且为所虏。”庄则入为寿。寿毕，曰：“君王与沛公饮，军中无以为乐，请以剑舞。”项王曰：“诺。”项庄拔剑起舞，项伯亦拔剑起舞，常以身翼蔽[⑧]沛公，庄不得击。于是张良至军门，见樊哙。樊哙曰：“今日之事何如？”良曰：“甚急。今者项庄拔剑舞，其意常在沛公也。”哙曰：“此迫矣，臣请入，与之同命。”哙即带剑拥盾入军门。交戟之卫士欲止不内，樊哙侧其盾以撞，卫士仆地，哙遂入，披[⑨]帷西向立，瞋目[⑩]视项王，头发上指，目眦[⑪]尽裂。项王按剑而跽[⑫]曰：“客何为者？”张良曰：“沛公之参乘樊哙者也。”项王曰：“壮士，赐之卮酒。”则与斗卮酒。哙拜谢，起，立而饮之。项王曰：

"赐之彘肩[13]。"则与一生彘肩。樊哙覆其盾于地,加彘肩上,拔剑切而啖之。项王曰:"壮士,能复饮乎?"樊哙曰:"臣死且不避,卮酒安足辞!夫秦王有虎狼之心,杀人如不能举[14],刑人如恐不胜[15],天下皆叛之。怀王与诸将约曰'先破秦入咸阳者王之'。今沛公先破秦入咸阳,豪毛不敢有所近,封闭宫室,还军霸上,以待大王来。故遣将守关者,备他盗出入与非常也。劳苦而功高如此,未有封侯之赏,而听细说[16],欲诛有功之人。此亡秦之续耳,窃为大王不取也。"项王未有以应,曰:"坐。"樊哙从良坐。坐须臾,沛公起如厕,因招樊哙出。

注释

① 从百余骑:从为使动用法,使百余人骑马跟从。

② 意:料到。

③ 郤(xì):通"隙",嫌隙。

④ 东向坐:东向而坐为尊。

⑤ 玉玦:有缺口的玉环。范增以玉玦示意项羽尽快杀掉刘邦。

⑥ 因:趁机。

⑦ 若属:你们。

⑧ 翼:像鸟一样张开双臂。蔽:遮挡。

⑨ 披:拉开。

⑩ 瞋目:瞪大眼睛。

⑪ 眦(zì):眼角。

⑫ 跽(jì):长跪。

⑬ 彘肩:猪腿。

⑭ 举:克,尽。

⑮ 胜：胜任。

⑯ 细说：小人的谗言。

沛公已出，项王使都尉陈平召沛公。沛公曰："今者出，未辞也，为之奈何？"樊哙曰："大行不顾细谨，大礼不辞小让[①]。如今人方为刀俎[②]，我为鱼肉，何辞为！"于是遂去。乃令张良留谢。良问曰："大王来何操[③]？"曰："我持白璧一双，欲献项王，玉斗一双，欲与亚父，会其怒，不敢献。公为我献之。"张良曰："谨诺。"当是时，项王军在鸿门下，沛公军在霸上，相去四十里。沛公则置[④]车骑，脱身独骑，与樊哙、夏侯婴、靳强、纪信等四人持剑盾步走，从郦山下，道芷阳间行[⑤]。沛公谓张良曰："从此道至吾军，不过二十里耳。度[⑥]我至军中，公乃入。"沛公已去，间至军中，张良入谢，曰："沛公不胜杯杓[⑦]，不能辞。谨使臣良奉白璧一双，再拜献大王足下；玉斗一双，再拜奉大将军足下。"项王曰："沛公安在？"良曰："闻大王有意督过[⑧]之，脱身独去，已至军矣。"项王则受璧，置之坐上。亚父受玉斗，置之地，拔剑撞而破之，曰："唉！竖子[⑨]不足与谋。夺项王天下者，必沛公也，吾属今为之虏矣。"沛公至军，立诛杀曹无伤。

居数日，项羽引兵西屠咸阳，杀秦降王子婴，烧秦宫室，火三月不灭；收其货宝妇女而东。人或说项王曰："关中阻山河四塞[⑩]，地肥饶，可都以霸[⑪]。"项王见秦宫皆以烧残破，又心怀思欲东归，曰："富贵不归故乡，如衣绣[⑫]夜行，谁知之者！"说者曰："人言楚人沐猴而冠[⑬]耳，果然。"项王闻之，烹说者。……

注释

① 细谨：小的谨慎。不辞：不拒绝。小让：小的指责。

② 俎：砧板。

③ 操：拿。

④ 置：抛弃，留下。

⑤ 道：取道。间行：抄小路而行。

⑥ 度：估计。

⑦ 胜：承受。杯杓（sháo）：均为酒器。此句指刘邦喝得过多，已经承受不了了。

⑧ 督过：责备，怪罪。

⑨ 竖子：骂人语，指项羽等人。

⑩ 阻山河四塞：以山河为险阻，四面都有关塞可作为屏障。

⑪ 都：建都。霸：称霸。

⑫ 衣：穿。绣：锦绣。

⑬ 沐猴而冠：猕猴纵使戴上人的帽子，也始终办不成人事。

项王军壁垓下，兵少食尽，汉军及诸侯兵围之数重。夜闻汉军四面皆楚歌[①]，项王乃大惊曰："汉皆已得楚乎？是何楚人之多也！"项王则夜起，饮帐中。有美人名虞，常幸从；骏马名骓[②]，常骑之。于是项王乃悲歌忼慨[③]，自为诗曰："力拔山兮气盖世，时不利兮骓不逝。骓不逝兮可奈何，虞兮虞兮奈若何！"歌数阕[④]，美人和之。项王泣数行下，左右皆泣，莫能仰视。

于是项王乃上马骑，麾下[⑤]壮士骑从者八百余人，直夜[⑥]溃围南出，驰走。平明，汉军乃觉之，令骑将灌婴以五千骑追之。项王渡淮，骑能属[⑦]者百余人耳。项王至阴陵[⑧]，迷失道，问一田父，田父绐[⑨]曰"左"。左，乃陷大泽中。以故汉追及之。项王乃复引兵而东，至东城[⑩]，乃有二十八骑。汉骑追者数千人。项王自度不得脱。谓其骑曰："吾起兵至今八岁矣，身七十余战，所当者破，所击者服，未尝败北，遂霸有天下。然今卒困于此，此天之亡我，非战之罪也。今日固决死，愿为诸君快战，必三胜之，为诸君溃围，斩将，刈⑪旗，令诸君知天亡我，非战之罪也。”乃分其骑以为四队，四向。汉军围之数重。项王谓其骑曰：“吾为公取彼一将。”令四面骑驰下，期⑫山东为三处。于是项王大呼驰下，汉军皆披靡⑬，遂斩汉一将。是时，赤泉侯⑭为骑将，追项王，项王瞋目而叱之，赤泉侯人马俱惊，辟易⑮数里。与其骑会为三处。汉军不知项王所在，乃分军为三，复围之。项王乃驰，复斩汉一都尉，杀数十百人，复聚其骑，亡其两骑耳。乃谓其骑曰：“何如？”骑皆伏曰：“如大王言。”

注释

① 楚歌：唱楚地的歌谣。

② 骓（zhuī）：毛色黑白相间的马。

③ 忼慨：慷慨。

④ 阕（què）：段，遍。

⑤ 麾下：麾本为大将之旗帜，引申为部下。

⑥ 直夜：半夜。

⑦ 属：跟从。

⑧ 阴陵：秦县名，县治在今安徽定远县西北。

⑨ 绐（dài）：欺骗。

⑩ 东城：秦县名，县治在今安徽定远县东南。

⑪ 刈（yì）：砍倒。

⑫ 期：约定。

⑬ 披靡：倒伏躲散。

⑭ 赤泉侯：杨喜，刘邦部将。

⑮ 辟易：因畏惧而换地方躲避。

于是项王乃欲东渡乌江[①]。乌江亭长檥[②]船待，谓项王曰："江东虽小，地方千里，众数十万人，亦足王也。愿大王急渡。今独臣有船，汉军至，无以渡。"项王笑曰："天之亡我，我何渡为！且籍与江东子弟八千人渡江而西，今无一人还，纵江东父兄怜而王我，我何面目见之？纵彼不言，籍独不愧于心乎？"乃谓亭长曰："吾知公长者。吾骑此马五岁，所当无敌，尝一日行千里，不忍杀之，以赐公。"乃令骑皆下马步行，持短兵接战。独籍所杀汉军数百人。项王身亦被十余创。顾[③]见汉骑司马吕马童，曰："若非吾故人乎？"马童面之，指王翳[④]曰："此项王也。"项王乃曰："吾闻汉购我头千金，邑万户[⑤]，吾为若德[⑥]。"乃自刎而死。王翳取其头，余骑相蹂践争项王，相杀者数十人。最[⑦]其后，郎中骑杨喜，骑司马吕马童，郎中吕胜、杨武各得其一体。五人共会其体，皆是。故分其地为五：封吕马童为中水侯，封王翳为杜衍侯，封杨喜为赤泉侯，封杨武为吴防侯，封吕胜为涅阳侯。

项王已死，楚地皆降汉，独鲁[⑧]不下。汉乃引天下兵欲屠之，为其守礼义，为主死节，乃持项王头视鲁，鲁父兄乃降。始，楚怀王初封项籍为鲁公，及其死，鲁最后下，故以鲁公礼葬项王穀城[⑨]。汉王为发哀，泣之而去。

诸项氏枝属，汉王皆不诛。乃封项伯为射阳侯。桃侯、平皋侯、玄武侯皆项氏，赐姓刘氏。

太史公曰：吾闻之周生[⑩]曰"舜目盖重瞳子[⑪]"，又闻项羽亦重瞳子。羽岂其苗裔[⑫]邪？何兴之暴也[⑬]！夫秦失其政，陈涉首难，豪杰蜂起，相与并争，不可胜数。然羽非有尺寸[⑭]，乘势起陇亩[⑮]之中，三年，遂将五诸侯灭秦，分裂天下，而封王侯，政由羽出，号为“霸王”，位虽不终，近古以来未尝有也。及羽背关怀楚[16]，放逐义帝而自立，怨王侯叛己，难矣。自矜功伐[17]，奋其私智而不师古[18]，谓霸王之业，欲以力征经营[19]天下，五年卒亡其国，身死东城，尚不觉寤而不自责，过矣。乃引“天亡我，非用兵之罪也”，岂不谬哉！

注释

① 乌江：乌江浦，渡口名，在今安徽和县东北的长江西岸。

② 檥(yǐ)：同“舣”，使船靠岸。

③ 顾：回头。

④ 王翳：灌婴的部下。

⑤ 邑万户：封以万户的领地。

⑥ 若：你。吾为若德：我为你做点好事。

⑦ 最：合计。

⑧ 鲁：项羽曾被封为“鲁公”。鲁在今山东曲阜。

⑨ 穀城：地名，在今山东平阴县西南。

⑩ 周生：汉代学者，名字不详。

⑪ 重瞳子：眼球有两个瞳孔。

⑫ 苗裔：后代。

⑬ 兴：兴起。暴：突然。

⑭ 尺寸：尺寸土地。

⑮ 乘：凭借。陇亩：本指田地，引申为普通百姓。

⑯ 背关：指舍弃关中形胜之地而都彭城。怀楚：怀归楚地。

⑰ 矜：夸耀。功伐：战功。

⑱ 师古：以古为师，学习古人的成功经验。

⑲ 力：武力。征：征伐。经营：统治。

评析

《项羽本纪》是反秦起义和楚汉战争中最为豪迈、最为悲壮的英雄人物项羽的传记。本篇接续《陈涉世家》，以项羽的人生事迹为主要线索，记录了秦末群雄推翻秦朝的历史过程，生动形象地描绘了秦末汉初那个波澜壮阔的时代。

对于司马迁将项羽列入“本纪”，前人多有批评。如刘知幾《史通》曰：“以本纪为名，非惟羽之僭盗，不可同于天子；且推其序事，皆作传言，求谓之纪，不可得也。”刘知幾从两个方面提出了批评：一是项羽并不是天子，不可列于本纪；二是《项羽本纪》与“本纪”以年叙事的体例不合。最后他总结说：“《项纪》则上下同载，君臣交杂，纪名传体，所以成嗤。”也有学者对刘知幾的说法提出反对意见，如明人郝敬《史汉愚按》曰：“羽与高帝并起，灭秦之功略相当，而羽以霸王主盟，尤一时之雄也。秦灭六国，楚灭秦，秦既纪矣，可绌楚乎？故并尊羽于秦汉间，不欲以成败论英雄也……方羽分封诸侯，已擅天下为帝王，为之本纪，非过也。”日人泷川资言《史记会注考证》曰：“秦有天下，楚项羽灭之，而统在楚；楚灭，而天下之统乃归汉耳。羽入咸阳杀子婴，燔秦宫室，于是分裂天下而封王侯，政自己出，号为‘霸王’，位虽不终，然代秦而号令天下，则既五年矣。此五年之统，非羽谁属哉！”

综合二人的意见，司马迁之所以将项羽列入“本纪”，一是项羽有灭秦之功，在灭秦后，项羽号称霸王，政自己出，刘邦等诸侯实由项羽所封，虽然时间短暂，但已有帝王之实。二是如果不将项羽列入“本纪”，那么从秦灭亡到汉帝国建立，中间有五年左右的时间空隙，难免造成历史记载的缺档。三是二人没有提及的原因：司马迁对项羽的失败身亡，抱有一定程度的同情。他将项羽拔擢到“本纪”，是为表达他对项羽功败垂成的悲叹惋惜之情。

《项羽本纪》以巨鹿之战为界，大体可分为两部分。

司马迁在前半部分以多项事迹体现项羽的豪迈英勇。如项羽少时，不愿学剑，要学便学“万人敌”的兵法。在秦始皇游会稽时，项羽对其叔父项梁曰：“彼可取而代之。”巨鹿之战最能集中体现项羽的英勇。在秦将章邯大破项梁军、各路起义军岌岌可危之际，项羽破釜沉舟，以一往无前的气势，九战皆胜，一举攻破秦军。司马迁以侧面描写的方式，表现项羽当时英勇无敌的气势：“项羽召见诸侯将，入辕门，无不膝行而前，莫敢仰视。”

后半部分则一步步叙述项羽的败亡。如鸿门宴中的妇人之仁，尽管范增多次示意其尽快杀掉刘邦，但项羽一失往日的果勇，这也为他最终惜败于刘邦埋下了伏笔。垓下之围是司马迁重点选取的片段，项羽这位悲壮英雄的豪迈和无奈在此事中有着最为集中的体现。司马迁特意描绘了项羽和虞姬告别的场景，尤其是“力拔山兮气盖世，时不利兮骓不逝。骓不逝兮可奈何，虞兮虞兮奈若何”这首歌诗的加入，既充分体现出一位豪迈英雄无可匹敌的气魄，也反映了英雄即将落幕的悲壮和无奈。吴见思《史记论文》曰：“‘可奈何’‘奈若何’，若无意义，乃一腔怒愤，万种低回，地厚天高，托身无所，写英雄失路之悲，至此极矣。”项羽带八百余骑突围的场景更体现出他的英勇，司马迁采用正反描写的方式来表现这点，如正面描写：“于是项王大呼驰下，汉军皆披靡，遂斩汉一将”；还有反面描写：“项王瞋目而叱之，赤泉侯人马俱惊，辟易数里。”此事与巨鹿之战正相呼应，即使行将落幕，项羽这位人雄也要死得轰轰烈烈。李清照《夏日绝句》如此赞叹：“生当作人杰，死亦为鬼雄。至今思项羽，不肯过江东。”

司马迁对项羽抱有一定程度的赞赏，认为项羽“将五诸侯灭秦，分裂天下”，“封王侯，政由羽出”，是“近古以来未尝有”的成就，也对项羽失败的原因作了客观的分析。项羽自认为他的失败是天亡之也，非战之罪，但司马迁认为，项羽放逐义帝，夸耀其功，不用能臣，以武力经营天下，临死而不知悔改，才是他失败的根本原因。这一评价，体现了史家的卓绝史识。

《高祖本纪》（节选）

高祖[1]，沛丰邑中阳里人[2]，姓刘氏，字季。父曰太公，母曰刘媪。其先刘媪尝息大泽之陂[3]，梦与神遇。是时雷电晦冥，太公往视，则见蛟龙于其上。已而有身[4]，遂产高祖[5]。

高祖为人，隆准而龙颜[6]，美须髯[7]，左股有七十二黑子[8]。仁而爱人，喜施，意豁如[9]也。常有大度，不事家人[10]生产作业。及壮，试为吏，为泗水亭长[11]，廷中吏无所不狎侮[12]。好酒及色。常从王媪、武负贳酒[13]，醉卧，武负、王媪见其上常有龙，怪之。高祖每酤留饮，酒雠[14]数倍。及见怪，岁竟，此两家常折券弃责[15]。

高祖常繇咸阳[16]，纵观，观秦皇帝，喟然太息[17]曰："嗟乎，大丈夫当如此也！"

注释

① 高祖：刘邦的谥号，以其功最高，又为汉帝的太祖，故谥号为"高祖"。

② 沛：秦县名，在今江苏沛县。丰邑：沛下的村镇。阳里：里巷名。

③ 陂（bēi）：堤岸。

④ 有身：怀孕。

⑤ 这是汉人为了神话自己的开国统治者而编造的故事。

⑥ 隆准：高鼻梁。龙颜：上额突起。

⑦ 须：嘴下之胡须。髯(rán)：两颊之胡须。

⑧ 黑子：黑痣。

⑨ 豁如：豁达豪爽。

⑩ 家人：平民百姓。

⑪ 泗水亭：亭名，在沛县东。亭长：最基层的小吏，负责缉捕盗贼、征丁征粮等事务。

⑫ 狎侮：戏弄。

⑬ 王媪、武负：两位卖酒的妇人。贳(shì)：赊。

⑭ 雠：售，卖出。

⑮ 券：借据。责：通“债”。

⑯ 常：通“尝”，曾经。繇：通“徭”，做徭役。咸阳：秦朝首都，在今陕西西安西北。

⑰ 喟然：感慨。太息：叹气。

单父[①]人吕公善沛令，避仇从之客[②]，因家沛焉。沛中豪桀吏闻令有重客，皆往贺。萧何为主吏[③]，主进[④]，令诸大夫曰：“进不满千钱，坐之堂下。”高祖为亭长，素易[⑤]诸吏，乃绐为谒[⑥]曰“贺钱万”，实不持一钱。谒入，吕公大惊，起，迎之门。吕公者，好相人，见高祖状貌，因重敬之，引入坐。萧何曰：“刘季固多大言，少成事。”高祖因狎侮诸客，遂坐上坐，无所诎[⑦]。酒阑[⑧]，吕公因目固留高祖。高祖竟酒，后。吕公曰：“臣少好相人，相人多矣，无如季相，愿季自爱[⑨]。臣有息女[⑩]，愿为季箕帚妾[⑪]。”酒罢，吕媪怒吕公曰：“公始常欲奇此女，与贵人。沛令善公，求之不与，何自妄许与刘季？”吕公曰：“此非儿女子所知也。”卒与刘季。吕公女乃吕后也，生孝惠帝、鲁元公主。

高祖为亭长时，常告归之田[⑫]。吕后与两子居田中耨[⑬]，有一老父过请饮，吕后因餔[⑭]之。老父相吕后曰："夫人天下贵人。"令相两子，见孝惠，曰："夫人所以贵者，乃此男也。"相鲁元，亦皆贵。老父已去，高祖适从旁舍来，吕后具言客有过，相我子母皆大贵。高祖问，曰："未远。"乃追及，问老父。老父曰："乡者夫人婴儿皆似君，君相贵不可言。"高祖乃谢曰："诚如父言，不敢忘德。"及高祖贵，遂不知老父处。

高祖为亭长，乃以竹皮为冠，令求盗之薛治之[⑮]，时时冠之，及贵常冠，所谓"刘氏冠"乃是也。

注释

① 单父：秦县名，在今山东单县。

② 从之客：到他这里做客。

③ 主吏：主吏掾，主管县廷人事考核等工作。

④ 主进：负责帮县令接收礼物。

⑤ 易：轻视。

⑥ 谒：名帖。

⑦ 诎：通"屈"，畏惧。

⑧ 阑：稀。酒阑，即酒席将散。

⑨ 自爱：自勉，多加努力。

⑩ 息：生。息女，即亲生女儿。

⑪ 箕帚妾：打扫卫生的侍女，谦辞。

⑫ 常：通"尝"，曾经。告归：请假回家。之：到。

⑬ 耨(nòu)：除草。

⑭ 餔(bū)之：给他东西吃。

⑮ 求盗：亭长手下的小吏，主管缉捕盗贼。之：到。薛：薛县，在今山东滕州南。治：制作。

高祖以亭长为县送徒[①]郦山，徒多道亡[②]。自度比至皆亡之[③]，到丰西泽中，止饮，夜乃解纵所送徒。曰："公等皆去，吾亦从此逝[④]矣！"徒中壮士愿从者十余人。高祖被酒[⑤]，夜径[⑥]泽中，令一人行前。行前者还报曰："前有大蛇当径，愿还。"高祖醉，曰："壮士行，何畏！"乃前，拔剑击斩蛇。蛇遂分为两，径开。行数里，醉，因卧。后人来至蛇所，有一老妪夜哭。人问何哭，妪曰："人杀吾子，故哭之。"人曰："妪子何为见杀？"妪曰："吾子，白帝子[⑦]也，化为蛇，当道，今为赤帝子[⑧]斩之，故哭。"人乃以妪为不诚，欲告之[⑨]，妪因忽不见。后人至，高祖觉。后人告高祖，高祖乃心独喜，自负。诸从者日益畏之。

秦始皇帝常曰"东南有天子气"，于是因东游以厌[⑩]之。高祖即自疑，亡匿，隐于芒、砀[⑪]山泽岩石之间。吕后与人俱求，常得之。高祖怪问之。吕后曰："季所居上常有云气，故从往常得季。"高祖心喜。沛中子弟或闻之，多欲附者矣。

秦二世元年[⑫]秋，陈胜等起蕲，至陈而王，号为"张楚"[⑬]。诸郡县皆多杀其长吏以应陈涉。沛令恐，欲以沛应涉。掾、主吏萧何、曹参乃曰："君为秦吏，今欲背之，率沛子弟，恐不听。愿君召诸亡在外者，可得数百人，因劫众，众不敢不听。"乃令樊哙召刘季。刘季之众已数十百人矣。

于是樊哙从刘季来。沛令后悔，恐其有变，乃闭城城守，欲诛萧、曹。萧、曹恐，逾城保刘季。刘季乃书帛射城上，谓沛父老曰："天下苦秦久矣。今父老虽为沛令守，诸侯并起，今屠沛。沛今共诛令，择子弟可立者立之，以应诸侯，则家室完[⑭]。不然，父子俱屠，无为也[⑮]。"父老乃率子弟共杀沛令，开城门迎刘季，欲以为沛令。刘季曰："天下方扰，诸侯并起，今置将不善，一败涂地。吾非敢自爱，恐能薄，不能完父兄子弟。此大事，愿更相推择可者。"萧、曹等皆文吏，自爱，恐事不就，后秦种族⑯其家，尽让刘季。诸父老皆曰："平生所闻刘季诸珍怪，当贵，且卜筮之，莫如刘季最吉。"于是刘季数让。众莫敢为，乃立季为沛公。祠黄帝，祭蚩尤于沛庭⑰，而衅鼓旗⑱，帜皆赤。由所杀蛇白帝子，杀者赤帝子，故上赤。于是少年豪吏如萧、曹、樊哙等皆为收沛子弟二三千人，攻胡陵、方与，还守丰。……

注释

① 徒：苦役。

② 道亡：在路上逃亡。

③ 度：估计。比：等到。

④ 逝：逃亡。

⑤ 被酒：带着酒意。

⑥ 径：走小路。

⑦ 白帝子：秦以白色为尊，暗指秦帝。

⑧ 赤帝子：赤即火，汉初认为汉朝为火德。赤帝子斩白帝子，意谓刘邦将取代秦朝。

⑨ 告：应作"苦"，让她吃苦头。

⑩ 厌：通过某种手段以压制某种兆头的兴起。

⑪ 芒、砀：二山名，在今河南永城城北三十里。

⑫ 秦二世元年：公元前 209 年。

⑬ 张楚：取"张大楚国"意。

⑭ 完：保全。

⑮ 无为也：无谓也，没有意义。

⑯ 种族：名词作动词，灭种灭族。

⑰ 祠：祭祀。黄帝：黄帝曾打败炎帝，并擒杀蚩尤，是五帝之首。蚩尤：好战斗，制造剑戟，被后世奉为战神。

⑱ 衅鼓旗：以人血或动物血涂抹在鼓和旗帜上，以祈求战争胜利。

汉元年[①]十月，沛公兵遂先诸侯至霸上。秦王子婴素车白马，系颈以组[②]，封皇帝玺、符、节，降轵道旁。诸将或言诛秦王。沛公曰："始怀王遣我，固以能宽容；且人已服降，又杀之，不祥。"乃以秦王属吏[③]，遂西入咸阳。欲止宫休舍，樊哙、张良谏，乃封秦重宝财物府库，还军霸上。召诸县父老豪桀曰："父老苦秦苛法久矣，诽谤者族，偶语者弃市[④]。吾与诸侯约，先入关者王之，吾当王关中。与父老约法三章[⑤]耳：杀人者死，伤人及盗抵罪。余悉除去秦法。诸吏人皆案堵[⑥]如故。凡吾所以来，为父老除害，非有所侵暴，无恐！且吾所以还军霸上，待诸侯至而定约束耳。"乃使人与秦吏行县乡邑，告谕之。秦人大喜，争持牛羊酒食献飨军士。沛公又让不受，曰："仓粟多，非乏[⑦]，不欲费人。"人又益喜，唯恐沛公不为秦王。

或说沛公曰："秦富十倍天下，地形强。今闻章邯[⑧]降项羽，项羽乃号为雍王，王关中。今则[⑨]来，沛公恐不得有此。可急使兵守函谷关[⑩]，无内诸侯军，稍征关中兵以自益，距之。"沛公然其计，从之。十一月中，项羽果率诸侯兵西，欲入关，关门闭。闻沛公已定关中，大怒，使黥布等攻破函谷关。十二月中，遂至戏。沛公左司马曹无伤闻项王怒，欲攻沛公，使人言项羽曰："沛公欲王关中，令子婴为相，珍宝尽有之。"欲以求封。亚父劝项羽击沛公。方飨[⑪]士，旦日合战。是时项羽兵四十万，号百万。沛公兵十万，号二十万，力不敌。会项伯欲活张良，夜往见良，因以文谕项羽，项羽乃止。沛公从百余骑，驱之鸿门，见谢项羽。项羽曰："此沛公左司马曹无伤言之。不然，籍何以生此!”沛公以樊哙、张良故,得解归。归,立诛曹无伤。

项羽遂西,屠烧咸阳秦宫室,所过无不残破。秦人大失望,然恐,不敢不服耳。……

五年[12],高祖与诸侯兵共击楚军,与项羽决胜垓下。淮阴侯[13]将三十万自当之,孔将军居左,费将军居右,皇帝在后,绛侯[14]、柴将军[15]在皇帝后。项羽之卒可十万。淮阴先合,不利,却。孔将军、费将军纵,楚兵不利,淮阴侯复乘之,大败垓下。项羽卒闻汉军之楚歌,以为汉尽得楚地,项羽乃败而走,是以兵大败。使骑将灌婴追杀项羽东城,斩首八万,遂略定楚地。鲁为楚坚守不下。汉王引诸侯兵北,示鲁父老项羽头,鲁乃降。遂以鲁公号葬项羽穀城。还至定陶,驰入齐王壁[16],夺其军。

注释

① 汉元年:公元前206年。刘邦在此年被项羽封为汉王,故称“汉元年”。

② 素:白。组:丝绦。这是古代帝王投降时表示认罪的仪式,素车白马为办丧事所用,系颈以组,言欲自杀。

③ 属:交付,委托。属吏,即交给官吏看管。

④ 偶语:相对而语。弃市:在街头处死。

⑤ 法三章:法令只有三条。

⑥ 案堵:也作“安堵”,不迁动。

⑦ 乏:缺乏。

⑧ 章邯:秦朝将领。

⑨ 则:若。

⑩ 函谷关:关名,河南通往关中地区的门户,在今河南灵宝东北。

⑪ 飨:犒劳。

⑫ 五年：公元前202年。

⑬ 淮阴侯：韩信。

⑭ 绛侯：周勃。

⑮ 柴将军：柴武。

⑯ 齐王：韩信，此时他已被封为齐王。壁：军垒。

正月，诸侯及将相相与共请尊汉王为皇帝。汉王曰："吾闻帝贤者有也，空言虚语，非所守也，吾不敢当帝位。"群臣皆曰："大王起微细[①]，诛暴逆，平定四海，有功者辄裂地而封为王侯。大王不尊号，皆疑不信。臣等以死守之[②]。"汉王三让，不得已，曰："诸君必以为便，便国家。"甲午，乃即皇帝位氾水之阳[③]。

皇帝曰义帝无后。齐王韩信习楚风俗，徙为楚王，都下邳[④]。立建成侯彭越为梁王，都定陶。故韩王信为韩王，都阳翟[⑤]。徙衡山王吴芮为长沙王，都临湘[⑥]。番君[⑦]之将梅鋗有功，从入武关，故德番君。淮南王布、燕王臧荼、赵王敖皆如故。

天下大定。高祖都雒阳，诸侯皆臣属。故临江王驩为项羽叛汉，令卢绾、刘贾围之，不下。数月而降，杀之雒阳。

五月，兵皆罢归家。诸侯子在关中者复[⑧]之十二岁，其归者复之六岁，食[⑨]之一岁。

高祖置酒雒阳南宫。高祖曰："列侯诸将无敢隐朕，皆言其情。吾所以有天下者何？项氏之所以失天下者何？"高起、王陵对曰："陛下慢而侮人[⑩]，项羽仁而爱人。然陛下使人攻城略地，所降下者因以予之，与天下同利也。项羽妒贤嫉能，有功者害[⑪]之，贤者疑之，战胜而不予人功，得地而不予人利，此所以失天下也。"高祖曰："公知其一，未知其二。夫运筹策[⑫]帷帐之中，决胜于千里之外，吾不如子房[⑬]。镇国家，抚百姓，给馈饷[14]，不绝粮道，吾不如萧何。连百万之军，战必胜，攻必取，吾不如韩信。此三者，皆人杰也，吾能用之，此吾所以取天下也。项羽有一范增而不能用，此其所以为我擒也。”……

注释

① 微细：微弱细微，指刘邦从平民百姓兴起。

② 以死守之：宁死也要坚持自己的看法。

③ 阳：水的北面。氾水之阳：定陶城北的氾水北岸。

④ 下邳：秦县名，县治在今江苏邳州西南。

⑤ 阳翟：秦县名，县治在今河南禹州。

⑥ 临湘：秦县名，县治在今湖南长沙。

⑦ 番君：指吴芮。

⑧ 复：免除租税。

⑨ 食：养。

⑩ 慢：傲慢。侮：侮辱。

⑪ 害：嫉恨。

⑫ 筹策：本为古代计数的筹码，此处指谋划。

⑬ 子房：张良。

⑭ 给：供给。馈饷：粮草军饷。

高祖还归，过沛，留。置酒沛宫[1]，悉召故人父老子弟纵酒，发沛中儿得百二十人，教之歌。酒酣，高祖击筑[2]，自为歌诗曰：“大风起兮云飞扬，威加海内兮归故乡，安得猛士兮守四方！”令儿皆和习之。高祖乃起舞，慷慨伤怀，泣数行下。谓沛父兄曰：“游子悲故乡。吾虽都关中，万岁后[3]吾魂魄犹乐思沛。且朕自沛公以诛暴逆，遂有天下，其以沛为朕汤沐邑[4]，复其民，世世无有所与。"沛父兄诸母故人日乐饮极欢，道旧故为笑乐。十余日，高祖欲去，沛父兄固请留高祖。高祖曰："吾人众多，父兄不能给。"乃去。沛中空县[5]皆之邑西献。高祖复留止，张饮[6]三日。沛父兄皆顿首曰："沛幸得复，丰未复[7]，唯陛下哀怜之。"高祖曰："丰吾所生长，极不忘耳，吾特为其以雍齿[8]故反我为魏。"沛父兄固请，乃并复丰，比沛。……

高祖击布时，为流矢所中，行道病。病甚，吕后迎良医。医入见，高祖问医，医曰："病可治。"于是高祖嫚[9]骂之曰："吾以布衣提三尺剑取天下，此非天命乎？命乃在天，虽扁鹊何益！"遂不使治病，赐金五十斤罢之。已而吕后问："陛下百岁后，萧相国[10]即死，令谁代之？"上曰："曹参可。"问其次，上曰："王陵可。然陵少戆[11]，陈平可以助之。陈平智有余，然难以独任。周勃重厚少文[12]，然安刘氏者必勃也，可令为太尉[13]。"吕后复问其次，上曰："此后亦非而所知也。"

卢绾与数千骑居塞下候伺[14]，幸上病愈自入谢。

四月甲辰，高祖崩长乐宫。四日不发丧。吕后与审食其谋曰："诸将与帝为编户民[15]，今北面为臣，此常怏怏[16]，今乃事少主，非尽族是[17]，天下不安。"人或闻之，语郦将军[18]。郦将军往见审食其，曰："吾闻帝已崩，四日不发丧，欲诛诸将。诚如此，天下危矣。陈平、灌婴将十万守荥阳，樊哙、周勃将二十万定燕、代，此闻帝崩，诸将皆诛，必连兵还乡以攻关中。大臣内叛，诸侯外反，亡可翘足而待也。"审食其入言之，乃以丁未发丧，大赦天下。

卢绾闻高祖崩，遂亡入匈奴。

注释

① 沛宫：刘邦在沛县建造的行宫。

② 筑：一种乐器，形状似瑟而小，有弦，以竹击之。

③ 万岁后：指去世后。

④ 汤沐邑：周代诸侯朝觐天子，天子从自己的领地划出一块供其住宿和斋戒沐浴之封邑，后世遂用以帝王、后妃等人的额外封地。

⑤ 空县：全县出动。

⑥ 张饮：搭设帐篷相聚而饮。

⑦ 丰：沛县的一个乡镇。刘邦称帝后，将丰升为县，此时还未免除丰县的赋税和劳役。

⑧ 雍齿：本为刘邦的部下，后雍齿降魏，据丰以反刘邦。

⑨ 嫚：通"谩"，谩骂。

⑩ 萧相国：萧何。

⑪ 少：稍微。戆（zhuàng）：憨厚刚直。

⑫ 重厚：沉着厚道。少文：不善花言巧语。

⑬ 太尉：官名，掌管全国军事。

⑭ 候伺：打听，伺探。

⑮ 编户民：当时的乡邑将平民百姓五家编为一"伍"，三百家为一"卒"，故称"编户"。

⑯ 怏怏：郁郁不乐。

⑰ 是：代词，他们。非尽族是：不把他们全部灭族。

⑱ 郦将军：郦商。

丙寅，葬。己巳，立太子，至太上皇庙。群臣皆曰："高祖起微细，拨乱世反之正，平定天下，为汉太祖，功最高。"上尊号为高皇帝。太子袭号为皇帝，孝惠帝也。令郡国诸侯各立高祖庙①，以岁时祠②。

及孝惠五年③，思高祖之悲乐沛，以沛宫为高祖原庙④。高祖所教歌儿百二十人，皆令为吹乐，后有缺，辄补之。

高帝八男：长庶齐悼惠王肥[⑤]；次孝惠，吕后子；次戚夫人子赵隐王如意[⑥]；次代王恒，已立为孝文帝[⑦]，薄太后子；次梁王恢，吕太后时徙为赵共王；次淮阳王友，吕太后时徙为赵幽王；次淮南厉王长；次燕王建。

太史公曰：夏之政忠[⑧]。忠之敝[⑨]，小人以野[⑩]，故殷人承之以敬[⑪]。敬之敝，小人以鬼[⑫]，故周人承之以文[⑬]。文之敝，小人以僿[⑭]，故救僿莫若以忠。三王之道若循环，终而复始。周秦之间，可谓文敝矣。秦政不改，反酷刑法，岂不缪乎？故汉兴，承敝易变[⑮]，使人不倦，得天统矣。朝以十月[⑯]。车服黄屋左纛[⑰]。葬长陵[⑱]。

注释

① 高祖庙：祭祀汉高祖刘邦的宗庙。

② 岁：年。时：四时。祠：祭祀。

③ 孝惠五年：公元前 190 年。

④ 原庙：第二所庙宇。

⑤ 长庶齐悼惠王肥：刘肥，姬妾所生，庶出，“悼惠”为谥号。

⑥ 戚夫人：刘邦的宠妃。赵隐王如意，刘邦去世后被吕后所杀，谥号为“隐”。

⑦ 孝文帝：汉文帝。

⑧ 忠：质朴忠厚。

⑨ 敝：衰败。

⑩ 小人：平民百姓。野：粗野。

⑪ 敬：敬奉天地祖先。

⑫ 以鬼：迷信鬼神。

⑬ 文：指礼仪方面的典章制度。

⑭ 傈(sài)：缺乏诚意，不诚恳。

⑮ 承敝易变：指刘邦废除秦的苛法，约法三章，以及吕后、汉文帝施行的与民休息等政策。

⑯ 朝以十月：以每年阴历十月为诸侯王入京朝见的日子。此时汉代还沿袭秦朝历法，以十月为岁首。

⑰ 黄屋：以黄色缯为顶的篷车，皇帝所乘。左纛(dào)：以牦牛尾制成的大旗。

⑱ 长陵：在今陕西咸阳东。

评析

《高祖本纪》记载了秦末起义中，刘邦由一位小小的亭长起事，经历多场艰苦战争成为汉王，击败西楚霸王项羽而统一天下，及至称帝后消灭叛乱的诸侯王，巩固汉朝统治的历史。本篇与《项羽本纪》相辅相成，两者合看，才能获知秦末起义、楚汉战争的全貌。

司马迁对刘邦的描写极为精彩，揭示了刘邦成功统一天下的原因。

其一是知人善用。刘邦在统一天下后总结他成功的原因：“夫运筹策帷帐之中，决胜于千里之外，吾不如子房。镇国家，抚百姓，给馈饷，不绝粮道，吾不如萧何。连百万之军，战必胜，攻必取，吾不如韩信。此三者，皆人杰也，吾能用之，此吾所以取天下也。”张良、萧何和韩信均为人中之杰，刘邦能发挥他们的所长，知人善用，为他获取天下奠定了极为重要的基础。反之，项羽刚愎自用，“妒贤嫉能，有功者害之，贤者疑之，战胜而不予人功，得地而不予人利”。范增是项羽身边的能人，刘邦的谋臣陈平利用项羽多疑的性格弱点，离间项羽和范增的关系，最后范增被项羽疏远，病发而亡。韩信和陈平本为项羽的手下，但长时间默默无闻，无出头之日。后二人弃楚归汉，在刘邦手下大放光彩。

其二是宽以待人和听言纳谏。刘邦先于项羽入关，秦王子婴素车白马投降，诸将劝刘邦杀掉子婴，但刘邦说："始怀王遣我，固以能宽容；且人已降服，又杀之，不祥。"入咸阳宫后，刘邦欲入宫休息，但张良、樊哙等人反对，刘邦听取谏言，还军霸上。刘邦又废除秦的苛法，只保留了"三章"之律。这些政治措施极大地笼络了秦民之心，秦人"唯恐沛公不为秦王"。反之，项羽不仅坑杀秦卒二十余万人，还"引兵西屠咸阳，杀秦降王子婴，烧秦宫室，火三月不灭；收其货宝妇女而东"，残酷暴虐，大失民心。在此后的楚汉战争中，刘邦虽然多次被项羽击败，但依靠秦地源源不断的兵卒，最终反败为胜。

其三是足智多谋和随机应变。司马迁记载了多项刘邦的事迹，可看出刘邦在处理事情时高超的应变能力，最典型的例子便是鸿门宴。当项伯给张良送信时，情势已极为危急，刘邦突然心思一转，想出与项伯约为婚姻的主意。其后鸿门宴时，项庄拔剑舞，欲刺杀刘邦，项伯常以身遮挡刘邦，帮他渡过此次劫难。在楚汉战争中，刘邦胸口被项羽射中一箭，他的第一反应不是用手捂胸，而是弯腰抚足，并叫道"虏中吾指"，以避免因受重伤而使军心散乱。从这些细节可看出，刘邦拥有高超的政治智慧和敏捷的应变能力，这也是他胜出的重要原因。反观项羽，他身上更多地表现出个体英雄的英勇气概，在政治能力上比刘邦逊色得多。

第六编
英 雄 悲 歌

《伍子胥列传》

伍子胥者，楚人也，名员。员父曰伍奢。员兄曰伍尚。其先曰伍举，以直谏事楚庄王[①]，有显[②]，故其后世有名于楚。

楚平王有太子名曰建，使伍奢为太傅[③]，费无忌为少傅[④]。无忌不忠于太子建。平王[⑤]使无忌为太子取[⑥]妇于秦，秦女好，无忌驰归报平王曰："秦女绝美，王可自取，而更为太子取妇。"平王遂自取秦女而绝爱幸[⑦]之，生子轸。更为太子取妇。

无忌既以秦女自媚于平王，因去[⑧]太子而事平王。恐一旦平王卒而太子立，杀己，乃因谗太子建。建母，蔡女也，无宠于平王。平王稍益疏建，使建守城父[⑨]，备边兵。

顷之，无忌又日夜言太子短于王曰："太子以秦女之故，不能无怨望[⑩]，愿王少[⑪]自备也。自太子居城父，将兵，外交诸侯，且[⑫]欲入为乱矣。"平王乃召其太傅伍奢考问之。伍奢知无忌谗太子于平王，因曰："王独奈何以谗贼小臣[⑬]疏骨肉之亲乎？"无忌曰："王今不制，其事成矣。王且见禽[⑭]。"于是平王怒，囚伍奢，而使城父司马[⑮]奋扬往杀太子。行未至，奋扬使人先告太子："太子急去，不然将诛。"太子建亡奔宋。

无忌言于平王曰："伍奢有二子，皆贤，不诛，且为楚忧。可以其父质[⑯]而召之，不然，且为楚患。"王使使谓伍奢曰："能致[⑰]汝二子则生，不能则死。"伍奢曰："尚为人仁，呼必来。员为人刚戾忍诟[⑱]，能成大事，彼见来之并禽，其势必不来。"王不听，使人召二子曰："来，吾生汝父；不来，今杀奢也。"伍尚欲往，员曰："楚之召我兄弟，非欲以生我父也，恐有脱者后生患，故以父为质，诈召二子。二子到，则父子俱死。何益父之死？往而令仇不得报耳。不如奔他国，借力以雪父之耻，俱灭，无为[⑲]也。"伍尚曰："我知往终不能全父命。然恨父召我以求生而不往，后不能雪耻，终为天下笑耳。”谓员：“可去矣！汝能报杀父之仇，我将归死。”尚既就执[20]，使者捕伍胥。伍胥贯弓执矢向[21]使者，使者不敢进，伍胥遂亡。闻太子建之在宋，往从之。奢闻子胥之亡也，曰：“楚国君臣且苦兵[22]矣。”伍尚至楚，楚并杀奢与尚也。

注释

① 楚庄王：名侣，春秋时期楚国最有为的君主。

② 有显：其下应脱“名”字，有显名。

③ 太傅：太子太傅，官名，负责教导太子。

④ 少傅：太子少傅，官名，辅助太子太傅教导太子。

⑤ 平王：楚平王，名居。

⑥ 取：通“娶”。

⑦ 幸：宠幸。

⑧ 去：离开。

⑨ 城父：楚国的北部边境，在今河南宝丰县东。

⑩ 望：怨恨。

⑪ 少：通“稍”。

⑫ 且：将。

⑬ 谗贼小臣：指费无忌。

⑭ 禽：通“擒”。王且见擒：王将会被擒。

⑮ 司马：官名，主管军中的纠察、司法等事。

⑯ 质：作为人质。

⑰ 致：招来。

⑱ 戾：凶狠。诟（gòu）：屈辱。

⑲ 无为：无谓，没有意义。

⑳ 就执：被抓捕。

㉑ 贯：拉满。执：拿着。向：对着。

㉒ 苦兵：受战争之苦。

伍胥既至宋，宋有华氏之乱[①]，乃与太子建俱奔于郑。郑人甚善之。太子建又适[②]晋，晋顷公曰："太子既善郑，郑信太子。太子能为我内应，而我攻其外，灭郑必矣。灭郑而封太子。"太子乃还郑。事未会[③]，会[④]自私欲杀其从者，从者知其谋，乃告之于郑。郑定公与子产[⑤]诛杀太子建。建有子名胜。伍胥惧，乃与胜俱奔吴。到昭关[⑥]，昭关欲执之。伍胥遂与胜独身步走，几[⑦]不得脱。追者在后。至江，江上有一渔父乘船，知伍胥之急，乃渡伍胥。伍胥既渡，解其剑曰："此剑直[⑧]百金，以与父。"父曰："楚国之法，得伍胥者赐粟五万石，爵执珪[⑨]，岂徒百金剑邪！"不受。伍胥未至吴而疾，止中道，乞食。至于吴，吴王僚方用事[⑩]，公子光[⑪]为将。伍胥乃因[⑫]公子光以求见吴王。

久之，楚平王以其边邑钟离[⑬]与吴边邑卑梁氏[⑭]俱蚕，两女子争桑相攻，乃大怒，至于两国举兵相伐。吴使公子光伐楚，拔其钟离、居巢[⑮]而归。伍子胥说吴王僚曰："楚可破也。愿复遣公子光。"公子光谓吴王曰："彼伍胥父兄为[⑯]戮于楚，而劝王伐楚者，欲以自报其仇耳。伐楚未可破也。"伍胥知公子光有内志[⑰]，欲杀王而自立，未可说以外事[⑱]，乃进专诸[⑲]于公子光，退而与太子建之子胜耕于野。

注释

① 华氏之乱：宋国的华氏、向氏因担心宋元公对他们不利，先发制人，拘执了

宋太子，宋元公出兵攻之，华氏和向氏战败，逃到了陈国和吴国。

② 适：前往。

③ 未会：未成。

④ 会：恰巧。

⑤ 郑定公：名宁，郑简公子。子产：公孙侨，郑国著名大臣。

⑥ 昭关：关名，在今安徽含山县北小岘山。

⑦ 几：差点。

⑧ 直：通“值”，价值。

⑨ 爵：名词作动词，授予爵位。执珪：楚国的爵名，相当于有领地的封君。

⑩ 吴王僚：吴王余昧之子。用事：执掌朝政。

⑪ 公子光：后来的吴王阖庐，吴王僚的堂兄。

⑫ 因：借助。

⑬ 边邑：楚国边境的小城。钟离：地名，在今安徽凤阳县东北。

⑭ 卑梁氏：吴国边境小邑，在今安徽天长西北。

⑮ 居巢：楚国地名，在今安徽六安北。

⑯ 为：被。

⑰ 内志：夺权的心思。

⑱ 外事：指对外用兵。

⑲ 专诸：当时著名的刺客，事见《刺客列传》。

五年而楚平王卒。初，平王所夺太子建秦女生子轸，及平王卒，轸竟立为后，是为昭王。吴王僚因楚丧，使二公子将兵往袭楚。楚发兵绝[①]吴兵之后，不得归。吴国内空，而公子光乃令专诸袭刺吴王僚而自立，是为吴王阖庐。阖庐既立，得志[②]，乃召伍员以为行人[③]，而与谋国事。

楚诛其大臣郤宛、伯州犁，伯州犁之孙伯嚭[④]亡奔吴，吴亦以嚭为大夫。前王僚所遣二公子将兵伐楚者，道绝不得归。后闻阖庐弑王僚自立，遂以其兵降楚，楚封之于舒[⑤]。阖庐立三年，乃兴师与伍胥、伯嚭伐楚，拔舒，遂禽故吴反二将军。因欲至郢[⑥]，将军孙武[⑦]曰："民劳，未可，且待之。"乃归。

四年，吴伐楚，取六与灊[⑧]。五年，伐越，败之。六年，楚昭王使公子囊瓦将兵伐吴。吴使伍员迎击，大破楚军于豫章[⑨]，取楚之居巢。

九年，吴王阖庐谓子胥、孙武曰："始子言郢未可入，今果何如[⑩]？"二子对曰："楚将囊瓦贪，而唐、蔡[⑪]皆怨之。王必欲大伐之，必先得唐、蔡乃可。"阖庐听之，悉兴师与唐、蔡伐楚，与楚夹汉水而陈[⑫]。吴王之弟夫概将兵请从，王不听，遂以其属五千人击楚将子常[⑬]。子常败走，奔郑。于是吴乘胜而前，五战，遂至郢。己卯[⑭]，楚昭王出奔。庚辰[⑮]，吴王入郢。

昭王出亡，入云梦[⑯]；盗击王，王走郧[⑰]。郧公[⑱]弟怀曰："平王杀我父[⑲]，我杀其子，不亦可乎！"郧公恐其弟杀王，与王奔随[⑳]。吴兵围随，谓随人曰："周之子孙在汉川者[㉑]，楚尽灭之。"随人欲杀王，王子綦[㉒]匿王，己自为王以当之。随人卜与王于吴[㉓]，不吉，乃谢[㉔]吴不与王。

注释

① 绝：断绝。

② 得志：实现了志向。

③ 行人：官名，掌管朝觐聘问之事，是当时的外交官。

④ 伯嚭：伯州犁之孙。

⑤ 舒：古国名，后为楚国所灭，在今安徽庐江县西南。

⑥ 郢：楚国都城，在今湖北荆州江陵西北的纪南城。

⑦ 孙武：著名的军事家，事见《孙子吴起列传》。

⑧ 六：地名，在今安徽六安北。灊(qián)：地名，在今安徽霍山县东北。

⑨ 豫章：地名，在今江西南昌附近。

⑩ 今果何如：现在怎么样？

⑪ 唐：古国名，在今湖北随县附近。蔡：古国名，多次迁徙，最后迁至州来，在今安徽凤台附近。

⑫ 陈：通“阵”，摆开军阵。

⑬ 子常：上文之囊瓦。

⑭ 己卯：中国古代以天干地支纪日，此处为阴历十一月二十八日。

⑮ 庚辰：此处为十一月二十九日。

⑯ 云梦：古代大泽名，在今湖北武汉以及湖南洞庭湖等地。

⑰ 郧(yún)：古国名，春秋时被楚国所灭，在今湖北安陆一带。

⑱ 郧公：名斗辛，楚国内的封君。

⑲ 平王杀我父：斗辛之父蔓成然，原为楚平王令尹，后被楚平王杀害。

⑳ 随：西周初分封的诸侯国，在今湖北随县。

㉑ 周之子孙在汉川者：周初分封在长江、汉水之间的姬姓小国。

㉒ 王子綦(qí)：楚昭王兄公子结。

㉓ 卜与王于吴：占卜将楚昭王交给吴国的吉凶。

㉔ 谢：辞谢。

始伍员与申包胥为交，员之亡也，谓包胥曰：“我必覆[①]楚。”包胥曰：“我必存之。”及吴兵入郢，伍子胥求昭王。既不得，乃掘楚平王墓，出其尸，鞭之三百，然后已。申包胥亡于山中，使人谓子胥曰：“子之报仇，其以甚[②]乎！吾闻之，人众者胜天，天定亦能破人。今子故平王之臣，亲北面[③]而事之，今至于僇[④]死人，此岂其无天道之极乎！”伍子胥曰：“为我谢申包胥曰，吾日暮途远，吾故倒行而逆施之[⑤]。”于是申包胥走秦告急，求救于秦。秦不许。包胥立于秦廷，昼夜哭，七日七夜不绝其声。秦哀公怜之，曰："楚虽无道，有臣若是，可无存乎！"乃遣车五百乘救楚击吴。六月，败吴兵于稷[6]。会吴王久留楚求昭王，而阖庐弟夫概乃亡归，自立为王。阖庐闻之，乃释[7]楚而归，击其弟夫概。夫概败走，遂奔楚。楚昭王见吴有内乱，乃复入郢。封夫概于堂谿[8]，为堂谿氏。楚复与吴战，败吴，吴王乃归。

后二岁，阖庐使太子夫差将兵伐楚，取番[9]。楚惧吴复大来[10]，乃去郢，徙于鄀[11]。当是时，吴以伍子胥、孙武之谋，西破强楚，北威齐晋，南服越人。

其后四年，孔子相鲁。

后五年，伐越。越王勾践迎击，败吴于姑苏，伤阖庐指[12]，军却[13]。阖庐病创[14]将死，谓太子夫差曰："尔忘勾践杀尔父乎？"夫差对曰："不敢忘。"是夕，阖庐死。夫差既立为王，以伯嚭为太宰，习战射。二年后伐越，败越于夫湫[15]。越王勾践乃以余兵五千人栖于会稽之上，使大夫种厚币遗吴太宰嚭以请和，求委国为臣妾。吴王将许之。伍子胥谏曰："越王为人能辛苦。今王不灭，后必悔之。"吴王不听，用太宰嚭计，与越平。

其后五年，而吴王闻齐景公死而大臣争宠，新君弱，乃兴师北伐齐。伍子胥谏曰："勾践食不重味[16]，吊[17]死问疾，且欲有所用之也。此人不死，必为吴患。今吴之有越，犹人之有腹心疾也。而王不先越而乃务齐，不亦谬乎！"吴王不听，伐齐，大败齐师于艾陵[18]，遂威邹[19]鲁之君以归。益疏子胥之谋。

注释

① 覆：覆灭。

② 以：通"已"。甚：过分。

③ 北面：臣子面对国君时向北而立，以示尊重。

④ 僇(lù)：侮辱。

⑤ 吾日暮途远，吾故倒行而逆施之：此句大意为日暮时分前途尚远，故须颠倒急行。伍子胥志在报仇，恐将死而不能报仇雪恨，所以即使违反人情之理，也定要实现报仇的愿望。

⑥ 稷：地名，在今湖北随县城北之历山。

⑦ 释：放下。

⑧ 堂谿：地名，在今河南遂平县西北。

⑨ 番：通“鄱”，地名，在今江西鄱阳县。

⑩ 大来：大举入侵。

⑪ 鄀(ruò)：古国名，被楚所灭，在今湖北宜城东南。

⑫ 指：脚趾。

⑬ 却：退却。

⑭ 病创：受兵器之创伤。

⑮ 夫湫(qiū)：山名，在今江苏太湖中。

⑯ 食不重味：吃饭时只吃一种菜，极言其生活之俭朴。

⑰ 吊：慰问。

⑱ 艾陵：地名，在今山东莱芜东北。

⑲ 邹：古国名，周代时称“邾”，也作“驺”，在今山东邹城东南。

其后四年，吴王将北伐齐，越王勾践用子贡[①]之谋，乃率其众以助吴，而重宝以献遗太宰嚭。太宰嚭既数受越赂，其爱信越殊甚，日夜为言于吴王。吴王信用嚭之计。伍子胥谏曰：“夫越，腹心之病，今信其浮辞诈伪而贪齐。破齐，譬犹石田[②]，无所用之。且《盘庚之诰》[③]曰：‘有颠越不恭，劓殄灭之，俾无遗育，无使易种于兹邑。’[④]此商之所以兴。愿王释齐而先越；若不然，后将悔之无及。”而吴王不听，使子胥于齐。子胥临行，谓其子曰：“吾数谏王，王不用，吾今见吴之亡矣。汝与吴俱亡，无益也。”乃属其子于齐鲍牧[5]，而还报吴。

吴太宰嚭既与子胥有隙[6]，因谗曰：“子胥为人刚暴，少恩，猜贼[7]，其怨望恐为深祸也。前日王欲伐齐，子胥以为不可，王卒伐之而有大功。子胥耻其计谋不用，乃反怨望。而今王又复伐齐，子胥专愎[8]强谏，沮[9]毁用事，徒幸吴之败以自胜其计谋耳[10]。今王自行，悉国中武力以伐齐，而子胥谏不用，因辍[11]谢，详[12]病不行。王不可不备，此起祸不难。且嚭使人微伺之[13]，其使于齐也，乃属其子于齐之鲍氏。夫为人臣，内不得意，外倚诸侯，自以为先王之谋臣，今不见用，常鞅鞅[14]怨望。愿王早图之。”吴王曰：“微子之言[15]，吾亦疑之。”乃使使赐伍子胥属镂[16]之剑，曰：“子以此死。”伍子胥仰天叹曰：“嗟乎！谗臣嚭为乱矣，王乃反诛我。我令若父霸。自若未立时，诸公子争立，我以死争之于先王，几不得立。若既得立，欲分吴国予我，我顾[17]不敢望也。然今若听谀臣言以杀长者。”乃告其舍人[18]曰：“必树吾墓上以梓，令可以为器[19]；而抉[20]吾眼县吴东门之上，以观越寇之入灭吴也。”乃自刭死。吴王闻之大怒，乃取子胥尸盛以鸱夷革[21]，浮之江中。吴人怜之，为立祠于江上，因命曰胥山。

注释

① 子贡：孔子弟子。

② 石田：不能耕种的石头地。

③《盘庚之诰》：《尚书》篇名，即《盘庚》篇。

④ 颠越：颠倒，悖谬。劓（yì）：割。殄灭：绝灭。俾：使。易种：延续种姓。

此句意为：谁敢不听命令，我就割杀他，不叫他留下后代，不让他在这里延续种姓。

⑤ 属：托付。鲍牧：齐国贵族。

⑥ 隙：嫌隙，矛盾。

⑦ 少恩：缺少人情味。猜贼：残忍。

⑧ 专愎(bì)：专断，自以为是。

⑨ 沮：反对。

⑩ 徒：只。幸：希望。自胜其计谋：自认为自己的谋划正确。

⑪ 辍：停止，中断。

⑫ 详：通"佯"，假装。

⑬ 微：悄悄地。伺：侦察。

⑭ 鞅鞅：怨恨不满的样子。

⑮ 微：即使。微子之言：即使你不说这些话。

⑯ 属镂：剑名。

⑰ 顾：通"固"，根本。

⑱ 舍人：贵族身边的门客。

⑲ 器：棺材。此句意为：在我墓上种梓树，将来你用来做棺材。

⑳ 抉：挖出。

㉑ 鸱(chī)夷革：皮制口袋。

吴王既诛伍子胥，遂伐齐。齐鲍氏杀其君悼公而立阳生①。吴王欲讨其贼，不胜而去。其后二年，吴王召鲁卫之君会之橐皋②。其明年，因北大会诸侯于黄池③，以令周室④。越王勾践袭杀吴太子，破吴兵。吴王闻之，乃归，使使厚币与越平。后九年，越王勾践遂灭吴，杀王夫差；而诛太宰嚭，以不忠于其君，而外受重赂，与己比周⑤也。

伍子胥初所与俱亡故楚太子建之子胜者，在于吴。吴王夫差之时，楚惠王[⑥]欲召胜归楚。叶公[⑦]谏曰："胜好勇而阴求死士，殆有私乎[⑧]！"惠王不听。遂召胜，使居楚之边邑鄢[⑨]，号为白公。白公归楚三年而吴诛子胥。

白公胜既归楚，怨郑之杀其父，乃阴养死士求报郑。归楚五年，请伐郑，楚令尹子西[⑩]许之。兵未发而晋伐郑，郑请救于楚。楚使子西往救，与盟而还。白公胜怒曰："非郑之仇，乃子西也。"胜自砺[⑪]剑，人问曰："何以为？"胜曰："欲以杀子西。"子西闻之，笑曰："胜如卵耳[⑫]，何能为也。"

其后四岁，白公胜与石乞[⑬]袭杀楚令尹子西、司马子綦于朝。石乞曰："不杀王，不可。"乃劫王如高府[⑭]。石乞从者屈固负楚惠王亡走昭夫人之宫[⑮]。叶公闻白公为乱，率其国人[⑯]攻白公。白公之徒败，亡走山中，自杀。而虏石乞，而问白公尸处，不言将亨[⑰]。石乞曰："事成为卿，不成而亨，固其职也[⑱]。"终不肯告其尸处。遂亨石乞，而求惠王复立之。

太史公曰：怨毒[⑲]之于人甚矣哉！王者尚不能行之于臣下，况同列[⑳]乎！向令伍子胥从奢俱死，何异蝼蚁。弃小义，雪大耻，名垂于后世，悲夫！方子胥窘于江上，道乞食，志岂尝须臾忘郢邪[㉑]？故隐忍就功名，非烈丈夫孰能致此哉？白公如不自立为君者，其功谋亦不可胜道[㉒]者哉！

注释

① 阳生：齐简公。

② 橐(tuó)皋：地名，在今安徽巢湖西北的拓皋镇。

③ 黄池：地名，在今河南封丘县西南。

④ 以令周室：号令诸侯尊崇周王。

⑤ 比周：相互勾结。

⑥ 楚惠王：楚昭王子，名章。

⑦ 叶：地名，在今河南叶县南。叶公：字高，叶县大夫。

⑧ 殆：大概。私：阴谋。

⑨ 鄢：地名，在今河南鄢陵县西北。

⑩ 令尹子西：楚平王弟，长期掌管楚国国政。

⑪ 砺：磨。

⑫ 胜如卵耳：言白公胜如卵之未孵化，极其弱小。

⑬ 石乞：白公胜养的死士。

⑭ 高府：楚国的别府。

⑮ 昭夫人之宫：楚昭王夫人的宫殿。

⑯ 国人：叶公封地叶邑之人。

⑰ 亨：通“烹”。

⑱ 固：本来。职：职分，义务。

⑲ 怨毒：狠毒。

⑳ 同列：同僚。

㉑ 须臾：片刻。忘郢：忘记楚国杀父、杀兄之仇。

㉒ 不可胜道：称道不完。

评析

《伍子胥列传》是司马迁精心撰写的一篇传记。伍子胥的事迹在《左传》《国语》等书中均有记载又互有差异。司马迁依据这些基本的史料，排比整合，塑造出一位为报仇忍辱负重、“弃小义，雪大耻”的烈丈夫形象。此传可分为两个部分。

第一部分为伍子胥在父兄被杀后逃离楚国，历经重重艰难逃到吴国并辅佐吴王阖庐，最终一举攻入楚国而为父兄报仇之事。在这一部分中，最为精彩的是司马迁对人究竟应该为成就大义而死，还是应该为复仇而苟活这一两难困境的描写。当伍子胥与其兄被楚平王征召之际，二人有一段对话尤为精彩。伍子胥曰："楚之召我兄弟，非欲以生我父也，恐有脱者后生患，故以父为质，诈召二子。二子到，则父子俱死。何益父之死？往而令仇不得报耳。不如奔他国，借力以雪父之耻，俱灭，无为也。"其兄伍尚曰："我知往终不能全父命。然恨父召我以求生而不往，后不能雪耻，终为天下笑耳。"这是两种不同的价值观念：伍尚更看重为人之大节。其父召之，即使面临的是死亡，他也必须前往；伍子胥更看重复仇雪耻，与其父子被杀，默默无闻地死去，不如先保住性命，再轰轰烈烈地报仇雪恨。司马迁高度赞扬了伍子胥的这种行为："向令伍子胥从奢俱死，何异蝼蚁。弃小义，雪大耻，名垂于后世，悲夫！"

伍子胥这类人物在《史记》中很常见，如孙膑、范雎、韩信、季布等，他们都是司马迁所激赏的人物。司马迁因李陵之祸而遭受宫刑，即使受此大辱，他也并没有选择自杀，而是隐忍苟活下来。他在《报任安书》中解释道："假令仆伏法受诛，若九牛亡一毛，与蝼蚁何异？……人固有一死，死有重于泰山，或轻于鸿毛……所以隐忍苟活、幽于粪土之中而不辞者，恨私心有所不尽，鄙陋没世而文采不表于后世也。"撰作一部"究天人之际，通古今之变，成一家之言"的《史记》成为他生命中的终极目标，这与孙膑隐忍以报庞涓断脚之耻、伍子胥忍辱以报父兄之仇是相通的。

第二部分是伍子胥在复仇之后，极力劝说吴王夫差灭掉腹心之患越国，但多次劝谏没有效果，反遭太宰嚭的谗毁而最终被吴王赐死。司马迁高度赞扬伍子胥为坚持真理而不惜牺牲生命的精神。伍子胥并没有因为吴王的不听劝告而放弃，而是坚持己见，以一种决绝的方式试图唤醒吴王。伍子胥临死前曰："必树吾墓上以梓，令可以为器；而抉吾眼县吴东门之上，以观越寇之入灭吴也。"尤为振聋发聩。这类人物在《史记》也颇为常见，如屈原、伍尚、豫让、李广等人，他们为了心中的正义，不惜舍弃自己的生命。这类"舍生取义"

的人与“隐忍雪耻”的孙膑、范雎等人同样受到司马迁的称赞，是《史记》中最为光辉的一类人物。

《刺客列传》

曹沫者[1]，鲁人也，以勇力事鲁庄公。庄公好力[2]。曹沫为鲁将，与齐战，三败北。鲁庄公惧，乃献遂邑[3]之地以和。犹复以为将。

齐桓公许与鲁会于柯[4]而盟。桓公与庄公既盟于坛上，曹沫执匕首劫齐桓公，桓公左右莫敢动，而问曰：“子将何欲?”曹沫曰：“齐强鲁弱，而大国侵鲁亦以甚矣。今鲁城坏即压齐境[5]，君其图之。”桓公乃许尽归鲁之侵地。既已言，曹沫投其匕首，下坛，北面[6]就群臣之位，颜色不变，辞令如故。桓公怒，欲倍[7]其约。管仲曰：“不可。夫贪小利以自快，弃信于诸侯，失天下之援，不如与之。”于是桓公乃遂割鲁侵地，曹沫三战所亡地[8]尽复予鲁。

其后百六十有[9]七年而吴有专诸之事。

专诸者，吴堂邑[10]人也。伍子胥之亡楚而如吴也，知专诸之能。伍子胥既见吴王僚，说以伐楚之利。吴公子光曰：“彼伍员父兄皆死于楚而员言伐楚，欲自为报私仇也，非能为吴。”吴王乃止。伍子胥知公子光之欲杀吴王僚。乃曰：“彼光将有内志[11]，未可说以外事[12]。”乃进专诸于公子光。

光之父曰吴王诸樊。诸樊弟三人：次曰余祭，次曰夷眛，次曰季子札。诸樊知季子札贤而不立太子，以次[13]传三弟，欲卒致[14]国于季子札。诸樊既死，传余祭。余祭死，传夷眛。夷眛死，当传季子札；季子札逃不肯立，吴人乃立夷眛之子僚为王。公子光曰：“使以兄弟次邪，季子当立[15]；必以子乎，则光真适[16]嗣，当立。”故尝阴[17]养谋臣以求立。

注释

①曹沫：《左传》《穀梁传》作“曹刿”。沫有一音为 huì，与刿古音相近，二者可能是同音异形字。

② 好力：好勇。

③ 遂邑：地名，在今山东肥城南。

④ 柯：地名，在今山东阳谷县东北。

⑤ 今鲁城坏即压齐境：现在鲁国国都的城墙倒塌，就压在了齐国的国境上。以夸张的方式言齐国边境离鲁国国都之近。

⑥ 北面：臣子面对国君时向北而立。

⑦ 倍：通“背”，违背。

⑧ 亡地：丢失的土地。

⑨ 有：通“又”。

⑩ 堂邑：地名，在今南京六合区北。

⑪ 内志：指篡夺政权之志。

⑫ 外事：对外用兵之事。

⑬ 以：按照。次：次序。

⑭ 卒：最终。致：送，给。

⑮ 使：假使。以兄弟次：按照兄终弟及的次序。季子：季札。

⑯ 适：通“嫡”，嫡长子。

⑰ 阴：暗中。

光既得专诸，善客待之。九年而楚平王死。春，吴王僚欲因[①]楚丧，使其二弟公子盖余、属庸将兵围楚之灊；使延陵季子于晋，以观诸侯之变。

楚发兵绝吴将盖余、属庸路，吴兵不得还。于是公子光谓专诸曰：“此时不可失，不求何获！且光真王嗣，当立，季子虽来，不吾废也[②]。”专诸曰：“王僚可杀也。母老子弱[③]，而两弟将兵伐楚，楚绝其后。方今吴外困于楚，而内空无骨鲠之臣[④]，是无如我何[⑤]。”公子光顿首曰：“光之身，子之身也。”[⑥]

四月丙子，光伏甲士于窟室中[⑦]，而具[⑧]酒请王僚。王僚使兵陈自宫至光之家，门户阶陛[⑨]左右，皆王僚之亲戚也。夹立侍，皆持长铍[⑩]。酒既酣，公子光详[⑪]为足疾，入窟室中，使专诸置匕首鱼炙[⑫]之腹中而进之。既至王前，专诸擘[⑬]鱼，因以匕首刺王僚，王僚立死。左右亦杀专诸，王人扰乱。公子光出其伏甲以攻王僚之徒，尽灭之，遂自立为王，是为阖闾。阖闾乃封专诸之子以为上卿。

其后七十余年而晋有豫让之事。

注释

① 因：趁机。

② 不吾废也：宾语前置，不会废除我。

③ 母老子弱：言吴王僚之母已年老，其子尚小，正是孤立无援时。

④ 骨鲠之臣：有地位，有威望，又能直言劝谏的大臣。

⑤ 无如我何：对我们没办法。

⑥ 光之身，子之身也：我的身子就是你的身子，意谓你的家庭后事我会负责。

⑦ 甲士：全副武装的武士。窟室：地下室。

⑧ 具：准备。

⑨ 阶陛：台阶。

⑩ 铍(pī)：锋利的刀。

⑪ 详：通“佯”。

⑫ 炙：烤。

⑬ 擘(bò)：撕开。

豫让者，晋人也，故尝事范氏及中行氏[①]，而无所知名。去而事智伯[②]，智伯甚尊宠之。及智伯伐赵襄子[③]，赵襄子与韩、魏[④]合谋灭智伯，灭智伯之后而三分其地。赵襄子最怨智伯，漆其头以为饮器[⑤]。豫让遁逃山中，曰：“嗟乎！士为知己者死，女为说己者容。[⑥]今智伯知我，我必为报仇而死，以报智伯，则吾魂魄不愧矣。”乃变名姓为刑人[⑦]，入宫涂厕，中挟匕首，欲以刺襄子。襄子如厕，心动[⑧]，执问涂厕之刑人，则豫让，内持刀兵，曰：“欲为智伯报仇！”左右欲诛之。襄子曰：“彼义人也，吾谨避之耳。且智伯亡无后，而其臣欲为报仇，此天下之贤人也。”卒醳[⑨]去之。

居顷之，豫让又漆身为厉[⑩]，吞炭为哑[⑪]，使形状不可知，行乞于市。其妻不识也。行见其友，其友识之，曰：“汝非豫让邪？”曰：“我是也。”其友为泣曰：“以子之才，委质[⑫]而臣事襄子，襄子必近幸[⑬]子。近幸子，乃为所欲，顾[⑭]不易邪？何乃残身苦形，欲以求报襄子，不亦难乎！”豫让曰：“既已委质臣事人，而求杀之，是怀二心以事其君也。且吾所为者极难耳！[⑮]然所以为此者，将以愧[⑯]天下后世之为人臣怀二心以事其君者也。”

既去，顷之，襄子当出，豫让伏于所当过之桥下。襄子至桥，马惊，襄子曰：“此必是豫让也。”使人问之，果豫让也。于是襄子乃数[⑰]豫让曰：“子不尝事范、中行氏乎？智伯尽灭之，而子不为报仇，而反委质臣于智伯。智伯亦已死矣，而子独何以为之报仇之深也？”豫让曰：“臣事范、中行氏，范、中行氏皆众人遇我[⑱]，我故众人报之。至于智伯，国士[⑲]遇我，我故国士报之。”襄子喟然叹息而泣曰：“嗟乎豫子！子之为智伯，名既成矣，而寡人赦子，亦已足矣。子其自为计[⑳]，寡人不复释子！”使兵围之。豫让曰："臣闻明主不掩人之美，而忠臣有死名之义[21]。前君已宽赦臣，天下莫不称君之贤。今日之事，臣固伏诛，然愿请君之衣而击之，焉以致[22]报仇之意，则虽死不恨。非所敢望也，敢布腹心！[23]"于是襄子大义之，乃使使持衣与豫让。豫让拔剑三跃而击之，曰："吾可以下报智伯矣！"遂伏剑自杀。死之日，赵国志士[24]闻之，皆为涕泣。

其后四十余年而轵[25]有聂政之事。

注释

① 范氏及中行氏：两者均为晋国的大贵族。此处范氏指范吉射，中行氏指荀寅。

② 智伯：荀瑶。智氏亦为晋国的大贵族，在春秋末期势力最为强大。

③ 赵襄子：名毋恤，赵氏也是晋国的大贵族。

④ 韩、魏：韩氏和魏氏，均为晋国的大贵族。

⑤ 漆其头以为饮器：将他的头漆好作为饮酒器。

⑥ 说：通"悦"。此句意为：士为赏识自己的人死，女子为心爱之人装饰打扮。

⑦ 刑人：刑役之人。

⑧ 心动：心有所感应。

⑨ 醳：通"释"，释放。

⑩ 厉：通"癞"，麻风病。漆身为厉：将身上涂抹漆，使之看起来像是患上癞病。

⑪ 吞炭为哑：吞火炭使声音变得嘶哑。

⑫ 质：通"贽"，见面礼。委质：托身。

⑬ 近幸：亲近宠幸。

⑭ 顾：转折词。

⑮ 此句指前文的漆身吞炭。

⑯ 愧：使动用法，使那些人感到羞愧。

⑰ 数：责让。

⑱ 众人：普通人。遇：对待。

⑲ 国士：国之杰出者。

⑳ 子其自为计：你自己看着办，意为令其自杀。

㉑ 死名之义：为了道义而献身。

㉒ 焉：于是，因之。致：传达。

㉓ 布：公开。此句意为：我知道我不该提这个要求，但我想把心里的想法说出来！

㉔ 志士：有正义感的人。

㉕ 轵（zhǐ）：地名，在今河南济源东南。

聂政者，轵深井里[①]人也。杀人避仇，与母、姊如齐，以屠为事。

久之，濮阳[②]严仲子事韩哀侯，与韩相侠累有却[③]。严仲子恐诛，亡去，游求人可以报[④]侠累者。至齐，齐人或言聂政勇敢士也，避仇隐于屠者之间。严仲子至门请，数反[⑤]，然后具[⑥]酒自畅聂政母前。酒酣，严仲子奉黄金百溢[⑦]，前为聂政母寿。聂政惊怪其厚，固[⑧]谢严仲子。严仲子固进，而聂政谢曰："臣幸有老母，家贫，客游以为狗屠[⑨]，可以旦夕得甘毳[⑩]以养亲。亲供养备，不敢当仲子之赐。"严仲子辟[⑪]人，因为聂政言曰："臣有仇，而行游诸侯众矣；然至齐，窃闻足下义甚高，故进百金者，将用为大人粗粝[⑫]之费，得以交足下之欢[⑬]，岂敢以有求望邪！"聂政曰："臣所以降志辱身居市井屠者，徒幸[⑭]以养老母；老母在，政身未敢以许人也。"严仲子固让，聂政竟不肯受也。然严仲子卒备宾主之礼而去。

久之，聂政母死。既已葬，除服[15]，聂政曰："嗟乎！政乃市井之人，鼓刀以屠；而严仲子乃诸侯之卿相也，不远千里，枉车骑[16]而交臣。臣之所以待之，至浅鲜矣[17]，未有大功可以称者，而严仲子奉百金为亲寿，我虽不受，然是者徒深知政也。夫贤者以感忿睚眦之意[18]而亲信穷僻之人，而政独安得嘿然[19]而已乎！且前日要[20]政，政徒以老母；老母今以天年终[21]，政将为知己者用。"乃遂西至濮阳，见严仲子曰："前日所以不许仲子者，徒以亲在；今不幸而母以天年终。仲子所欲报仇者为谁？请得从事焉！"严仲子具告曰："臣之仇韩相侠累，侠累又韩君之季父[22]也，宗族盛多，居处兵卫甚设，臣欲使人刺之，终莫能就。今足下幸而不弃，请益其车骑壮士可为足下辅翼[23]者。"聂政曰："韩之与卫，相去中间不甚远，今杀人之相，相又国君之亲，此其势不可以多人[24]，多人不能无生得失[25]，生得失则语泄，语泄是韩举国而与仲子为仇，岂不殆[26]哉！"遂谢车骑人徒[27]。

注释

① 深井里：轵县下的一个乡里。

② 濮阳：卫国都城，在今河南濮阳西南。

③ 却：仇怨。

④ 报：报仇。

⑤ 数反：多次前往。

⑥ 具：准备。

⑦ 溢：通"镒"。

⑧ 固：坚持。

⑨ 客游：漂流他乡。狗屠：屠狗者。

⑩ 甘：甘甜。毳(cuì)：通"脆"。

⑪ 辟：通“避”。

⑫ 粗粝：指粗糙的粮食，谦辞。

⑬ 交足下之欢：与你交好。

⑭ 徒：只是。幸：希望。

⑮ 除服：除去丧服，指守孝结束。

⑯ 枉：绕远路。枉车骑，指严仲子屈尊来拜访他。

⑰ 至浅鲜矣：过于浅薄了。

⑱ 忿：愤恨。睚(yá)眦：被瞪了一眼而结下的仇恨，极言事情起因之小。

⑲ 嘿然：默然，不作声。

⑳ 要：通“邀”。

㉑ 以天年终：指寿终正寝，不是因为病痛而去世。

㉒ 季父：最小的叔父。

㉓ 辅翼：辅助。

㉔ 多人：带很多人。

㉕ 得失：偏义复词，指失。不能无生得失：不可能不发生闪失。

㉖ 殆：危险。

㉗ 谢：辞谢。人徒：随从。

聂政乃辞，独行杖剑至韩，韩相侠累方坐府上，持兵戟而卫侍者甚众。聂政直入，上阶刺杀侠累，左右大乱。聂政大呼，所击杀者数十人，因自皮面决眼[①]，自屠出肠，遂以死。

韩取聂政尸暴[②]于市，购问[③]莫知谁子。于是韩县购[④]之，有能言杀相侠累者予千金。久之莫知也。

政姊荣闻人有刺杀韩相者，贼不得，国不知其名姓，暴其尸而县之千金，乃于邑曰：“其[⑤]是吾弟与？嗟乎，严仲子知吾弟！”立起，如韩，之市，而死者果政也，伏尸哭，极哀，曰："是轵深井里所谓聂政者也。"市行者诸众人皆曰："此人暴虐[⑥]吾国相，王县购其名姓千金，夫人不闻与？何敢来识之也？"荣应之曰："闻之。然政所以蒙污辱自弃于市贩之间者，为老母幸无恙[⑦]，妾未嫁也。亲既以天年下世，妾已嫁夫，严仲子乃察举吾弟困污之中而交之，泽厚[⑧]矣，可奈何！士固为知己者死，今乃以妾尚在之故，重自刑以绝从[⑨]，妾其奈何畏殁身[⑩]之诛，终灭贤弟之名！"大惊韩市人。乃大呼天者三，卒于邑悲哀而死政之旁。

晋、楚、齐、卫闻之，皆曰："非独政能也，乃其姊亦烈女也。乡使政诚知其姊无濡忍[⑪]之志，不重暴骸之难[⑫]，必绝[⑬]险千里以列其名，姊弟俱僇[⑭]于韩市者，亦未必敢以身许严仲子也。严仲子亦可谓知人能得士矣！"

其后二百二十余年秦有荆轲之事。

注释

① 皮：通"披"。披面：以刀割其面，不让人认出。决眼：挖出眼睛。

② 暴(pù)：露放。

③ 购问：花钱求问。

④ 县(xuán)购：悬赏。

⑤ 其：表推测，大概。

⑥ 暴虐：残酷杀害。

⑦ 无恙：身体没有问题。

⑧ 泽厚：恩泽深厚。

⑨ 重自刑：指前文的"皮面决眼"。绝从：避免让亲属受牵连。

⑩ 殁身：死亡。

⑪ 乡：通"向"，当初。濡忍：容忍，忍耐。

⑫ 不重：不顾。暴骸：暴露尸体，指被杀害。

⑬ 绝：横渡。

⑭ 僇：通“戮”，被杀。

荆轲者，卫人也。其先乃齐人，徙于卫，卫人谓之庆卿[1]。而之燕，燕人谓之荆卿[2]。

荆卿好读书击剑，以术[3]说卫元君，卫元君不用。其后秦伐魏，置东郡[4]，徙卫元君之支属于野王[5]。

荆轲尝游过榆次[6]，与盖聂论剑，盖聂怒而目之[7]。荆轲出，人或言复召荆卿。盖聂曰：“曩者[8]吾与论剑有不称者，吾目之；试往，是宜去，不敢留。”使使往之主人[9]，荆卿则已驾而去榆次矣。使者还报，盖聂曰：“固[10]去也，吾曩者目摄[11]之！”

荆轲游于邯郸，鲁勾践与荆轲博[12]，争道[13]，鲁勾践怒而叱之，荆轲嘿[14]而逃去，遂不复会。

荆轲既至燕，爱燕之狗屠[15]及善击筑[16]者高渐离。荆轲嗜酒，日与狗屠及高渐离饮于燕市，酒酣以往，高渐离击筑，荆轲和而歌于市中，相乐也，已而相泣，旁若无人者。荆轲虽游于酒人[17]乎，然其为人沉深好书；其所游诸侯，尽与其贤豪长者[18]相结。其之燕，燕之处士[19]田光先生亦善待之，知其非庸人也。

注释

① 庆卿：庆为齐国大族，卿是古代对男子的美称。

② 荆卿：“荆”与“庆”音相近，故称“荆卿”。

③ 术：强国之术。

④ 东郡：郡名，郡治在今河南濮阳西南。

⑤ 野王：地名，在今河南沁阳。

⑥ 榆次：地名，在今山西晋中榆次区。

⑦ 目之：用眼睛瞪着他。

⑧ 曩者：之前。

⑨ 之：往。主人：荆轲居处的房东。

⑩ 固：本来。

⑪ 摄：通“慑”，吓唬。

⑫ 博：下棋。

⑬ 争道：争夺棋盘的格子。

⑭ 嘿：默然。

⑮ 狗屠：屠狗者。

⑯ 筑：一种乐器。

⑰ 酒人：酒徒。

⑱ 贤豪长者：有才能、有威望的人。

⑲ 处士：有才能而不肯做官的人。

居顷之，会燕太子丹质秦[①]亡归燕。燕太子丹者，故尝质于赵，而秦王政生于赵，其少时与丹欢[②]。及政立为秦王，而丹质于秦。秦王之遇[③]燕太子丹不善，故丹怨而亡归。归而求为报秦王者，国小，力不能。其后秦日出兵山东[④]以伐齐、楚、三晋，稍蚕食诸侯[⑤]，且[⑥]至于燕，燕君臣皆恐祸之至。太子丹患之，问其傅[⑦]鞠武。武对曰：“秦地偏天下，威胁韩、魏、赵氏，北有甘泉、谷口[⑧]之固，南有泾、渭[⑨]之沃，擅巴、汉之饶[⑩]，右陇、蜀之山[⑪]，左关、崤之险[⑫]。民众而士厉[⑬]，兵革有余。意有所出[⑭]，则长城之南，易水以北[⑮]，未有所定也。奈何以见陵[⑯]之怨，欲批其逆鳞[⑰]哉！”丹曰：

“然则何由?”对曰:“请入图[18]之。”

注释

① 会:恰逢。质秦:在秦国做人质。

② 欢:关系好。

③ 遇:对待。

④ 山东:崤山以东,崤山在今河南灵宝东南。

⑤ 稍:逐渐地。蚕食诸侯:像蚕一样吞食东方诸侯的土地。

⑥ 且:即将。

⑦ 傅:太傅,太子的老师。

⑧ 甘泉:山名,在今陕西淳化县西北。谷口:泾水出山的山口,在今陕西泾阳西北。

⑨ 泾、渭:泾水和渭水。

⑩ 擅:专有。巴:古国名,被秦所灭,在今重庆一带。汉:汉中,在今陕西南部汉中一带。

⑪ 右:指秦国的西侧。陇山:山名,在今甘肃东部。蜀山:山名,在今四川与陕西交界的群山。

⑫ 左:指秦国的东侧。关:指函谷关。

⑬ 厉:磨炼,训练。

⑭ 意有所出:心有所动,指想要攻打东方诸侯。

⑮ 长城之南,易水以北:指燕国全境。

⑯ 见:被。陵:欺凌。

⑰ 批:击。逆鳞:逆生的鳞片。此句意为触怒帝王。

⑱ 入:深入,进一步。图:考虑。

居有间[①]，秦将樊於期得罪于秦王，亡之燕，太子受而舍之[②]。鞠武谏曰："不可。夫以秦王之暴而积怒于燕，足为寒心，又况闻樊将军之所在乎？是谓'委肉当饿虎之蹊[③]'也，祸必不振[④]矣！虽有管、晏[⑤]，不能为之谋也。愿太子疾遣樊将军入匈奴以灭口。请西约三晋[⑥]，南连齐、楚，北购于单于[⑦]，其后乃可图也。"太子曰："太傅之计，旷日弥久，心惛[⑧]然，恐不能须臾[⑨]。且非独于此也，夫樊将军穷困于天下，归身于丹，丹终不以迫于强秦而弃所哀怜之交，置之匈奴，是固丹命卒之时也。愿太傅更虑之。"鞠武曰："夫行危欲求安，造祸而求福，计浅而怨深[⑩]，连结一人之后交[⑪]，不顾国家之大害，此所谓'资怨而助祸'矣。夫以鸿毛燎于炉炭之上，必无事矣。且以雕鸷[⑫]之秦，行怨暴之怒，岂足道哉！燕有田光先生，其为人智深而勇沉，可与谋。"太子曰："愿因[⑬]太傅而得交于田先生，可乎？"鞠武曰："敬诺。"出见田先生，道"太子愿图国事于先生也"。田光曰："敬奉教。"乃造[⑭]焉。

注释

① 间：空隙。居有间：过了一段时间。

② 舍之：让他住下来。

③ 委：拿，放。蹊：小路。

④ 振：拯救。

⑤ 管、晏：管子和晏子，春秋时期齐国的两位贤臣。

⑥ 三晋：由晋国分裂出来的赵、魏、韩三国。

⑦ 购：通"媾"，建立联盟关系。单于：匈奴首领的称呼。

⑧ 惛(hūn)：忧闷烦乱。

⑨ 须臾：片刻。

⑩ 计浅而怨深：计谋浅薄而招怨很深。

⑪ 后交：新交的朋友。

⑫ 雕鸷：猛禽。

⑬ 因：通过。

⑭ 造：造访。

太子逢迎[①]，却行[②]为导，跪而蔽[③]席。田光坐定，左右无人，太子避席[④]而请曰："燕秦不两立，愿先生留意也。"田光曰："臣闻骐骥[⑤]盛壮之时，一日而驰千里；至其衰老，驽马先之[⑥]。今太子闻光盛壮之时，不知臣精已消亡矣。虽然，光不敢以图国事，所善荆卿可使也。"太子曰："愿因先生得结交于荆卿，可乎？"田光曰："敬诺。"即起，趋出。太子送至门，戒[⑦]曰："丹所报，先生所言者，国之大事也，愿先生勿泄也！"田光俛[⑧]而笑曰："诺。"偻[⑨]行见荆卿，曰："光与子相善，燕国莫不知。今太子闻光壮盛之时，不知吾形已不逮也，幸而教之曰'燕秦不两立，愿先生留意也'。光窃不自外，言足下于太子也，愿足下过太子于宫。"荆轲曰："谨奉教。"田光曰："吾闻之，长者为行，不使人疑之。今太子告光曰'所言者，国之大事也，愿先生勿泄'，是太子疑光也。夫为行而使人疑之，非节侠[⑩]也。"欲自杀以激荆卿，曰："愿足下急过太子，言光已死，明不言也。"因遂自刎而死。

注释

① 逢迎：迎接。

② 却行：倒退着走给客人引路。

③ 蔽：通"拂"，以袖子拂去竹席上的灰尘，以示尊重。

④ 避席：离开坐席，以示尊敬。

⑤ 骐骥：健壮的马匹。

⑥ 驽马：劣马。先之：跑在前面。

⑦ 戒：通“诫”，告诫。

⑧ 俛（fǔ）：通“俯”，低头。

⑨ 偻（lǚ）：弯腰。

⑩ 节侠：有气节的侠士。

荆轲遂见太子，言田光已死，致光之言。太子再拜而跪，膝行①流涕，有顷而后言曰："丹所以诫田先生毋言者，欲以成大事之谋也。今田先生以死明不言，岂丹之心哉！"荆轲坐定，太子避席顿首曰："田先生不知丹之不肖，使得至前，敢有所道，此天之所以哀燕而不弃其孤也。今秦有贪利之心，而欲不可足也。非尽天下之地，臣海内之王者，其意不厌②。今秦已虏韩王，尽纳其地。又举兵南伐楚，北临赵；王翦将数十万之众距漳、邺③，而李信出太原、云中④。赵不能支⑤秦，必入臣⑥，入臣则祸至燕⑦。燕小弱，数困于兵⑧，今计举国不足以当秦。诸侯服秦，莫敢合从。丹之私计，愚以为诚得天下之勇士使于秦，窥⑨以重利；秦王贪，其势必得所愿矣。诚得劫秦王，使悉反诸侯侵地，若曹沫之与齐桓公，则大善矣；则不可，因而刺杀之。彼秦大将擅兵⑩于外而内有乱，则君臣相疑，以其间⑪诸侯得合从，其破秦必矣。此丹之上愿，而不知所委命，唯荆卿留意焉。"久之，荆轲曰："此国之大事也，臣驽下⑫，恐不足任使。"太子前顿首，固请毋让⑬，然后许诺。于是尊荆卿为上卿，舍上舍⑭。太子日造门下，供太牢⑮具，异物间进⑯，车骑美女恣⑰荆轲所欲，以顺适其意。

注释

① 膝行：跪着行走。

② 厌：满足。

③ 漳、邺：漳水和邺城，当时赵国的南境。

④ 太原、云中：均为郡名，当时属赵国。

⑤ 支：抵挡。

⑥ 入臣：向秦国称臣投降。

⑦ 此句意为：赵国与燕国接壤，赵国向秦国投降，则燕国与秦国接壤，会直接受秦的威胁。

⑧ 数：多次。困：困扰。兵：战争。

⑨ 窥：使之可窥，引诱。

⑩ 擅：专断。兵：军队。

⑪ 间：间隙，指秦国混乱之时。

⑫ 驽下：才能低下，谦辞。

⑬ 固：坚持。毋让：不要推让。

⑭ 舍上舍：使其居住在高级的房子里。

⑮ 太牢：指牛、羊、猪等祭品。

⑯ 异物：珍异的物品。间进：隔一段时间便送来。

⑰ 恣：纵任。

久之，荆轲未有行意。秦将王翦破赵，虏赵王，尽收入其地，进兵北略[①]地至燕南界。太子丹恐惧，乃请荆轲曰："秦兵旦暮渡易水，则虽欲长侍足下，岂可得哉！"荆轲曰："微太子言，臣愿谒之[②]。今行而毋信[③]，则秦未可亲也。夫樊将军，秦王购之金千斤，邑万家[④]。诚得樊将军首与燕督亢[⑤]之地图，奉献秦王，秦王必说见臣，臣乃得有以报。"太子曰："樊将军穷困来归丹，丹不忍以己之私而伤长者之意，愿足下更虑之！"

荆轲知太子不忍，乃遂私见樊於期曰："秦之遇将军可谓深[⑥]矣，父母宗族皆为戮没[7]。今闻购将军首金千斤，邑万家，将奈何？”於期仰天太息流涕曰：“於期每念之，常痛于骨髓，顾计不知所出耳[8]！”荆轲曰：“今有一言可以解燕国之患，报将军之仇者，何如？”於期乃前曰：“为之奈何？”荆轲曰：“愿得将军之首以献秦王，秦王必喜而见臣，臣左手把其袖，右手揕其匈[9]，然则将军之仇报而燕见陵之愧除矣。将军岂有意乎？”樊於期偏袒扼腕[10]而进曰：“此臣之日夜切齿腐心也，乃今得闻教！”遂自刭。太子闻之，驰往，伏尸而哭，极哀。既已不可奈何，乃遂盛樊於期首函封[11]之。

于是太子豫求[12]天下之利匕首，得赵人徐夫人匕首，取之百金，使工以药焠之[13]，以试人，血濡缕，人无不立死者[14]。乃装为遣荆卿[15]。燕国有勇士秦舞阳，年十三，杀人，人不敢忤视[16]。乃令秦舞阳为副。荆轲有所待，欲与俱；其人居远未来，而为治行[17]。顷之，未发，太子迟之，疑其改悔，乃复请曰：“日已尽矣，荆卿岂有意哉[18]？丹请得先遣秦舞阳。”荆轲怒，叱太子曰：“何太子之遣？[19]往而不返者，竖子也！[20]且提一匕首入不测[21]之强秦，仆所以留者，待吾客与俱。今太子迟之，请辞决矣！”遂发。

注释

① 略：侵占。

② 微：即使没有。谒：谒见。

③ 毋信：没有可以取信于人的东西。

④ 购：悬赏。邑万家：万家之邑。

⑤ 督亢：燕国的富庶地带，在今河北涿州、保定定兴县一带。

⑥ 深：狠毒。

⑦ 戮没：杀尽。

⑧ 顾：转折词，相当于今天的“问题在于”。计不知所出：不知道该怎么办。

⑨ 揕(zhèn)：刺。匈：通“胸”。

⑩ 偏袒：脱下一只袖子，露出肩膀。扼腕：以一手握持另一手腕部，表示激动、振奋或惋惜。

⑪ 函：木匣，此处名词作动词，用木匣。封：密封。

⑫ 豫：事先。求：得到。

⑬ 以药焠之：把烧红的匕首放到毒药里，使其带毒性。

⑭ 濡：沾湿。缕：麻线，引申为衣服。血濡缕，人无不立死者：血沾湿衣服，人没有不立刻死亡的。

⑮ 装：收拾好行装。遣：遣送。

⑯ 忤：逆，迎。不敢忤视：指不敢和秦舞阳对视。

⑰ 治行：收拾行李。

⑱ 岂有意哉：还有去的意思吗？

⑲ 此句意为：你为什么要这么催促我？

⑳ 竖子：骂人语。此句意为：如果前往但不能回来，那就是一个窝囊废。

㉑ 不测：变化莫测。

太子及宾客知其事者，皆白衣冠以送之。至易水之上，既祖[①]，取道[②]，高渐离击筑，荆轲和而歌，为变徵之声[③]，士皆垂泪涕泣。又前而为歌曰：“风萧萧兮易水寒，壮士一去兮不复还！”复为羽声忼慨[④]，士皆瞋目[⑤]，发尽上指[⑥]冠。于是荆轲就车而去，终已不顾[⑦]。

遂至秦，持千金之资币物，厚遗秦王宠臣中庶子[⑧]蒙嘉。嘉为先言于秦王曰：“燕王诚振怖[⑨]大王之威，不敢举兵以逆[⑩]军吏，愿举国为内臣[⑪]，比[⑫]诸侯之列，给贡职如郡县[⑬]，而得奉守先王之宗庙。恐惧不敢自陈，谨斩樊於期之头，及献燕督亢之地图，函封，燕王拜送于庭，使使以闻大王，唯大王命之。”秦王闻之，大喜，乃朝服，设九宾[14]，见燕使者咸阳宫。荆轲奉樊於期头函，而秦舞阳奉地图柙[15]，以次进。至陛，秦舞阳色变振恐[16]，群臣怪之。荆轲顾[17]笑舞阳，前谢曰：“北蕃蛮夷之鄙人[18]，未尝见天子，故振慑[19]。愿大王少假借之[20]，使得毕使[21]于前。”秦王谓轲曰：“取舞阳所持地图。”轲既取图奏之秦王，发图，图穷而匕首见[22]。因左手把秦王之袖，而右手持匕首揕之。未至身，秦王惊，自引[23]而起，袖绝。拔剑，剑长，操其室[24]。时惶急，剑坚，故不可立拔。荆轲逐秦王，秦王环柱而走。群臣皆愕，卒[25]起不意，尽失其度。而秦法，群臣侍殿上者不得持尺寸之兵；诸郎中[26]执兵皆陈殿下，非有诏召不得上。方急时，不及召下兵，以故荆轲乃逐秦王。而卒惶急，无以击轲，而以手共搏之。是时侍医夏无且以其所奉药囊提[27]荆轲也。秦王方环柱走，卒惶急，不知所为，左右乃曰：“王负剑[28]！”负剑，遂拔以击荆轲，断其左股[29]。荆轲废，乃引其匕首以擿[30]秦王，不中，中桐柱。秦王复击轲，轲被八创。轲自知事不就，倚柱而笑，箕踞[31]以骂曰：“事所以不成者，以欲生劫之，必得约契[32]以报太子也。”于是左右既前杀轲，秦王不怡[33]者良久。已而论功，赏群臣及当坐者各有差[34]，而赐夏无且黄金二百溢[35]，曰：“无且爱我，乃以药囊提荆轲也。”

注释

① 祖：祭祀路神，古代出远门常有这种仪式。

② 取道：车马已在路上，等待出发。

③ 变徵(zhǐ)之声：古代乐律分为宫、商、角、变徵、徵、羽、变宫七调，变徵声音苍凉悲壮。

④ 羽声：音调慷慨激昂。忼慨：慷慨。

⑤ 瞋目：瞪大眼睛。

⑥ 发尽上指：头发往上竖起。

⑦ 顾：回头。

⑧ 中庶子：太子属官，主管宫中及诸吏嫡子、庶子的谱牒。

⑨ 振：通“震”。振怖：惧怕。

⑩ 逆：违逆，抵抗。

⑪ 为内臣：成为秦国的臣子。

⑫ 比：相当。

⑬ 给：进。贡职：贡品。给贡职如郡县：像我们国内的郡县一样进贡。

⑭ 九宾：一种高规格的接待宾客礼仪。

⑮ 柙：匣子。

⑯ 色变：脸色大变。振恐：恐惧。

⑰ 顾：回头。

⑱ 北蕃蛮夷之鄙人：北部边境的粗鄙之人，谦辞。

⑲ 振慑：震慑，恐惧。

⑳ 少：通“稍”。假借：宽容。

㉑ 毕：完成。使：出使。

㉒ 穷：尽。图穷：地图展开到最后。见：通“现”。

㉓ 引：向后扯。

㉔ 室：剑鞘。

㉕ 卒：通“猝”，突然。

㉖ 郎中：皇帝的侍从人员。

㉗ 提（dǐ）：投掷。

㉘ 负剑：把剑推到后背再拔出来。

㉙ 左股：左侧大腿。

㉚ 擿(zhì):通"掷",投掷。

㉛ 箕踞:伸着两腿,像簸箕似的坐着,一种无礼的行为。

㉜ 约契:条约。

㉝ 不怡:不快。

㉞ 各有差:有不同层次的赏赐。

㉟ 溢:通"镒"。

于是秦王大怒,益发兵诣赵,诏王翦军以伐燕。十月而拔蓟城①。燕王喜、太子丹等尽率其精兵东保于辽东②。秦将李信追击燕王急,代王嘉③乃遗燕王喜书曰:"秦所以尤追燕急者,以太子丹故也。今王诚杀丹献之秦王,秦王必解,而社稷幸得血食④。"其后李信追丹,丹匿⑤衍水中,燕王乃使使斩太子丹,欲献之秦。秦复进兵攻之。后五年,秦卒灭燕,虏燕王喜。

其明年,秦并天下,立号为皇帝。于是秦逐太子丹、荆轲之客,皆亡。高渐离变名姓为人庸保⑥,匿作于宋子⑦。久之,作苦⑧,闻其家堂上客击筑,傍偟⑨不能去。每出言曰:"彼有善有不善。"从者以告其主,曰:"彼庸乃知音,窃⑩言是非。"家丈人召使前击筑,一坐称善,赐酒。而高渐离念久隐畏约无穷时⑪,乃退,出其装匣中筑与其善衣,更容貌而前。举坐客皆惊,下与抗礼⑫,以为上客。使击筑而歌,客无不流涕而去者。宋子传⑬客之,闻于秦始皇。秦始皇召见,人有识者,乃曰:"高渐离也。"秦皇帝惜其善击筑,重赦之,乃矐⑭其目。使击筑,未尝不称善。稍益近之,高渐离乃以铅置筑中。复进得近,举筑朴⑮秦皇帝,不中。于是遂诛高渐离,终身不复近诸侯之人⑯。

鲁勾践已闻荆轲之刺秦王,私曰:"嗟乎,惜哉其不讲于⑰刺剑之术也!甚矣吾不知人也!曩者吾叱之,彼乃以我为非人⑱也!"

太史公曰：世言荆轲，其称[19]太子丹之命，“天雨粟，马生角”[20]也，太过。又言荆轲伤秦王，皆非也。始公孙季功、董生与夏无且游，具知其事，为余[21]道之如是。自曹沫至荆轲五人，此其义[22]或成或不成，然其立意较[23]然，不欺[24]其志，名垂后世，岂妄也哉！

注释

① 蓟城：燕国都城，在今北京西南隅。

② 保：据守。辽东：燕国郡名，郡治在今辽宁辽阳。

③ 代王嘉：赵公子嘉。

④ 社稷：代指国家。血食：指牛、羊、猪等祭品。

⑤ 匿：躲藏。

⑥ 庸保：仆佣。

⑦ 匿：隐藏。宋子：地名，在今河北赵县东北。

⑧ 作苦：劳作疲苦。

⑨ 傍偟：通“彷徨”，徘徊不离开。

⑩ 知音：懂得音乐。窃：私下。

⑪ 念：想到。畏：畏惧。约：穷困。无穷时：没有尽头。

⑫ 抗礼：行平等相见之礼。

⑬ 传：轮流。

⑭ 矐(huò)：熏瞎。

⑮ 朴：通“扑”，扑杀。

⑯ 诸侯之人：指东方六国之人。

⑰ 不讲于：不精通。

⑱ 非人：不是好人。

⑲ 称：谈到。

⑳ 此句意为：曾感动得天上落下粮食，马头上长出了角。

㉑ 余：应是指司马迁的父亲司马谈。

㉒ 义：义举，指刺杀活动。

㉓ 较：明。

㉔ 欺：欺骗，违背。

评析

《刺客列传》是曹沫、豫让、专诸、聂政、荆轲五人的合传。这五人有一个共同的身份——刺客。刺客与《游侠列传》中的游侠一样，以武犯禁，影响国家的稳定，史书大多将其摈除在外。司马迁有史官的大胆识，他专列一传，记录下这些底层人物的英勇事迹。我们在读《刺客列传》的时候，能明显地感受到文章里激荡而出的慷慨悲壮的气息，这是司马迁赋予的。他赞赏这些刺客士为知己者死的精神，歌颂他们为了报知遇之恩而毅然牺牲生命的勇气。吴见思《史记论文》曰："刺客是天壤间第一种激烈人，《刺客传》是《史记》中第一种激烈文字，故至今浅读之而须眉四照，深读之则刻骨十分。史公遇一种题，便成一种文字，所以独雄千古。"

在这五人之中，荆轲是司马迁的重点描述对象，其事迹占了《刺客列传》的大半篇幅。司马迁高度赞扬了荆轲的两种精神：

其一是见义勇为，急人所急，不畏强暴。荆轲本是卫人，卫国当时附属于魏，后魏被秦所灭，荆轲便游历到了燕国。在秦大军压境的危急之际，燕太子丹想出了刺杀秦王以阻止秦国侵略的办法。他迫切地寻求刺杀秦王的人，田光推荐了荆轲。荆轲只简短地回以"谨奉教"，便将这事答应了下来，为此不惜牺牲自己的生命。这种临危不惧、挺身而出的崇高品格是司马迁所极力歌颂的。

其二是视死如归，沉着冷静，虽败犹斗。司马迁通过两个场景的精彩叙述，表现出荆轲的这种英雄气概：一是“易水送别”，众人皆穿白衣白冠，为荆轲送行。高渐离击筑，荆轲为歌，“风萧萧兮易水寒，壮士一去兮不复还”，这一切似乎预示了此行的悲剧结局。但其后又变为羽声，羽是古代音律的一种，音调慷慨激昂，“士皆瞋目，发尽上指冠”。荆轲明知此行凶多吉少，还是一往无前。司马迁用细节刻画，通过“易水送别”这个场景，将荆轲视死如归的精神表现得淋漓尽致。二是“秦庭刺秦王”，这是本篇最为惊心动魄的一段。号称勇士的秦舞阳在面对秦王时，吓得瑟瑟发抖，但荆轲淡定自若，两者形成了鲜明的对比。在刺杀的过程中，荆轲因欲生擒秦王，以致功败垂成。当他被秦王击断左股，生命垂危之时，仍“引其匕首以擿秦王”，后“被八创”，又“倚柱而笑”，“箕踞以骂”，视死如归，虽败犹斗。

同时，司马迁并没有一味歌颂荆轲，也为我们展示出这位英雄人物的缺点。如荆轲与盖聂论剑，因盖聂“怒而目之”，荆轲便决绝而去，没有虚心求教，这是导致他刺杀秦王失败的重要原因。

《屈原贾生列传》(节选)

屈原者，名平，楚之同姓[①]也。为楚怀王左徒。博闻强志[②]，明于治乱，娴于辞令[③]。入则与王图议国事，以出号令；出则接遇宾客，应对诸侯。王甚任[④]之。

上官大夫[⑤]与之同列，争宠而心害[⑥]其能。怀王使屈原造为宪令[⑦]，屈平属[⑧]草稿未定。上官大夫见而欲夺之，屈平不与，因谗之曰：“王使屈平为令，众莫不知，每一令出，平伐[⑨]其功，曰以为‘非我莫能为’也。”王怒而疏屈平。

屈平疾王听之不聪[10]也，谗谄之蔽明也，邪曲之害公也，方正之不容也，故忧愁幽思而作《离骚》。离骚者，犹离忧也。[11]夫天者，人之始也；父母者，人之本也。人穷则反本，故劳苦倦极，未尝不呼天也；疾痛惨怛[12]，未尝不呼父母也。屈平正道直行，竭忠尽智以事其君，谗人间[13]之，可谓穷矣。信而见疑，忠而被谤，能无怨乎？屈平之作《离骚》，盖自怨生也。《国风》好色而不淫[14]，《小雅》怨诽而不乱[15]。若《离骚》者，可谓兼之矣。上称帝喾[16]，下道齐桓，中述汤武[17]，以刺世事。明道德[18]之广崇，治乱之条贯[19]，靡不毕见[20]。其文约，其辞微[21]，其志絜[22]，其行廉，其称文小[23]而其指极大，举类迩而见义远[24]。其志絜，故其称物芳。其行廉，故死而不容。自疏濯淖汙泥之中[25]，蝉蜕[26]于浊秽，以浮游尘埃之外，不获世之滋垢[27]，皭然泥而不滓[28]者也。推此志也，虽与日月争光可也。

注释

① 楚之同姓：楚国王室为芈姓，屈原为楚国宗室的后代。屈原的先祖屈瑕受封于屈，所以他的氏为“屈”。

② 强志：记忆力强。

③ 娴：熟练，擅长。辞令：外交辞令。

④ 任：信任。

⑤ 上官大夫：此处指靳尚。

⑥ 害：患，嫉妒。

⑦ 宪令：法令。

⑧ 属：撰写。

⑨ 伐：夸耀。

⑩ 疾：以之为疾，患。聪：耳朵灵敏。

⑪ 古今对“离骚”有三种解释：其一为被疏离的痛苦，其二为遭受忧愁，其三为牢骚。

⑫ 怛（dá）：惨痛。

⑬ 间：离间，进谗言。

⑭《国风》：《诗经》的一部分，共一百六十篇，大致为周初至春秋间各诸侯国民间诗歌。好色：描写男女恋情。淫：过度。

⑮《小雅》：“二雅”之一，共一百零五篇，为先秦时诗歌。怨诽：怨恨讽刺。

⑯ 帝喾：高辛氏，“五帝”之一，事见《五帝本纪》。

⑰ 汤武：商汤和周武王，商周两朝的开国之君。

⑱ 道德：治国之道与德化教育。

⑲ 治乱：政治兴衰。条贯：条理。

⑳ 靡：没有。见：通“现”。

㉑ 微：隐晦。

㉒ 絜：通“洁”。

㉓ 文小：文章词语简约。

㉔ 迩：近。此句意为：他文章所举的事例虽然近在眼前，但寄托的思想却非常深远。

㉕ 濯（zhuó）：洗濯。淖（nào）：污浊。此句意为：虽自处污泥之中，而能自洗濯，保持洁白。

㉖ 蝉蜕：像蝉一样褪去躯壳，摆脱浊秽。

㉗ 滋：通“兹”，黑。垢：污垢。

㉘ 皭（jiào）：洁白。泥而不滓：虽被污泥浸渍而不受污染。

屈平既绌[①]，其后秦欲伐齐，齐与楚从[②]亲，惠王患之，乃令张仪详[③]去秦，厚币委质[④]事楚，曰："秦甚憎齐，齐与楚从亲，楚诚能绝齐，秦愿献商、於之地[⑤]六百里。"楚怀王贪而信张仪，遂绝齐，使使如秦受地。张仪诈之曰："仪与王约六里，不闻六百里。"楚使怒去，归告怀王。怀王怒，大兴师伐秦。秦发兵击之，大破楚师于丹、淅[⑥]，斩首八万，虏楚将屈匄，遂取楚之汉中地[⑦]。怀王乃悉发国中兵以深入击秦，战于蓝田[⑧]。魏闻之，袭楚至邓[⑨]。楚兵惧，自秦归。而齐竟怒不救楚，楚大困[⑩]。

明年，秦割汉中地与楚以和。楚王曰："不愿得地，愿得张仪而甘心焉。"张仪闻，乃曰："以一仪而当汉中地，臣请往如楚。"如楚，又因厚币[⑪]用事者臣靳尚，而设诡辩于怀王之宠姬郑袖。怀王竟听郑袖，复释去[⑫]张仪。是时屈平既疏，不复在位，使于齐，顾反，谏怀王曰："何不杀张仪？"怀王悔，追张仪不及。

其后诸侯共击楚，大破之，杀其将唐眛。

时秦昭王与楚婚，欲与怀王会。怀王欲行，屈平曰："秦虎狼之国，不可信，不如毋行。"怀王稚子[⑬]子兰劝王行："奈何绝秦欢！"怀王卒行。入武关[⑭]，秦伏兵绝其后，因留怀王，以求割地。怀王怒，不听。亡走赵，赵不内[⑮]。复之秦，竟死于秦而归葬。

长子顷襄王[⑯]立，以其弟子兰为令尹[⑰]。楚人既咎[⑱]子兰以劝怀王入秦而不反也。

注释

① 绌：通"黜"，被罢黜。

② 从：通"纵"，合纵。

③ 详：通"佯"，佯装。

④ 厚币：献上厚礼。委质：委身。质：通“贽”，见面礼。

⑤ 商、於（wū）之地：约当今陕西商洛商州区至河南内乡县一带地区，当时属秦。

⑥ 丹、淅：二水名，此处指今河南西南部之西峡县、淅川县等地。

⑦ 汉中地：楚国的汉中郡，其地约当今湖北的房县、竹山县以及陕西的安康县一带地区。

⑧ 蓝田：秦县名，在今陕西蓝田县西南。

⑨ 邓：楚县名，在今河南郾城县东南。

⑩ 困：困窘。

⑪ 因：通过。厚币：作动词，用重币贿赂。

⑫ 释去：放走。

⑬ 稚子：小儿子。

⑭ 武关：关名，在今陕西丹凤县东四十公里，是关中通往河南南部及湖北一带的重要关口。

⑮ 内：通“纳”。

⑯ 顷襄王：楚怀王长子。

⑰ 令尹：楚国官名，地位相当于中原诸侯国的丞相。

⑱ 咎：责备。

屈平既嫉①之，虽放流，睠顾②楚国，系心怀王，不忘欲反，冀③幸君之一悟，俗之一改也。其存君兴国而欲反覆④之，一篇之中三致志⑤焉。然终无可奈何，故不可以反，卒以此见怀王之终不悟也。人君无愚智贤不肖⑥，莫不欲求忠以自为，举贤以自佐，然亡国破家相随属⑦，而圣君治国累世⑧而不见者，其所谓忠者不忠，而所谓贤者不贤也。怀王以不知忠臣之分，故内惑于郑袖，外欺于张仪，疏屈平而信上官大夫、令尹子兰。兵挫地削，亡其六郡，身客死于秦，为天下笑。此不知人之祸也。《易》曰："井泄不食，为我心恻，可以汲。王明，并受其福。"⑨王之不明，岂足福哉！

令尹子兰闻之大怒，卒使上官大夫短⑩屈原于顷襄王，顷襄王怒而迁之。

屈原至于江滨，被⑪发行吟泽畔。颜色憔悴，形容枯槁⑫。渔父见而问之曰："子非三闾大夫⑬欤？何故而至此？"屈原曰："举世混浊而我独清，众人皆醉而我独醒，是以见放。"渔父曰："夫圣人者，不凝滞于物而能与世推移⑭。举世混浊，何不随其流而扬其波⑮？众人皆醉，何不餔其糟而啜其醨⑯？何故怀瑾握瑜⑰而自令见⑱放为？"屈原曰："吾闻之，新沐者必弹冠，新浴者必振衣⑲，人又谁能以身之察察⑳，受物之汶汶㉑者乎！宁赴常流而葬乎江鱼腹中耳，又安能以皓皓之白而蒙世俗之温蠖㉒乎！"

乃作《怀沙》㉓之赋。……

于是怀石遂自投汨罗㉔以死。

屈原既死之后，楚有宋玉、唐勒、景差之徒㉕者，皆好辞而以赋见称；然皆祖㉖屈原之从容辞令㉗，终莫敢直谏。其后楚日以削，数十年竟㉘为秦所灭。

注释

① 嫉：嫉恨。

② 睠顾：同"眷顾"，眷恋。

③ 冀：希望。

④ 存君兴国：牵念国君，振兴国家。反覆：回归。

⑤ 三：多次。致：表达。志：内心的思想。

⑥ 不肖：不类，不类其父，不成材，没出息。

⑦ 属：连，与"随"同义。相随属：连续不断。

⑧ 累世：连续很多代。

⑨ 此句为《周易·井卦》的爻辞，大意为井已经掏干净了，可是仍无人饮用，真叫人伤心，这里的井水已经可以提上来喝了。如果君王英明，天下都将跟着享福。

⑩ 短：诋毁，说坏话。

⑪ 被：通“披”。

⑫ 形容：形体容貌。枯槁：憔悴。

⑬ 三闾大夫：楚国负责教育屈、景、昭三族子弟的官职，屈原曾担任此职。

⑭ 凝滞：拘泥。与世推移：随客观环境变化而变化。

⑮ 何不随其流而扬其波：随波逐流，即同流合污意。

⑯ 餔：吃。糟：酒糟。醨(lí)：薄酒。此句意为：何不饮酒食糟，与众人同醉。

⑰ 瑾、瑜：均为美玉，用来比喻美好的品德。

⑱ 见：被。

⑲ 此句意为：洗完澡后要掸掉衣冠上的灰尘。

⑳ 察察：干净洁白的样子。这里指人美好的品德。

㉑ 汶汶(mén)：心中昏暗不明。

㉒ 温蠖(huò)：污垢。

㉓《怀沙》：屈原所作，怀抱沙石自沉之意。

㉔ 汨(mì)罗：水名，源于湖南平江，西流至汨罗西北入湘江。

㉕ 宋玉：楚顷襄王时的著名文人，著有《九辩》《风赋》《高唐赋》《神女赋》《登徒子好色赋》等诗赋。唐勒、景差：均为当时著名文人。

㉖ 祖：继承。

㉗ 从容辞令：态度迂徐，文辞美好。

㉘ 竟：最终。

评析

《屈原贾生列传》是楚国屈原和汉代贾谊二人的合传。关于司马迁为什么将两位年代相隔较远的人物列入一传，明人陈仁锡《陈评史记》有较好的分析："屈、贾俱被谤，俱工辞赋，其事迹相似，故二人同传。"另外还有一层，司马迁其实是悲悼二人虽有王佐之才，但因人主不识而无施展的空间，故"同取其文而同悲其志，故列为同传焉"(凌稚隆《史记评林》引余有丁言)。本篇节选的是此传中屈原的事迹。

屈原是楚国晚期的著名爱国诗人，著有《离骚》《九歌》《九章》《天问》等诗篇，在《诗经》之外，为中国文学开辟了一个新的领域，其诗歌与《诗经》并称为中国文学的"诗骚传统"。然而就是这样一位伟大的诗人，从战国至汉初却一直默默无闻，直到汉武帝时期，经南方人朱买臣和严助等人的传播，屈原的诗歌才渐受欢迎。汉武帝甚至命淮南王刘安作《离骚传》，将屈原的《离骚》拔擢到与《诗经》同等的高度。司马迁如此记载："《国风》好色而不淫，《小雅》怨诽而不乱。若《离骚》者，可谓兼之矣。"

在司马迁之前，并无关于屈原的传记传世。司马迁采用了《战国策》、刘安的《离骚传》、《楚辞》的《渔父》《怀沙》等篇，为我们塑造出一位忠而被谤，但又心怀楚国的悲剧英雄形象。

在司马迁的笔下，屈原有良好的品德、卓越的才干，刚正不阿，宁死不同流合污，对楚王忠心耿耿。但这位心向楚国的诗人屡受打击，报国无门，最终穷愁潦倒，投江而死。司马迁在本篇反复吟叹，既表达了对屈原深深的同情，也是在借屈原之事浇自己心中之块垒。清人李晚芳《读史管见》曰："司马迁作《屈原传》，是自抒其一肚皮愤懑牢骚之气，满纸俱是怨辞。盖屈原获罪被放，司马亦获罪被刑，其获罪同。"司马迁因替李陵投降匈奴之事辩护而遭受宫刑，二人相通的身世，引发了司马迁极大的共鸣，因此他笔下的屈原如怨如慕，悲慨感人。屈原放逐而作《离骚》，为司马迁提供了巨大的精神鼓励。在《报任安书》中，司马迁将“屈原放逐，乃赋《离骚》”与孔子厄而作《春秋》、左丘失明而撰《国语》等事放在一起，构成他身受宫刑而发愤著史的重要精神源泉。

另外值得说明的是，本篇表现出了高超的叙事技巧，在叙事中夹以议论，在议论中夹以抒情。李晚芳《读史管见》的归纳最为精彩：“篇首叙受谗之故，作《骚》之由，文情斐亹，音节激越；中叙外欺内惑，以致丧师失地，活画出一怀王，言少事该，比《国策》更为简练；篇末慨君终不悟，己不必生，悲愤淋漓，如怨如慕，鹃啼猿啸，听之泪下，忠臣至死，犹系心君国，所谓身死而心不死也，真善状屈子苦哀。通体以叙事夹议论，一唱三叹出之，声调超迈。”

《李将军列传》

李将军广者，陇西成纪人①也。其先曰李信②，秦时为将，逐得燕太子丹③者也。故槐里④，徙成纪。广家世世受射⑤。孝文帝十四年，匈奴大入萧关⑥，而广以良家子⑦从军击胡，用⑧善骑射，杀首虏多⑨，为汉中郎⑩。广从弟李蔡亦为郎，皆为武骑常侍⑪，秩八百石⑫。尝从行，有所冲陷折关及格猛兽⑬，而文帝曰：“惜乎，子不遇时！如令子当高帝时⑭，万户侯岂足道哉！”

及孝景⑮初立，广为陇西都尉⑯，徙为骑郎将⑰。吴楚军时⑱，广为骁骑都尉⑲，从太尉亚夫⑳击吴楚军，取旗，显功名昌邑下㉑。以梁王授广将军印㉒，还，赏不行㉓。徙为上谷㉔太守，匈奴日以合战㉕。典属国公孙昆邪[26]为上泣曰："李广才气，天下无双，自负其能，数与虏敌战，恐亡之[27]。"于是乃徙为上郡[28]太守。后广转为边郡太守，徙上郡。尝为陇西、北地、雁门、代郡、云中太守，皆以力战为名。[29]

注释

① 陇西：汉郡名，在今甘肃临洮县。成纪：汉县名，在今甘肃秦安县北。

② 李信：秦始皇时期的将领。

③ 燕太子丹：燕国太子，名丹，事见《刺客列传》。

④ 故：故居。槐里：地名，在今陕西兴平东南。

⑤ 受射：接受射箭教育。

⑥ 萧关：关塞名，在今宁夏固原东南。

⑦ 良家子：平常人家子弟自愿从军者。

⑧ 用：因为。

⑨ 杀首虏多：斩杀敌人首级以及俘获的俘虏很多。

⑩ 中郎：郎官，皇帝身边的侍卫，秩比六百石。

⑪ 武骑常侍：皇帝的骑兵侍从。

⑫ 秩：官阶。石：重量单位。

⑬ 冲陷折关：冲锋陷阵。格猛兽：与猛兽格斗。

⑭ 当高帝时：在汉高祖刘邦那个年代。

⑮ 孝景：汉景帝，名启，汉文帝子。

⑯ 都尉：武官，协助太守管理郡的军事。

⑰ 骑郎将：皇帝侍从武官，秩比千石。

⑱ 吴楚军时：汉景帝三年(前 154)正月，吴楚七国起兵叛乱。

⑲ 骁骑都尉：军官名。

⑳ 太尉：主管全国军事的长官。亚夫：周亚夫，平定吴楚七国之乱的将领。

㉑ 取旗：取得敌人的旗帜。昌邑：当时梁国的重镇，在今山东巨野县南。

㉒ 以：因为。梁王：梁孝王刘武，汉文帝子，汉景帝弟，在抗击吴楚叛军过程中功劳卓著。授广将军印：李广原为都尉，梁王认为他军功大，故授予他将军之印，以褒赏他。

㉓ 赏不行：李广原为汉将领，但接受诸侯王的将军印，因此汉中央朝廷不给他封赏。

㉔ 上谷：汉郡名，郡治沮阳，在今河北怀来县东南。

㉕ 日以合战：经常发生战斗。

㉖ 典属国：官名，掌管与外国、外族外交事务的官吏。公孙昆邪（hún yé）：姓公孙，名昆邪，西汉将领，景帝时期大臣。

㉗ 恐亡之：担心他会战死。

㉘ 上郡：汉郡名，郡治肤施，在今陕西榆林南。

㉙ 此段末三十一字为《汉书》所无，张文虎认为应该在下文“不知广之所之，故弗从”下，而衍“徙上郡”三字。

匈奴大入上郡，天子使中贵人[①]从广勒习兵[②]击匈奴。中贵人将骑数十纵，见匈奴三人，与战。三人还射，伤中贵人，杀其骑且[③]尽。中贵人走广[④]。广曰：“是必射雕者也。”广乃遂从百骑往驰[⑤]三人。三人亡马[⑥]步行，行数十里。广令其骑张左右翼[⑦]，而广身自射彼三人者，杀其二人，生得一人，果匈奴射雕者也。已缚之上马，望匈奴有数千骑，见广，以为诱骑[⑧]，皆惊，上山陈[⑨]。广之百骑皆大恐，欲驰还走。广曰：“吾去大军数十里，今如此以百骑走，匈奴追射我立尽。今我留，匈奴必以我为大军之诱，必不敢击我。”广令诸骑曰：“前！”前未到匈奴陈二里所，止，令曰：“皆下马解鞍！”其骑曰：“虏多且近，即有急[⑩]，奈何？”广曰：“彼虏以我为走，今皆解鞍以示不走，用坚其意[11]。”于是胡骑遂不敢击。有白马将出护其兵[12]，李广上马，与十余骑奔射杀胡白马将，而复还至其骑中，解鞍，令士皆纵马卧[13]。是时会暮，胡兵终怪之，不敢击。夜半时，胡兵亦以为汉有伏军于旁欲夜取之，胡皆引兵而去。平旦[14]，李广乃归其大军。大军不知广所之，故弗从。

居久之，孝景崩，武帝[15]立，左右[16]以为广名将也，于是广以上郡太守为未央卫尉[17]，而程不识亦为长乐卫尉[18]。程不识故与李广俱以边太守将军屯[19]。及出击胡，而广行无部伍行陈[20]，就[21]善水草屯，舍止[22]，人人自便，不击刀斗[23]以自卫，莫府省约文书籍事[24]，然亦远斥候[25]，未尝遇害。程不识正部曲行伍营陈，击刀斗，士吏治[26]军簿至明，军不得休息，然亦未尝遇害。不识曰：“李广军极简易，然虏卒[27]犯之，无以禁也；而其士卒亦佚乐，咸乐为之死。我军虽烦扰，然虏亦不得犯我。”是时汉边郡李广、程不识皆为名将，然匈奴畏李广之略[28]，士卒亦多乐从李广而苦程不识。程不识孝景时以数直谏为太中大夫。为人廉，谨于文法[29]。

注释

① 中贵人：受宠信的宦官。

② 勒：控制。习：演练。兵：军队。

③ 且：将。

④ 走广：往李广处逃跑。

⑤ 驰：追逐。

⑥ 亡马：马因疲累而亡。

⑦ 此句意为：李广命令士兵作两翼包抄队形。

⑧ 以为诱骑：匈奴人认为李广等人是汉军派出来引诱他们的。

⑨ 陈：阵列军队。

⑩ 即：表假设，如果。有急：有紧急情况。

⑪ 用坚其意：用这个方法强化他们的错误判断。

⑫ 护其兵：整理军容。

⑬ 纵马卧：把马放开，并卧倒在地上休息。

⑭ 旦：早晨。

⑮ 武帝：汉武帝，名彻，汉景帝子。

⑯ 左右：汉武帝身边的大臣。

⑰ 未央：未央宫，皇帝居住之地。卫尉：九卿之一，秩中二千石，负责守卫宫门。

⑱ 程不识：汉武帝时的名将。长乐：长乐宫，太后居住地。

⑲ 边太守：边郡太守。将：率领。屯：驻守。

⑳ 无部伍行陈：没有严格的行军队列。

㉑ 就：靠近。

㉒ 舍止：驻扎停止。

㉓ 刀斗：也作“刁斗”，铜制的军用锅，白天用以煮饭，夜间用以敲击巡逻。

㉔ 莫府：通“幕府”，将军的办事机构。文书籍事：各种公文案牍。

㉕ 斥候：侦探敌情的人员。

㉖ 治：处理。

㉗ 卒：通“猝”，突然。

㉘ 略：勇略。

㉙ 谨于文法：严格执行规章制度。

后汉以马邑城诱单于①，使大军伏马邑旁谷，而广为骁骑将军②，领属护军将军③。是时单于觉之，去，汉军皆无功。其后四岁，广以卫尉为将军,出雁门击匈奴。匈奴兵多,破败广军,生得广[4]。单于素闻广贤,令曰:"得李广必生致[5]之。"胡骑得广,广时伤病,置广两马间,络而盛卧广[6]。行十余里,广详[7]死,睨[8]其旁有一胡儿骑善马,广暂腾[9]而上胡儿马,因推堕儿,取其弓,鞭马南驰数十里,复得其余军,因引而入塞。匈奴捕者骑数百追之,广行取胡儿弓,射杀追骑,以故得脱。于是至汉,汉下广吏[10]。吏当[11]广所失亡多,为虏所生得,当斩,赎为庶人[12]。

顷之,家居数岁。广家与故颍阴侯孙屏野居蓝田南山中射猎[13]。尝夜从一骑出,从人田间饮。还至霸陵亭[14],霸陵尉[15]醉,呵止广。广骑曰:"故李将军。"尉曰:"今将军尚不得夜行,何乃故也!"止广宿亭下。居无何[16],匈奴入杀辽西[17]太守,败韩将军[18],后韩将军徙右北平[19]。于是天子乃召拜广为右北平太守。广即请霸陵尉与俱,至军而斩之。

广居右北平,匈奴闻之,号曰"汉之飞将军",避之,数岁不敢入右北平。

广出猎,见草中石,以为虎而射之,中石没镞[20],视之,石也。因复更射之,终不能复入石矣。广所居郡闻有虎,尝自射之。及居右北平,射虎,虎腾伤广,广亦竟射杀之。

注释

① 马邑:汉县名,县治在今山西朔州。单于:匈奴的最高统领。此事发生在汉武帝元光二年(前133),《匈奴列传》有详细记载。

② 骁骑将军:将军名。

③ 领属:归某人管。护军将军:将军名,时为韩安国。

④ 生得广:活捉李广。

⑤ 致:送。

⑥ 络：结网。此句意为：在两马间做一网状的担架，让李广睡在上面。

⑦ 详：通“佯”，假装。

⑧ 睨：看到。

⑨ 暂：突然。腾：腾身跃起。

⑩ 下广吏：将李广交给官吏处罚。

⑪ 当：判处。

⑫ 赎为庶人：花钱赎为平民。

⑬ 故颍阴侯孙：颍阴侯为灌婴，刘邦时的大将，以功被封为颍阴侯，其孙为灌强。屏野：摒除人事，居住于山野。蓝田南山：蓝田山，在今陕西蓝田县南。

⑭ 霸陵：汉文帝陵墓。亭：亭驿。

⑮ 霸陵尉：霸陵县尉。

⑯ 居无何：没过多久。

⑰ 辽西：汉郡名，郡治阳乐，在今辽宁义县城西。

⑱ 韩将军：韩安国。

⑲ 右北平：汉郡名，郡治平刚，在今内蒙古宁城县附近。

⑳ 镞（zú）：箭头。

广廉①，得赏赐辄分其麾下②，饮食与士共之。终广之身，为二千石四十余年，家无余财，终不言家产事。广为人长，猿臂，其善射亦天性也，虽其子孙他人学者，莫能及广。广讷③口少言，与人居则画地为军陈，射阔狭④以饮。专以射为戏，竟死⑤。广之将兵，乏绝之处⑥，见水，士卒不尽饮，广不近水，士卒不尽食，广不尝食。宽缓不苛⑦，士以此爱乐为用。其射，见敌急，非在数十步之内，度⑧不中不发，发即应弦而倒⑨。用⑩此，其将兵数困辱，其射猛兽亦为所伤云。

居顷之⑪，石建⑫卒，于是上召广代建为郎中令⑬。元朔六年，广复为后将军[14]，从大将军军出定襄[15]，击匈奴。诸将多中首虏率[16]，以功为侯者[17]，而广军无功。后二岁，广以郎中令将四千骑出右北平，博望侯张骞[18]将万骑与广俱，异道。行可数百里，匈奴左贤王[19]将四万骑围广，广军士皆恐，广乃使其子敢往驰之。敢独与数十骑驰，直贯[20]胡骑，出其左右而还[21]，告广曰："胡虏易与[22]耳。"军士乃安。广为圜陈外向[23]，胡急击之，矢下如雨。汉兵死者过半，汉矢且尽。广乃令士持满毋发[24]，而广身自以大黄射其裨将[25]，杀数人，胡虏益解。会日暮，吏士皆无人色，而广意气自如，益治军。军中自是服其勇也。明日，复力战，而博望侯军亦至，匈奴军乃解去。汉军罢，弗能追。是时广军几没[26]，罢归。汉法，博望侯留迟后期[27]，当死，赎为庶人。广军功自如[28]，无赏。

注释

① 廉：廉洁。

② 麾下：带领的士兵。

③ 讷(nè)：不善言辞。

④ 射：比赛射箭。阔狭：实际着箭点与预定着箭点的距离。

⑤ 竟死：到死都保持这个习惯。

⑥ 乏绝之处：缺水断粮的时候。

⑦ 宽缓：宽厚和气。不苛：不苛刻。

⑧ 度：估计。

⑨ 发即应弦而倒：箭一发射敌人便被射倒。

⑩ 用：因为。

⑪ 居顷之：不久后。

⑫ 石建：汉武帝朝大臣，时为郎中令。

⑬ 郎中令：九卿之一，负责统领皇帝的侍卫和守卫宫门。

⑭ 后将军：将军名。

⑮ 大将军：将军中地位最高者，时为卫青。定襄：汉郡名，郡治成乐，在今内蒙古和林格尔县附近。

⑯ 中：符合。率：标准。此句意为：将领大多符合斩敌首级和俘获俘虏而加官晋爵的标准。

⑰ 以功为侯者：凭借军功而被封侯者。

⑱ 博望侯张骞（qiān）：张骞因出使西域，而被封为博望侯。博望在今河南南阳东北。

⑲ 左贤王：匈奴大单于下面的两个长官之一，另一个为右贤王。

⑳ 贯：贯穿。

㉑ 出其左右而还：从左到右、从右到左冲杀一遍。

㉒ 易与：容易对付。

㉓ 圜陈：圆阵，圆形的方阵。外向：矛头朝外。

㉔ 持满毋发：把弓箭拉开不要发射。

㉕ 大黄：黄色可以连发的弓箭。裨将：偏将。

㉖ 几：差点。没：全军覆没。

㉗ 后期：超过了期限

㉘ 军功自如：功过相抵。

初，广之从弟李蔡与广俱事孝文帝。景帝时，蔡积功劳至二千石。孝武帝时，至代相①。以元朔五年为轻车将军②，从大将军击右贤王，有功中率，封为乐安③侯。元狩二年中，代公孙弘④为丞相。蔡为人在下中，名声出广下甚远，然广不得爵邑，官不过九卿，而蔡为列侯，位至三公⑤。诸广之军吏及士卒或取封侯。广尝与望气王朔燕语⑥，曰："自汉击匈奴而广未尝不在其中，而诸部校尉[7]以下，才能不及中人，然以击胡军功取侯者数十人，而广不为后人[8]，然无尺寸之功以得封邑者，何也？岂吾相[9]不当侯邪？且固命也？"朔曰："将军自念，岂尝有所恨[10]乎？"广曰："吾尝为陇西守，羌[11]尝反，吾诱而降，降者八百余人，吾诈而同日杀之。至今大恨独此耳。"朔曰："祸莫大于杀已降，此乃将军所以不得侯者也。"

后二岁，大将军、骠骑将军[12]大出击匈奴，广数自请行[13]，天子以为老，弗许；良久乃许之，以为前将军。是岁，元狩四年也。

广既从大将军青击匈奴，既出塞，青捕虏知单于所居，乃自以精兵走之，而令广并于右将军军，出东道。东道少回远，而大军行水草少，其势不屯行。广自请曰："臣部为前将军，今大将军乃徙令臣出东道，且臣结发[14]而与匈奴战，今乃一得当[15]单于，臣愿居前，先死单于[16]。"大将军青亦阴受上诫[17]，以为李广老，数奇[18]，毋令当单于，恐不得所欲[19]。而是时公孙敖新失侯[20]，为中将军从大将军，大将军亦欲使敖与俱当单于，故徙前将军广。广时知之，固自辞[21]于大将军。大将军不听，令长史[22]封书与广之莫府，曰："急诣[23]部，如书。"广不谢[24]大将军而起行，意甚愠怒而就部，引兵与右将军食其[25]合军出东道。军亡导[26]，或失道，后大将军。大将军与单于接战，单于遁走，弗能得而还。南绝幕[27]，遇前将军、右将军。广已见大将军，还入军。大将军使长史持糒醪[28]遗广，因问广、食其失道状[29]，青欲上书报天子军曲折[30]。广未对，大将军使长史急责广之幕府对簿[31]。广曰："诸校尉无罪，乃我自失道。吾今自上簿至莫府。"

注释

① 代相：代王之相。此处代为汉代诸侯国名。李蔡为代相时，代王先后为刘登和刘义，当时代国都城为晋阳，在今山西太原西南。

② 轻车将军：地位稍低的将军。

③ 乐安：汉县名，在今山东博兴县北。

④ 公孙弘：汉武帝时期的丞相。

⑤ 三公：汉朝级别最高的官职，分别为丞相、御史大夫、太尉。

⑥ 望气：指通过观察一个地方的云气而预知福祸的术法。燕语：闲谈。

⑦ 诸部校尉：古代一个将军统领若干“部”，各部的军官即称“校尉”。

⑧ 不为后人：不为人后，不比他们差。

⑨ 相：面相。

⑩ 恨：遗憾，后悔。

⑪ 羌：活跃在青海、四川、甘肃等地的少数民族。

⑫ 大将军：卫青。骠骑将军：霍去病，卫青外甥。

⑬ 请行：请求参战。

⑭ 结发：古代男子二十岁戴冠，以示成年。

⑮ 当：正面对上。

⑯ 先死单于：与单于战斗，即使先死，也无遗憾。

⑰ 阴：暗中。受上诫：接受皇帝的告诫。

⑱ 数：命运。奇：不偶，不逢时。

⑲ 恐不得所欲：担心因为李广而无法俘获单于。

⑳ 公孙敖新失侯：公孙敖率兵出击匈奴，因未能按时与卫青会师，而被夺掉侯爵。

㉑ 固：坚持。自辞：向卫青请求让他前往攻击单于。

㉒ 长史：大将军手下的长官。

㉓ 诣：到。

㉔ 谢：告辞。

㉕ 食其：赵食其。

㉖ 亡导：没有向导。

㉗ 绝：横穿。幕，通“漠”。

㉘ 糒(bèi)：干粮。醪(láo)：酒。

㉙ 失道状：迷路的具体情况。

㉚ 曲折：原委。

㉛ 对簿：回答质问。

广谓其麾下曰：“广结发与匈奴大小七十余战，今幸从大将军出接单于兵，而大将军又徙广部行回远，而又迷失道，岂非天哉！且广年六十余矣，终不能复对刀笔之吏[①]。”遂引[②]刀自刭。广军士大夫一军皆哭。百姓闻之，知与不知，无老壮[③]皆为垂涕。而右将军独下吏，当死，赎为庶人。

广子三人，曰当户、椒、敢，为郎。天子与韩嫣[④]戏，嫣少不逊[⑤]，当户击嫣，嫣走。于是天子以为勇。当户早死，拜椒为代郡[⑥]太守，皆先广死。当户有遗腹子名陵。广死军时，敢从骠骑将军。广死明年，李蔡以丞相坐侵孝景园壖地[⑦]，当下吏治，蔡亦自杀，不对狱[⑧]，国除[⑨]。李敢以校尉从骠骑将军击胡左贤王，力战，夺左贤王鼓旗，斩首多，赐爵关内侯[⑩]，食邑二百户，代广为郎中令。顷之，怨大将军青之恨其父，乃击伤大将军，大将军匿讳之[⑪]。居无何，敢从上雍，至甘泉宫猎[⑫]。骠骑将军去病与青有亲，射杀敢。去病时方贵幸，上讳云鹿触杀之[⑬]。居岁余，去病死。而敢有女为太子中人[⑭]，爱幸，敢男禹有宠于太子，然好利，李氏陵迟[⑮]衰微矣。

注释

① 刀笔之吏：刀笔为古代的书写工具，此处指掌管文书的官吏。

② 引：拿。

③ 无老壮：无论男女老少。

④ 韩嫣：汉武帝的男宠。

⑤ 不逊：失礼的举动。

⑥ 代郡：汉郡名，郡治代县，在今河北蔚县代王城。

⑦ 孝景园：汉景帝陵园。壖(ruán)地：皇帝陵园外属于陵庙的闲散地。

⑧ 对狱：面对狱吏的质问。

⑨ 国除：封国被除去。

⑩ 关内侯：爵名，比列侯低一等。

⑪ 匿讳之：隐瞒下来。

⑫ 雍：汉县名，在今陕西宝鸡凤翔区南。甘泉宫：汉离宫名，在今陕西淳化县甘泉山上。

⑬ 讳：隐讳。此句意为：皇帝隐瞒说是鹿撞死李敢。

⑭ 太子中人：皇太子的侍妾。

⑮ 陵迟："陵夷"，本指丘阜日渐低平，引申为事物日益衰落。

李陵既壮，选为建章监[①]，监诸骑。善射，爱士卒。天子以为李氏世将，而使将八百骑。尝深入匈奴二千余里，过居延[②]视地形，无所见虏而还。拜为骑都尉[③]，将丹阳[④]楚人五千人，教射酒泉、张掖以屯卫胡[⑤]。

数岁，天汉二年秋，贰师将军李广利[⑥]将三万骑击匈奴右贤王于祁连天山[⑦]，而使陵将其射士步兵五千人出居延北可千余里，欲以分匈奴兵，毋令专走贰师也[⑧]。陵既至期还，而单于以兵八万围击陵军。陵军五千人，兵矢既尽，士死者过半，而所杀伤匈奴亦万余人。且引[⑨]且战，连斗八日，还未到居延百余里，匈奴遮狭绝道[⑩]，陵食乏而救兵不到，虏急击招降陵。陵曰："无面目报陛下。"遂降匈奴。其兵尽没，余亡散得归汉者四百余人。

单于既得陵，素闻其家声，及战又壮，乃以其女妻陵而贵之。汉闻，族[11]陵母妻子。自是之后，李氏名败，而陇西之士居门下者皆用[12]为耻焉。

太史公曰：传[13]曰："其身正，不令而行；其身不正，虽令不从。"[14]其李将军之谓也？余睹李将军悛悛如鄙人[15]，口不能道辞。及死之日，天下知与不知，皆为尽哀。彼其忠实心诚[16]信于士大夫也。谚曰"桃李不言，下自成蹊"[17]。此言虽小，可以谕大也。

注释

① 建章：建章宫。监：建章宫卫尉的属官。

② 居延：在今内蒙古额济纳旗北部。

③ 骑都尉：统领羽林骑兵，秩比二千石。

④ 丹阳：汉郡名，在今安徽宣城，古代属于楚国。

⑤ 酒泉、张掖：二者均为汉郡名，在今甘肃境内。屯：驻守。卫胡：防备匈奴。

⑥ 贰师将军李广利：汉武帝宠妃李夫人的哥哥，于太初四年（前 101）伐大宛，在贰师取得汗血宝马，而被封为贰师将军。

⑦ 祁连天山：今甘肃张掖西南之祁连山。

⑧ 毋令专走贰师也：不让匈奴把兵力集中在李广利处。

⑨ 引：撤兵而退。

⑩ 遮狭绝道：在险狭之处截断退路。

⑪ 族：名词作动词，灭族。

⑫ 用：因此。

⑬ 传：汉代以六艺为"经"，其他贤人著作为"传"。

⑭ 出自《论语·子路》。此句大意为：自己的行为端正，即使不下命令，别人

也会跟从；自己的行为不端正，即使下命令，别人也不会听从。

⑮ 悛悛（quān）：谦恭诚实。鄙人：草野之人。

⑯ 诚：确实。

⑰ 蹊（xī）：小路。此句大意为：桃李不用言语，以它们的果实吸引人，其下自然有人前来，慢慢踏出小径。

评析

《李将军列传》是一篇李氏家族的合传，记载了汉代李氏家族三代人悲剧性的人生，其中最为核心的人物是李广。李广从汉文帝朝便开始从军抗击匈奴，一生经历过无数次战争，令敌人闻风丧胆，被匈奴称为"汉之飞将军"。李广手下的军吏因军功而被封侯者数十人，尽管战功卓著，但他本人却始终不得封侯。司马迁如此记载李广的自言："自汉击匈奴而广未尝不在其中，而诸部校尉以下，才能不及中人，然以击胡军功取侯者数十人，而广不为后人，然无尺寸之功以得封邑者，何也？岂吾相不当侯邪？且固命也？"这既是李广的困惑，也是司马迁的疑问。

尽管李广在汉朝没有被封侯拜相，但他在司马迁的笔下有着崇高的地位，倾注了作者特殊的情感。茅坤《史记钞》曰："李将军于汉最名将，而卒无功，故太史公极力摹写，淋漓悲咽可涕。"司马迁对李广的称颂具体表现在以下几点：其一是李广的勇猛沉着，尤以"追杀匈奴射雕者"和"出猎射石"两个故事最为生动。以第一事为例，李广在追杀匈奴射雕者时遭遇匈奴大军，其属下军士大恐，皆欲逃亡，而李广冷静地分析形势，用"下马解鞍"的方式误导匈奴军队，让他们误以为李广等人是汉军的诱饵而不敢向前攻击。其二是李广的爱护士卒。司马迁记曰："广廉，得赏赐辄分其麾下，饮食与士共之。终广之身，为二千石四十余年，家无余财"，"广之将兵，乏绝之处，见水，士卒不尽饮，广不近水，士卒不尽食，广不尝食”。李广先人后己，始终关心爱护手下的士兵，因此众人“爱乐为用”，这与霍去病形成鲜明的对比。据《卫将军骠骑列传》载，霍去病在对匈奴的战争中，汉武帝赏赐肉数十车，“既还，重车余弃粱肉，而士有饥者”。霍去病宁愿将肉抛弃，也不与士卒分享。

李广虽然具有突出的军事才能，其结局却是悲剧性的。他因在出击匈奴的途中迷路，而被要求对簿公堂，李广不堪受辱，以自杀的方式悲壮地结束了自己的一生。司马迁对李广壮烈的自杀行为表达了极高的钦佩和浓浓的哀伤。司马迁如此记载李广去世之后的场景：“广军士大夫一军皆哭。百姓闻之，知与不知，无老壮皆为垂涕。”

李广的悲剧结局不是他自己造成的，而是他生活的时代导致的。明人黄震《黄氏日钞》曰：“看《卫霍传》，须合《李广》看。卫霍深入二千里，声振夷夏，今看其传，不值一钱。李广每战辄北，困踬终身，今看其传，英风如在。史公抑扬予夺之妙，岂常手可望哉?”卫霍是指卫青和霍去病，卫青为汉武帝皇后卫子夫的弟弟，霍去病是卫青的外甥，二人皆属外戚。他们的命运与李广形成鲜明的对比：卫青和霍去病身为皇亲国戚，凭借战功，青云直上；而李广命运多舛，终其一生无法封侯，其根本原因是汉武帝任人唯亲。

司马迁将李广之孙李陵的故事附于《李将军列传》之末，并把李陵投降匈奴事的始末尽载其中，对李陵家族被灭表达了深切的同情。司马迁曾为李陵投降之事辩护，却因此触怒汉武帝而被投入大狱，最后遭受宫刑。他充满感情地叙述李氏家族三代人的悲剧，既是对他们的同情，也是对汉武帝任人唯亲、残酷暴虐的控诉。